Coyote financiero

Coyote financiero

Carter Hernández

El Gigante de las Finanzas

Edición: Lorenzo Lunar Cardedo

Diagramación de cubierta: Antonio Gómez Santiago

Corrección: Rebeca Murga Vicens

ISBN: 978-0-9904203-2-3

ÍNDICE

Prefacio

Yo no escribo para agradar ni tampoco para desagra-
dar. Escribo para desasosegar.

JOSÉ SARAMAGO

Es el año 2014, ya son más de seis años de crisis financiera, y yo con más de seis años desde que esta idea
nació. Son miles de anécdotas y experiencias que he
aportado a esta narración, sobre todo aquellas que tienen que ver con lo que afecta a nuestros bolsillos en
esta gran nación, USA.

Los capítulos ya estaban completos y personalmente
me sentía muy satisfecho con el material; excepto con
el título, aspecto muy importante pues será lo primero
que podrá determinar que los potenciales lectores se
den la oportunidad de echar un vistazo y ver si amerita
una inversión nominal.

Después de haber descartado más de quince títulos y
estar a punto de matar por completo la idea de lanzar
esta narración, me cae como por acto de magia la persona que menos esperé me inspirara para lo que hoy
es el título y el propósito primordial por el cual escribí
esta narración.

Durante la remodelación y mudanza a mi nueva oficina en Downey en el año 2013, tuve que pedirle a mi amigo y encargado de obras de construcción que contratara a unos ayudantes y de esa forma pudiéramos terminar la obra más rápido.

Le pedí que, por favor, economizara lo máximo posible, ya que el motivo principal de la mudanza era poder cortar mis costos operativos por segunda vez en los últimos cuatro años y, de esa forma, poder seguir ofreciendo servicios que considero ayudan mucho a nuestra comunidad durante estos momentos de incertidumbres, en los cuales resulta imprescindible estar preparado para cualquier giro económico adverso.

Ismael, o como mejor lo conocemos los amigos, Mai, un tapatío a toda madre a quien personalmente considero un genio para poder solucionar cualquier problema de construcción, me afirmó que el lugar indicado era en donde todos los fieles seguidores de la oportunidad se reúnen diariamente: las afueras de la tienda Home Depot.

Una comunidad de fantasmas ignorados por los políticos, deseados por el mundo corporativo, temidos por las uniones y los huevones, rechazados por los ignorantes de los beneficios económicos que aportan, los verdaderos subsidiadores de ayuda económica al ofrecer su mano de obra a precios de regalo a cambio de la oportunidad, dignos de respeto y consideración por el nivel de compromiso que han mostrado al arriesgar todo por un mejor futuro.

Los verdaderos «Ocean 12 million» que constantemente desafían lo último en tecnología y al mejor ejército del mundo, al cruzar ilegalmente para poder llegar a la tierra prometida.

Después de negociar precios, Mai eligió a dos; me imagino que fueron seleccionados por su vital apariencia física que manifiesta todo terreno. Ambos están dispuestos a realizar cualquier tipo de trabajo físico a cambio de una remuneración suficiente para poder satisfacer sus necesidades básicas, sin exigir seguro médico, una paga justa y mucho menos tiempo extra. Ellos son un salvadoreño con sobrenombre Coyote y un paisano del departamento de Jutiapa.

La función principal era la de asistir a Mai con toda la gestión sobre la construcción de la que sería mi oficina por los próximos tres años.

Después de un largo día en el cual aumentó mi nivel de apreciación por lo que esta gente presta a la economía y lo mucho que son necesarios para poder cubrir los trabajos que nadie más está dispuesto a realizar, me di cuenta de que soy un inútil, al no saber nada sobre cualquier cosa que involucre trabajo físico... nada.

Después de tres horas de ayudarles a cargar los materiales, mi cuerpo pedía auxilio. Las piernas me temblaban, los brazos me exigían un freno y mi mente me decía que esto no era para mí.

Me sentí inferior ante el conocimiento extenso de estas personas que durante el día desempeñaron funciones de carpinteros, electricistas, pintores, abusando de sus cuerpos como si fueran de acero.

Me sorprende mucho que estas personas, que en realidad están creando, fabricando, construyendo algo que será utilizado para simplemente vender u ofrecer servicios, tengan una demanda alta pero que la sociedad no valore sus aportaciones de la forma en que valoran las mías.

Después de la cátedra de más de medio día que presencié al ver a estos tractores humanos desempeñarse, consideré que mis aportaciones no deberían tener mucho valor en comparación con las de ellos. Mis aportaciones pretenden ayudar a la prolongación de una crisis en la cual una gran mayoría de personas insensatas exigen ayuda por su nivel de irresponsabilidad ante un cartel de banqueros que se burlan de ellos, del gobierno y de cualquier valiente que los quiera tocar.

Me pregunté si no sería que en realidad yo era un inútil, un resultado de lo que este sistema ha producido. ¿Por qué es tan injusta la vida, que está dispuesta a compensar mi talento con mucha diferencia sobre lo que los compensa a ellos?

Al final del día y camino a su casa les pregunté cómo habían llegado aquí. Ellos me respondieron que de la misma forma en que ha llegado la mayoría: desafiando lo último en tecnología y al mejor ejército del mundo.

El guatemalteco me comentó que una vez tuvo que pagar 3000 dólares para poder pasar y que al final lo atraparon y lo regresaron a su país. Entonces tuvo que esperar casi un año para poder volver a reunir el dinero y probar suerte. Después de casi cinco intentos, logró cruzar y ahora tenía que trabajar por lo menos unos seis meses para poder pagar todo el dinero que tuvo que pedir prestado. Pero que nada le importaba, ya que estaba en el Edén y aquí era muy fácil poder hacer dinero. Me comentó lo difícil que está Guatemala y que ya es territorio de narcotraficantes apoyados por el gobierno. Que es casi imposible superarse y, si se logra, es asunto de cuidarse para que no lo rapten o lo torturen a uno.

Yo concordé con él y le reafirmé que era una lástima que nuestros países natales no cambiasen. Pero que ahora estábamos en esta gran nación en donde sí podíamos aprovechar nuestro potencial a lo grande, y que ahora nuestro objetivo debía ser dar lo mejor de nuestros talentos para poder seguir aportando al crecimiento de esta gran nación, ya que la que nos vio nacer la desaprovechó.

El salvadoreño con sobrenombre Coyote me respondió que él solamente salió con cincuenta dólares de El Salvador y llegó a Arizona con más de 2000 en el bolsillo. Que fue deportado y que solamente duró dos meses antes de estar de regreso en este gran país. Afirmó que independientemente de que lo deportasen o que aumentasen la vigilancia en la frontera, él siempre cruzará y encontrará la forma de hacerlo en el menor tiempo y sin gastar mucho dinero. Me comentó lo siguiente: «Es muy difícil conseguir a un coyote de confianza, que sinceramente vele el interés del ilegal y lo proteja, lo guíe y haga lo imposible para que llegue a la tierra prometida. Los coyotes usualmente están vinculados al crimen organizado y en conjunto se aprovechan de la necesidad de los inmigrantes. Lo único que nosotros buscamos es oportunidad. Lo que no existe en nuestros países y por lo cual estamos dispuestos a arriesgar la vida. Estamos conscientes de que esto es ilegal, pero ante el hambre no hay leyes. Ambos gobiernos se agarran de esta ilegalidad e ignoran o rechazan ayudarnos en algo de lo cual todos se lucran».

Su comentario me dejó fascinado y con mucha intriga al querer saber cómo es que había podido llegar a la tierra prometida por su propia cuenta, con tan poco dinero, en tan poco tiempo y con un dinero adicional. Un destino, dos tramos diferentes, dos historias diferentes, y sin duda, dos resultados diferentes. Le pedí que me explicara el tramo.

Me comentó sus aventuras desde el tren de la muerte, las estrategias que tuvieron que aplicar entre viajeros para que los zetas no los asaltaran, hasta los métodos de protección que emplearon para prevenir violaciones y robos por parte de los federales en México. Sobre las injusticias a mujeres indefensas, que fueron violadas y muchas veces casi llevadas a la muerte. Aseguró que la gran mayoría de injusticias y abusos que experimenta un inmigrante ocurren en tierra mexicana, no estadounidense.

Frecuentemente se refería a México como «la tierra de nadie, un lugar lindo sin leyes y abiertamente libre para las narcocorporaciones». Y se reía de las quejas que realizaban sus amigos mexicanos sobre las injusticias que realizaban los policías aquí en USA, ignorando las atrocidades que cometían los federales en México.

Yo le pregunté que cómo era posible que con tanta tecnología y vigilancia que existía en la frontera después del incidente en Nueva York en el 2001, pudieran cruzar sin ser atrapados. Él soltó la carcajada y me comentó que: «independientemente de que manden a todo el ejército que enviaron a Afganistán, toda la tecnología del mundo y una valla que llegue hasta la luna, con que exista necesidad y esta nación siga siendo la tierra de la oportunidad, las personas van a encontrar la forma de cruzar».

Pasó a comentarme que al llegar a la frontera con USA tenían varias opciones para cruzar, pero todas requerían una inversión de más de 2000 dólares y muy pocas probabilidades. La experiencia le había enseñado que la forma más segura y en la cual no solamente podía cruzar sino también ganar un dinero extra para poder establecerse al llegar, era «cargando la mochila de los 2000 dólares».

No entró en detalles, pero mi imaginación me confirmó que se trataba de la hierba que acaban de legalizar en muchos estados y que vuelve locos a la mayoría de los estadounidenses.

Me comentó que «esta era la ruta más segura, ya que todo estaba cuadrado en ambos lados y ellos simplemente no cuestionaban el contenido de la mochila, pero sospechaban que no se trataba de horchata».

Yo estaba sorprendido con los dos relatos; uno que es el más convencional y el otro una forma ágil de aprovechar las opciones disponibles midiendo el riesgo. Ambas ilegales.

Pero quién soy yo para juzgar este problema global que simplemente manifiesta la falla de un sistema y el éxito de otro. El asunto de la migración no es un asunto de lealtad, sino de oportunidad. No considero que ni el paisano ni este salvadoreño dejaron atrás sus costumbres, su familia, su vida por ser desleales. Lo hicieron porque sus países son una porquería que no les permite de una forma digna aprovechar sus talentos. Y, si están dispuestos a arriesgar la vida por llegar a este país, es porque saben que aquí existe la oportunidad que buscan. Lo cual es una reafirmación de que este sistema funciona. Un inmigrante no va a migrar a un lugar que no esté mejor que el de donde él/ella proviene. A menos que se quiera esconder.

Después me permitieron conversar sobre lo que yo desempeño diariamente.

Les di varios consejos sobre de qué forma se podían beneficiar con el clima económico actual y sobre lo que representan las aportaciones que ellos prestan a este país.

Les recomendé lo que, desde mi humilde opinión, funciona en USA hasta lo que hunde a la mayoría de las personas que en este país son marcados como pobres.

Que independientemente de que se hable de gestiones antiinmigrantes, discriminación o racismo, y que ciertos políticos se agarren de estos asuntos para poder hacer crecer su popularidad, en estos tiempos las cosas, gracias a Dios, habían mejorado para los latinos en USA.

Ya solo era un asunto de saber de qué forma funcionan las cosas aquí y, sobre todo, aprovechar al máximo las oportunidades en esta gran nación que le permite a cualquiera, sin importar su origen étnico ni su procedencia, mucho menos su pedigrí, alcanzar el máximo escalón de su potencial.

—Oiga —me comentó el salvadoreño— ¿y usted por qué no se convierte en coyote para los latinos?

—¿Coyote? —respondí yo.

—Sí, coyote, pero sobre finanzas, sobre dinero. Usted debería ser la persona que le ayude a uno a llegar a ese lugar prometido, en el cual uno pueda tomar control de sus finanzas. Entender cómo trabaja el dinero. Saber cómo gastar el dinero. Cómo invertir, qué hacer y qué no hacer para poder administrar mejor sus finanzas.Yo le he entendido todo lo que me acaba de explicar y de la misma forma en que a veces uno no confía en los coyotes para poder cruzar la frontera, también eso pasa aquí con los coyotes que lo aconsejan sobre el dinero.

Mi primera reacción fue la de aceptar su sugerencia como un compromiso de escribir esta narración en una forma simple, para exponer mi punto de vista sobre los pasos que debe seguir aquella persona que desee mejorar su situación económica en USA. Y eso mismo es lo que pretendo. Ser la persona que los lleva a ese lugar de sensatez, comprensión, control, confianza, para que nuestra comunidad pueda subir de categoría y que no caiga en el hoyo en que ya otra minoría ha caído y del cual todavía no se ha podido levantar. Y en el proceso, aportar al mejoramiento de esta gran nación que se muestra tan abundante y generosa para el que sabe aprovechar las oportunidades. Y como dijo Pitbull: «Daleeeeeeee».

De frijoles a sashimi, de Santee Drive a Rodeo Drive, de Casio al reloj de oro con la coronita, de los toquens del Metro a la llave con el torito, de Imperial Beach a Bora Bora, de un baño para siete personas a siete baños para una persona, de ganar el mínimo a sobrepasar los millones, de trabajar ocho malditas horas al día a encontrar el secreto de poder producir las veinticuatro horas al día, de odiar mi trabajo a obsesionarme con lo que ahora considero un hobbie, de valorar mi tiempo en términos de hora a pensar en términos de retorno en inversión, de admirar el auto nuevo de un joven a predeterminar qué porcentaje representa de sus ingresos... Toda una vida llena de abundancia, bendiciones y muchas gratificaciones y logros; pero, sobre todo, mucho sacrificio y disciplina en una plataforma que te lo permite.

«¡Estamos en crisis!», es la frase de moda. «¡No hay trabajo!». «¡No hay oportunidad!». «¡Este país ya no sirve!». «¡El capitalismo fracasó!». «¡El imperialismo finalmente colapsó!». Si esto fuera remotamente cierto, ¿a dónde nos vamos? ¿A Brasil? ¿Rusia? ¿India? ¿China? ¿México? ¿Qatar? ¿Luxemburgo? ¿Canadá? ¿España?

¿En qué parte del mundo podríamos disfrutar de una vida digna en la cual poder explotar nuestro potencial con las desventajas que carga en la mochila un inmigrante?

Ya estamos aquí, y aunque una gran parte del país no lo acepte, integramos esta población y aportamos a esta economía por encima de muchos de los de ese sector que ignora; pero solo es cosa de tiempo antes de que valoren nuestras aportaciones.

Entonces, en vez de quejarnos, debemos mejorar y sacarle el mayor provecho a las condiciones actuales, que aunque se ven nubladas no son tenebrosas. Les puedo asegurar, con hechos, que aun así son mucho más claras que en cualquier otro lugar que represente una opción para cualquier inmigrante.

La situación actual en Estados Unidos no me preocupa, sino la dirección en la que se orienta esta gran nación y sobre todo nuestra comunidad. Debemos como nación, y sobre todo como comunidad, tomar acción en gestiones que no pueden esperar, que a corto plazo serán incómodas, pero que a largo plazo garantizarán mejores resultados.

Posiblemente muchas de mis afirmaciones o crítica sobre algunos temas se podrían ver mejor ilustradas usando otras comunidades; pero no son otras las que me importan sino nuestra comunidad latina en USA, ya que considero que independientemente de que es la que apunta tener el crecimiento más significativo en las próximas décadas, es la más ignorada cuando se analizan asuntos que tratan de dinero.

Mi valor ante la actual situación económica de esta gran nación no está en la ausencia de miedo, sino en la confianza, al haber pasado por las oscuras condiciones que la mayoría de inmigrantes que llegamos a este país nos vemos forzados a experimentar y que nos obligan a dejar todo en busca de un mejor futuro en este país.

Fui preparado en uno de los más difíciles terrenos, lleno de corrupción, pobreza, miseria, y sobre todo carencia de oportunidades. Esta preparación que tuve en mi país natal me enseñó la supervivencia. Y eso es lo que me ayuda a tener los pies en la tierra e ignorar la mala fama que se le da a esta gran nación durante estos momentos de ajustes.

Porque al haber vivido y visto muchos otros lugares donde radica la pobreza, les puedo afirmar que independientemente de algunos errores que ha cometido esta gran nación, Estados Unidos sigue siendo lo más cercano al Edén, si es que existe el Edén.

Y son esas experiencias de la vida las que hoy me hacen valorar cosas muy simples y esenciales, pero, sobre todo, básicas en este país.

Para mí, al día de hoy y gracias a la Fortuna de haber nacido Pobre, es un lujo el tener agua potable, electricidad, baño, cama y una casa con techo que no le penetre el agua.

Y riqueza el poder tener un refrigerador, teléfono en casa, televisión a colores, un par de zapatos Nike, un pantalón Levis, poderme tomar una Coca-Cola, poder disfrutar de una hamburgesa en McDonald's.

Ya es una conquista el tener auto, celular, casa propia, el poder viajar, el poder salir a cenar a un restaurante lujoso.

Ya si me ofrecen educación gratis, salud gratis, crédito, infraestructura para poder movilizarme, tecnología, plazas de empleo, un dinerito el día que ya no pueda trabajar, un ambiente en el cual no tenga peligro de que me rapten, libertad de expresión, crédito, pues eso ya es para mí una caridad celestial. No obstante, no puedo exigir nada de eso, ya que la tierra que me vio nacer no lo ofrece.

Ahora, si me dan la oportunidad de explotar mis talentos y ser recompensado en proporción a lo que aporto a la sociedad, y con esa remuneración poder tener una casa en la playa, un condominio en la ciudad, poder comprar cualquier automóvil exótico, vestir y portar las joyas de los ricos y los famosos, creo que me tienen que pellizcar, ya que creo que esto es un sueño hecho realidad.

En resumidas cuentas, cualquier cosa por encima de las cosas básicas que son comunes en este país, ya es ganancia. Y más que ganancia, un pecado el no aprovechar al máximo todo lo que este país ofrece.

Si bien es cierto que, debido a que me encuentro en el epicentro de esta crisis y después de cinco años luchando contra los malditos bancos, las leyes del gobierno y sobre todo ante clientes desinformados con expectativas ilógicas, me siento en un ambiente hostil y a veces me cruza por la cabeza la idea de tirar la toalla al sentir que ya no puedo más.

No obstante, es casi imposible que yo me rinda ante la situación actual.

Les Stroud y Bear Grylls tuvieran que armar un equipo para vencerme en supervivencia.

Afortunadamente, yo, como miles de personas que se identificarán con mi relato, aproveché las condiciones de este país al máximo, y aunque mi situación actual no es la que fue hace cinco años, gracias a Dios y por dicha, tampoco es la que fue hace treinta y cinco años. Mi pasado me permite ajustar mis pretensiones y deseos a lo que mis ingresos lo permiten actualmente. Mis hábitos, mi disciplina en el dinero y sobre todo lo abundante y generoso que es este país me darán otra vez la oportunidad de ganar millones, que por dicha me di cuenta, al haber podido alcanzar todos los logros materiales más deseados, que no es indispensable para poder ser feliz. Es como pretender que la única forma de estar saludable es desarrollando un estómago de cuadritos. No tiene que ser así, uno puede disfrutar de una salud plena haciendo ejercicio moderado y monitoreando el alimento.

De la misma forma, para poder alcanzar la independencia financiera, lo cual en mi opinión facilita el poder ser feliz no se tiene que ser millonario o conducir un Ferrari y tener una casa en Beverly Hills. Se puede lograr con ingresos moderados y administrando bien el dinero, como ya explicaré a fondo en el último capítulo y lo que considero el cimiento de poder alcanzar la libertad financiera.

El buen vivir es un arte. Y la felicidad es relativa.

Lo que todos tenemos de igual forma, sobre todo en este país, seas chapín, salvatrucha, perucho, catracho, nico, michoacano, tapatío, chilango o capitalino es oportunidad en abundancia y un set de reglas que debemos estudiar para poder progresar y aprovechar al máximo las oportunidades que este país nos ofrece. No importa que se sea blanco, negro, azul, verde, republicano, demócrata, liberal, conservador, racista, humanitario; al fin es nuestra astucia y deseo de progresar lo que dictará nuestra reacción ante cualquier situación.

Para el sistema económico en el que vivimos, todos somos de una religión y de un color: verde.

Este libro va dirigido a cualquier persona que desee conocer el sendero que se debe tomar en USA para poder aprovechar sin miedo las extensas oportunidades que esta gran nación ofrece. Pero, primordialmente, a todo aquel que fue afectado económicamente durante esta crisis que inició a finales del 2008 y continúa.

Este sector que siempre, a menos que los iluminemos, será el vehículo para poder maquillar obras maestras en las cuales las alianzas son formadas entre ciertas entidades y políticos en general, sin discriminar inclinación de partido, para poder generar riquezas que a corto plazo mejorarán el bienestar de sus participantes, pero que a largo plazo empeorarán el país y el futuro de los hijos que dejamos atrás.

Este sector que ha sido, y sobre todo seguirá siendo, su vehículo para poder fomentar préstamos impagables, cuerpos para poder descargar los altos costos de la salud, estudiantes que se endeudan y convierten en esclavos, consumidores que se dejan engañar con cuentos infantiles.

Este libro es para ese sector, del cual fui miembro VIP y del cual nunca en mi vida pensé salir, y que hoy puedo dar testimonio del trayecto que tuve que tomar; como ese trayecto secreto que te da un coyote para poder cruzar la frontera y llegar a la tierra prometida.

Lo mismo pretende este relato, llevarlos al lugar prometido sobre todo lo que se necesita hacer en USA para poder alcanzar la independencia financiera.

El texto fue redactado en una forma simple. Considero que de la misma forma en la que el banquero de los pobres, el señor Muhammad Yunus acertó sobre su implementación de una estrategia que no intimidara a sus potenciales clientes sobre el microcrédito, atendiendo a gente común que visitara en la comodidad de sus hogares y logró de esa forma evitar la intimidación de un edificio de banco y su distinguido personal, yo, no solo porque no puedo escribir de otra forma sino porque es mi esencia, trataré de presentar o explicar en una forma simple y a veces con palabras picantes que espero no ofendan a nadie ya que no es ese el fin sino representarlo de una forma real, mi posición en el tema.

De antemano los felicito y les agradezco su interés sobre temas que muchos ignoran. Temas que pueden representar el cambio no solamente a un nivel personal y micro, sino macroeconómico, lo cual nos permitirá representar de una forma digna lo grande que es nuestra comunidad latina en esta gran nación que ha sido tan gentil y bondadosa y que hoy representa nuestro hogar y el futuro de nuestros hijos. Ya que al ignorarlo, de la misma forma en que a un nivel personal y basado en el sendero actual lo que le vamos a dejar en herencia a nuestros hijos son cargas, deudas, casas sobreendeudadas y ninguna preparación para que se defiendan, a un nivel macroeconómico y sobre el sendero actual vamos a dejar una nación endeudada, enferma y sin posibilidad de competir a un nivel global.

Este libro tiene como objetivo explicar, de una forma simple, no solamente el sistema financiero y la superpotencia económica en la que vivimos, sino también lo grande que ha sido, es y seguirá siendo esta gran nación que nos abrió los brazos, ante un abandono cruel de nuestros países natales.

Ahora, más que nunca, representamos un sector significativo en todos los aspectos para esta gran nación, aportamos más que nunca en diferentes ramas en las cuales podemos ser útiles e indispensables.

Porque si bien hemos aportado, hasta este momento, mano de obra para todos aquellos trabajos que aquí son rechazados, soldados para sus guerras y una masiva ola de conejillos de Indias para poder enriquecer a varias entidades, ya es hora de aportar científicos, ingenieros, abogados, políticos, astronautas, emprendedores, millonarios... subir de sector y de esa forma enriquecer a nuestra comunidad para que sea mejor valorada.

No sé cuánto o a qué nivel existe la democracia, la igualdad racial, la justicia, la corrupción o la manipulación de mercados financieros en esta gran nación USA en comparación con el resto del mundo. Lo que sí les puedo confirmar con mucha convicción es que aquí las cosas son mucho más fáciles de lograr y obtener. Y que independientemente de tu árbol genealógico, tus rasgos étnicos o tu formación educativa, aquí hasta recogiendo basura puedes alcanzar la vida digna y por encima de muchos países del mundo. Es triste ver cómo un movimiento sale y manifiesta justicia, igualdad, oportunidad, cuando en términos globales el 99% en USA representa el 1% para la mayoría del resto del mundo. Exigen algo que en esta gran nación existe en abundancia: la oportunidad.

Pero para poder aprovechar todas estas oportunidades, nos debemos liberar de ciertas costumbres y hábitos, ignorar malos hábitos que existen en esta cultura y reforzar los buenos que trajimos de nuestros países. Planificar y ser sensatos en nuestras decisiones, y, sobre todo, tomar acción sobre las cosas que nos traerán beneficios a largo plazo y no gratificación a corto plazo. Una vez que tengamos esto amarrado podremos, con convicción, exigir y cambiar gestiones o leyes que

en verdad afecten nuestras vidas en esta gran nación.
Y quién mejor para recordarnos lo obvio que el reconocido escritor portugués José Saramago, en una de sus frases célebres: «Es hora de aullar, porque si nos dejamos llevar por los poderes que nos gobiernan, y no hacemos nada por contrarrestarlos, se puede decir que nos merecemos lo que tenemos».[1]

Este relato comprueba que para poder alcanzar la independencia financiera en este país, solamente se necesita sensatez y aprovechar las oportunidades al máximo con dedicación y entrega. Pero hay que buscar las oportunidades. No caen del cielo como maná.

No pretendo vender mi libro como los escritores J.K. Rowling o el distinguido Gabriel García Márquez, pues yo no vivo de esto. Mi relato, a diferencia de los libros de los escritores mencionados, no es una novela sino una historia sobre la NETA.

Nunca me ha afectado la crítica ni mucho menos el qué dirán de mí. Toda mi vida he elegido el camino menos frecuentado, y aunque suele ser el más difícil, al final siempre es el que mejores resultados ofrece. Existen personas mucho más valientes que yo. Si Enrique Iglesias, Jennifer López y Chiquis se atreven a cantar, ¿por qué no me atrevería yo a escribir un libro?

Desde mi arribo a esta generosa nación en 1989, he seguido al pie de la letra sus ideologías. Mi inspiración ha sido marcada por todo ese legado de héroes que formaron los cimientos para que esta nación alcanzara grandezas y representara una plataforma para que toda persona, siempre que tuviera deseo y dedicación, pudiera alcanzar el nivel más alto que su potencial le permitiera.

---

1   http://www.frasecelebre.net/Frases_De_Jose_Saramago.html

En el proceso me di cuenta de que USA sigue siendo una gran nación que lastimosamente está infectada de ciertas *garrapatas*, que nos impulsan a veces a contraatacar sus trampas para poder sobrevivir.

Mi esperanza y mi anhelo es que, después de esta maldita crisis prefabricada, los verdaderos líderes en esta gran nación ajusten el destino a seguir para que ella siga siendo el lugar más cercano al Edén.

Pero principalmente el afán que me inspiró a escribir este libro es poder nivelar el campo de batalla entre el mundo corporativo y el latino promedio. Por naturaleza el latino, cuando migra a esta nación, ya viene con la desventaja de no hablar el idioma. A esto se le suma el no entender el sistema financiero y cómo administrar el dinero, así como lo abrumadoras que son las gestiones que hacen actualmente las compañías para atraparnos, y esto se convierte en la fórmula perfecta para el fracaso.

Mi punto de vista solamente representa una opinión sobre los temas que he tenido la experiencia de presenciar en primera fila. Muchas de mis observaciones solamente representan una interpretación, al tener acceso limitado a muchas cosas.

Gracias por permitirme darles mi punto de vista.

Chin chin el que se enoje.

La miel no se hizo para los güeyes

*Las especies que sobreviven no son las más fuertes, ni
las más rápidas, ni las más inteligentes; sino aquellas
que se adaptan mejor al cambio.*

CHARLES DARWIN

En un comercial que se estuvo promocionando a nivel nacional, de la compañía de seguros Allstate, el cantautor Carlos Ponce hace su entrada a una de las oficinas donde una clienta acaba de recibir noticias sobre el monto que podrá ahorrar al mes, lo cual le hace gritar a los cuatro vientos que es algo que debe comentarle a sus amigos. Marca el teléfono y a la vez entra Carlos Ponce, entonces ella comenta: «No me lo vas a creer». En ese momento cambia la cámara y se ve la reacción de Carlos Ponce, que alza el pecho en señal de su popularidad, la cual es totalmente destruida segundos más tarde cuando ella termina la oración: «voy a ahorrar combinando mis seguros». Así es que Carlos Ponce se da cuenta de que no están hablando de él y que posiblemente no sea tan famoso como cree.

De la misma manera, en asuntos de popularidad a mí no me conocen ni en mi casa. La gran diferencia es que yo ni me creo ni mucho menos lo soy; independientemente de que lleve más de cuatro años de estar presentándome en los canales más vistos en Los Ángeles sobre asuntos de dinero, la mayoría de las personas no sabe quién soy.

Lo bueno de esto es que no se trata de un concurso de belleza ni de popularidad, sino de un relato sobre lo que he experimentado desde muy niño y lo agradecido que estoy de esta gran nación donde tuve la oportunidad de formarme y entender un poco más que la persona promedio la mejor forma de aprovechar las oportunidades que ofrece esta nación. Por eso fui invitado hace más de cuatro años a uno de los noticieros locales para poder hablar sobre bienes raíces.

El primero de la tarde fue ese noticiero en el Canal 22, que ahora es Mundo Fox. En ese momento el Canal 22 compartía estudios con el Canal 52, Telemundo, en el Edificio de NBC ubicado en la ciudad de Burbank.

Después de varias participaciones sobre diferentes temas financieros que presenté en el Canal 22, la conductora Catracha, de quien tanto respeto y admiro su dedicación y amor, me vacuna con el nombre El Gigante de las Finanzas. Y lo hace, asumo, al darse cuenta no solo de mi estatura física sino de la agresividad y honestidad a la hora de opinar sobre temas importantes para nuestra comunidad, sin ofrecer ni promover ningún servicio que me pueda traer un beneficio, más que el de hacerme conocer como el chiquito pero picoso del dinero.

El hablar sobre temas económicos en televisión es como darle de comer brócoli a un niño, beneficioso pero nunca tan divertido como tomar un helado. Mi objetivo desde el inicio ha sido saber de qué forma presentar o explicar los temas para que sean simples de entender y no intimiden a nuestra comunidad que tanto necesita que le hablen de estos temas, y de esta forma ayudar en sus decisiones financieras.

Me presentaron como el experto que conoce los hábitos financieros de la raza, al haberles ofrecido servicios y productos por más de diez años, teniendo acceso a sus hogares y sobre todo a sus finanzas. Más de 10 000 presupuestos mensuales analizados, en los cuales tengo acceso a hábitos, tendencias y sobre todo preferencias de cómo administran su dinero. Y aún más importante, al haber capacitado por más de diez años a un fuerte ejército de vendedores, conocedor de las malas y buenas tácticas de venta ante los hispanos, no solo de los vendedores sino de la competencia.

Y como el espacio que dan en la mayoría de los noticieros no excede los cuatro minutos, en cada una de las presentaciones en que tuve la oportunidad de opinar traté de acumular la mayor cantidad posible de información para poder orientar a los televidentes en asuntos sumamente importantes y de una forma que se entendiera durante ese limitado tiempo. Nunca quedé satisfecho, siempre sentí que me quedaba corto el tiempo para poder abarcar asuntos que ameritan más de una hora, pero que son imposibles de presentar a menos que compres el espacio. Y al hacerlo ya no se trata de un asunto objetivo, sino de una venta para poder justificar la inversión de esta publicidad.

Aunque mis expectativas nunca fueron satisfechas, poco a poco me empecé a ganar la confianza de la raza que trabajaba en los noticieros y frecuentemente me esperaban al terminar mi segmento para hacerme preguntas sobre finanzas. Las preguntas que me hacían eran las de la persona promedio, y la única diferencia entre los televidentes y estas personas que representaban una sección privilegiada de nuestra comunidad eran los ingresos. Porque la forma en que se gastaban el dinero, consumían, sobregiraban sus tarjetas de crédito y carecían de plan de contingencia para el día en que ya no pudieran trabajar era la misma. Estas tendencias y necesidades por parte de nuestra comunidad me motivó a querer saber más y más sobre todo lo que estoy a punto de comentar.

Y como sabía que al obtener un auspicio para poder conversar sobre estos temas de importancia para nuestra comunidad tendría que vender mi alma y convertirme en un títere corporativo más, decidí esta vía en la cual puedo hablar abiertamente. En la cual puedo hablar sin la preocupación de tener que promover algo en lo que no creo, como lo tiene que hacer la mayoría de títeres corporativos para poder mantener auspicios, su chamba y los gastos de su alto nivel de vida.

Estamos en el 2014, seis años de crisis para los menos afortunados, con un presidente que simplemente no puede gestionar nada sin que lo culpen de socialista. Y que, a consecuencia de esto y para poder complacer a los que más lo odian y menos lo aprueban, solamente ha gestionado incentivos y bonificaciones para que los principales responsables de esta crisis sigan multiplicando sus fortunas y estén más que satisfechos al haber salido ilesos de esta asombrosa maniobra.

Una maniobra prefabricada en la cual sus creadores se deleitaron con una gran fiesta donde no bajaron de comer langosta y caviar, y aunque todos fuimos invitados a la fiesta que duró más de cinco años, la mayoría de los invitados no alcanzó ni un taco de tripa. Y lo peor es que al final de la fiesta pusieron a estos a lavar platos y limpiar el desmadre.

On margin en el 1929 y Stated en 2004, similares aportaciones, idénticos resultados.

Durante los meses más profundos de esta crisis, el índice bursátil que monitorea las treinta compañías americanas más importantes, el Dow Jones, se desplomó casi a niveles alcanzados en 1929.[2]

Caída del Dow Jones en 1929: 89%

Caída del Dow Jones en 2009: 53%

La fuerza laboral alcanzó niveles de desempleo como los de la gran depresión del 1929, con más de 25 millones de personas sin empleo, o casi 20% de índice de desempleo de acuerdo al U6, índice de desempleo que a diferencia del U3, que es el que frecuentemente se usa para maquillar la realidad, sí manifiesta la neta.[3]

Índice de desempleo 1929: 25%

Índice de desempleo según U3 2009: 8,5%

Índice de desempleo según U6 2009: 17%

Los culpables dicen que solamente se trata de una recesión; más bien, a menos que los parámetros hayan cambiado, de una depresión maquillada por paquetes de estímulo económico y oculta por los medios de comunicación para que no vayamos a acudir al Chapulín Colorado.

La gran diferencia entre una crisis y otra es la rapidez con la cual sacaron el molino de masa monetaria para poder contrarrestar una prolongación que nos llevaría a un nivel de pánico más alto que el de los L. A. Riots.

Se esfumó la ATM personal, la ganancia en nuestras casitas, cortaron el aceite para el motor económico, el crédito, se nos esfumó nuestro poder de endeudamiento y la mayoría de las personas está luchando ante el banco para que no le embarguen su casita, o negociando con el mismo para que le den la maldita

---

2   http://money.cnn.com/news/storysupplement/economy/recession_depression/

3   http://portalseven.com/employment/unemployment_rate_u6.jsp?fromYear=2008&toYear=2010

mortificación. Nos sacaron roja en el deporte nacional del país: el consumo.

Y hablando de deportes, hay un grupo de integrantes que cada vez se hace más grande y popular: los 99ers. No se trata de un equipo de basketball, sino de los desempleados a quienes tienen noventa y nueve semanas recibiendo beneficios de desempleo y quemándole velitas a san Pancrasio para que les extiendan los beneficios o finalmente consigan empleo.

USA ha cometido errores, como cualquier otra nación, y actualmente estamos pasando por un espacio transitorio en el cual tenemos la oportunidad de mejorar varios aspectos importantes para el desarrollo de esta gran nación. Y aunque tenemos varios cambios, USA sigue siendo la tierra a la que millones de personas del mundo entero siguen intentando llegar a cualquier costo. Recientemente son procedentes de las economías que han tenido un alza significativo, en la cual los sensatos migran a la tierra de la oportunidad; en este caso hemos visto olas de chinos y brasileños. Todavía seguimos siendo el destino preferido de los inmigrantes, que buscan explotar su potencial entre todas las opciones que existen, de acuerdo a cifras manifestadas por el Migration Policy Institute.[4]

Migran a esta nación ya que saben lo generosa y abundante que es; pero, sobre todo, lo fácil que resulta superarse en este país.

Lastimosamente, muchos de los que recientemente han llegado acá han sufrido del Efecto Kotex: están en el mejor lugar durante un mal momento. No solo han encontrado un país en momentos difíciles, sino que han presenciado la existencia de ciertas garrapatas,

---

4   http://www.migrationinformation.org/datahub/charts/5.1.shtml

las cuales estamos acostumbrados a ver en nuestros países y de las que hablaré en capítulos posteriores.

Yo todavía creo en este país, y tendrían que pasar más cosas que las que recientemente han pasado para que deje de creer. Espero que ese día nunca llegue. Desde mi humilde punto de vista, USA ha sido, es y seguirá siendo el país más justo y poderoso donde el que con dedicación, trabajo y, sobre todo, entendiendo las reglas del juego americano, puede crecer financieramente y lograr cualquier sueño que se plantee.

Es cierto que existe corrupción, que existen familias que tienen tanto poder que su afán es el de conquistar el mundo. Pero eso también existe en nuestros países, la gran diferencia es que en nuestros países son, digamos, diez familias en un pastel que se reparten al 95% entre ellos, de solamente 200 mil millones a un billón la economía más fuerte. En otras palabras, una vaca flaca repleta de garrapatas que solo chupan el pellejo porque ya no hay sangre.

Aquí, al contrario, estamos hablando de un pastel de 15 billones; ese sí es pastel. Una vaca muy gorda, raza rubia gallega, abundante en carne de primera y llena de sangre.

Más de 300 millones de potenciales clientes, de los cuales más de 50 millones son hispanos; 50 millones de habitantes es una cifra que está entre los primeros treinta países del mundo en población, con una pequeña diferencia: estos 50 millones tienen acesso a crédito, $43 000 per cápita, gastan más de lo que ganan, son fáciles de influenciar y sobre todo practican de la mejor forma el deporte nacional de este país: el consumo. I love it.

Un pequeño Qatar es lo que tenemos de hispanos en USA. Y si Slim sabe cómo venderle a los mexicanos, yo sé cómo venderle a los hispanos.

Bienvenidos a los Estados Unidos que yo conozco. Y a mi estado Cali, con población que excede los 40 millones, y su más linda ciudad, la mejor del mundo, Los Ángeles, con una población hispana de siete millones de hispanoparlantes con un poder adquisitivo per cápita de 43k. Una ciudad cosmopolita; diversa en cultura, gastronomía y, sobre todo, entretenimiento.

Cuna de los Lakers, los Dodgers, los Kings, los Chivas USA y del fútbol colegial de UCLA y USC. ¿Qué pasaría si además nos mandan a los Patriots y a los Pumitas?

Tierra natal de los Red Hot Chili Peppers, Black Eyed Peas, Rage Against the Machine... manifestación pura de lo que representa esta ciudad. Un lugar diverso en cultura e ideales.

Los Ángeles, de Mexicalifornia, donde también actualmente se rumora de crisis económica: bancarrotas, embargos, fraudes, desempleo y resentimiento ante las personas que supuestamente deben servir al pueblo.

Un resentimiento que se ha manifestado en varios movimientos que emplean métodos obsoletos que no tienen éxito.

Considero que la forma de hacernos escuchar ha cambiado desde los tiempos en que líderes como lo fue César Chávez salían a la calle a manifestar con gran cantidad de personas sus incomodidades, inquietudes e injusticias. Estas manifestaciones, aunque lograron en primera instancia que se dieran cuenta de que existíamos, en los tiempos actuales no funcionan.

Mi opinión es que cuando una economía depende 75% del consumo, y cuando tiene casi 50 millones de potenciales consumidores, la mejor forma de hacernos notar es manipulando nuestro poder adquisitivo. Es ahí donde radica el más poderoso derecho que tenemos los hispanos en USA en tiempos actuales.

Lo que empujó la decisión de la corte suprema para erradicar la segregación en los buses de Alabama no fue la hazaña de la señora Rosa Parks, sino el boicot por parte de la comunidad afroamericana al rehusarse a montar y pagar un bus a menos que cambiaran las cosas a su favor. Es lo que se conoce como el Montgomery Bus Boycott.

Porque al final del día posiblemente no tengamos suficiente representación en Washington, posiblemente no llenemos todavía el perfil ideal de inversionista para la mayoría de las casas fuertes de Wall Street, posiblemente la mayoría de nosotros no llenemos el perfil ideal de lo que se considera americano. No obstante, lo que sí representamos de igual forma es la manera en la que consumimos, y en verdad representamos el mejor consumidor ya que no poseemos tantas herramientas como la persona promedio en USA.

Es esta una de las razones principales por las cuales la gran mayoría de personas no ascienden de nivel económico en USA: porque son ignorantes sobre asuntos de dinero. No es por falta de oportunidad. Y por esa causa siempre pagan más en costo de financiamiento, realizan gestiones que no tienen sentido, compran cosas que no pueden pagar, etcétera. Y esto es una fortuna, oro molido para las corporaciones en USA y para el gobierno, que engorda con los beneficios tributarios que pagan estas compañías.

Si algo tenemos que tener bien claro es que, aparte del poder del voto, el poder más fuerte que tenemos en estos momentos, que cada día crece y crece como ya explicaré más a fondo en otros capítulos, es nuestro poder adquisitivo y cómo lo gastamos. Esa simple libertad de decidir a quién le damos nuestro dinero al escoger productos o servicios.

Ahí es donde radica el más importante poder que los hispanos poseemos. De manipular bien ese poder, tendremos mejor trato y, sobre todo, mejores vidas. Porque al final del día, poniendo a un lado las ideologías, lo único que interesa en el capitalismo no es ni el color ni el origen étnico, sino el dinero.

Toda comunidad que ha comprendido que la mejor forma de obtener beneficios en este país es por medio de nuestro crecimiento financiero ha prevalecido, como es el caso de gays y judíos.

Entonces, como dice la canción del famoso grupo colombiano Bacilios, si queremos mejorar como comunidad en USA «necesitamos más latinos que sepan jugar el deporte americano».Y de eso mismo trata este libro: de entender las reglas del dinero en esta linda y gran nación.

Como han hecho ya exitosamente varios hispanos en tiempos atrás: en los cincuenta Desi Arnaz, el Ricky Ricardo de *I Love Lucy*, o Emilio y Gloria Estefan en los setenta y ochenta, y actualmente Carl Quintanilla de CNBC Squawk on the Street. Todos hispanos que superaron los paradigmas y se han destacado a lo grande en esta nación. No solamente en lo económico, sino en perder el miedo al no limitar sus talentos aprovechándolos al dirigirlos a nivel nacional.

De la misma forma lo están haciendo miles de empresarios que dirigen sus productos y servicios a la comunidad hispana y al país entero. Sin complejos ni miedo.

Padres de familia que tienen como prioridad el educar a sus hijos.

Jóvenes latinos que no tienen miedo a emprender ideas que puedan cambiar el mundo.

Deportistas que representan orgullosamente a la comunidad latina en los juegos olímpicos portando el uniforme de esta gran nación.

Albañiles que diariamente aportan su talento para poder mejorar la infraestructura de esta nación.

Troqueros que día y noche cruzan el país para poder transportar los productos que consumimos.

Jornaleros que ofrecen su mano de obra por debajo de lo estándar y le permiten a muchos obtener márgenes más altos de ganancia.

Toda una comunidad que representará los cimientos de esta gran nación.

Una nación tan linda que le da oportunidades al que las busca, pero también puede destrozar al que simplemente no hace nada y desconoce cuáles son las reglas del juego.

No todo es color de rosa, y existen muchos paisanos que en vez de adelantar están retrocediendo. Y de seguir en el sendero actual, que para mí es el del güey, al final terminaremos cansados, enfermos y pobres; en otras palabras, de la misma forma que llegamos aquí, con una mano delante y otra atrás, porque, aunque es el lugar más justo y lleno de oportunidades, hay ciertos depredadores a quienes se les va la mano, como recientemente lo hemos experimentado con la última administración de Bush y sus alianzas con corporaciones financieras. Lastimosamente, han contaminado el sistema económico y con eso le han dado una mala imagen al pueblo americano y a esta gran nación. Para poder mantener su posición mundial, USA necesita reformas en varios aspectos para retomar el liderazgo en algunas ramas que ha perdido. Varios de estos cambios incomodarán a muchos, pero es la única opción para poder cambiar el destino de esta gran nación.

Muchos podrán comentar que de nada sirve tener cosas materiales en USA ya que al final todo se pierde en este país. Y posiblemente hay algo de verdad en ese comentario, pues no sé si se pierde, pero sí sé que cuando las cosas ya no le traen un beneficio se desechan. Y esto aplica a la mayoría de las cosas en la vida.

No obstante, mil veces prefiero: «Más vale haberlo perdido que nunca haberlo tenido». Porque como me dijo un argentino en Córdoba: «Lo bailado nadie te lo quita, che». Y concuerdo con ese comentario, nadie me puede quitar lo experimentado, lo visto, las aventuras, y sobre todo el cambio de hábitos que me trajeron estas experiencias. Todo me podrán quitar. Todo; pero la disciplina, la experiencia y sobre todo la creencia de poder volverlo a hacer, nunca. El MOLDE se queda.

Mi vida siempre ha sido marcada por un emblema: «No hay nacimiento pobre ni muerte rica». Todos llegamos igual y nos vamos de la misma forma. Como dice un proverbio italiano: «Al final del juego, el rey y el peón van a la misma caja». La gran diferencia radica en lo que hacemos o dejamos de hacer entre una y la otra.

La vida es demasiado corta para desperdiciarla con fantasmas que en este país no existen. Hay que aprovechar sin miedo nuestro potencial, al máximo, antes que nos llegue lo único que tenemos seguro en la vida: la muerte. Que, aunque es la más justa, no sabemos cuándo ni de qué forma nos puede llegar.

Recientemente tuve que visitar a mi médico regular. Durante uno de los incontables partidos de fútbol soccer que he disputado, un compadre me mete una patada en la cabeza que casi me asegura un boleto anticipado con la huesuda. Después de un análisis intenso de casi dos horas, el doctor regresa y me informa que solamente se trataba de algo que escuché más o menos como un «hiperfiboloso agruamiento» en la parte inferior del cráneo. Yo le pedí que me tradujera eso al español y él dijo: «Claro, tienes un chichón».

Uso este incidente como punto de referencia porque considero que cuando se trata de asuntos de dinero existen múltiples poderes sobrenaturales que hacen un esfuerzo para informar de una forma o en un lenguaje que solamente alguien con formación en las mejores escuelas del mundo pueda entender qué carajos se está diciendo. Esto con el fin de seguir lucrando y no despertar la sensatez de sus fieles güeyes que siguen sus recomendaciones.

Esto lo corroboré en el último libro que leí del Sr. Robert Kiyosaki, unas de las autoridades de la lectura sobre cómo enriquecerse, *Rich dads conspiracy of the rich*. En verdad solamente he leído completos su primer libro y este, ya que, aunque creo que sus libros son muy buenos, considero que con frecuencia se repite.

Este último libro me interesó sobre todo porque en él se habla de estos poderes sobrenaturales que él denomina como las familias adineradas y poderosas, y el gobierno y su forma de esconder y manipular información para que los menos afortunados no puedan ascender o progresar en asuntos económicos.

Lo que más me llamó la atención fue una anécdota que comenta al final de su libro, en la cual hace mención de su visita años atrás a la linda ciudad de Capetown, en Sudáfrica. Y cómo, en ella, tuvo la oportunidad de ver la gran diferencia que existe entre las clases sociales al haber gente tan rica en el centro de la ciudad y veinte minutos a la salida de la ciudad se encontró con una de las favelas más grandes del mundo, en la cual existen más de 5000 casas de cartón donde vive la mayor parte de los ciudadanos.

Su preocupación es que en menos de diez años Estados Unidos llegará a este nivel, en el cual las clases sociales se verán igual de marcadas que en Sudáfrica. ¡No creo que tenga que esperar diez años para poder corroborar esta realidad! La desigualdad social ya es parte de esta gran nación. La diferencia es que aquí es mucho más fácil salir de ella que en la mayoría del resto del mundo. Simplemente hay que tener deseos de salir.

El problema de la desigualdad en esta nación no es un asunto de oportunidad, sino de decisión.

Yo me atrevo a decir que si una persona en USA es pobre es por decisión propia. Ha cometido numerosos errores y no ha hecho nada para poder contraatacar su situación actual. En este país no solamente hay abundante ayuda social, sino que al ser una economía tan grande ofrece oportunidades para poder salir de la pobreza.

En USA una persona pobre, por definición, es aquella que no llena los ingresos promedios para poder cubrir sus necesidades básicas.

Y ese es el problema: los ingresos reportados. Una cantidad significativa de estas personas que están por debajo de la pobreza manejan sus economías o sus vidas en efectivo.

Esto lo hacen con fines de poder evadir impuestos y para poder recibir ayuda social. Es obvio cuando se reportan las cifras o estadísticas, los números son alarmantes; pero en realidad la mayoría de estas personas mantienen unas fuertes reservas en efectivo y tienen más que capacidad para poder vivir dignamente en este país.

En este país, para poder estar por encima de lo que se considera pobreza, una persona que haya nacido aquí debe solamente tratar de graduarse por lo menos de High School, que es más fácil que obtener boletos gratis en USA para una feria de libros; tener empleo a tiempo completo, que, independientemente de que tengamos una alta tasa de desempleo, el que busca trabajo siempre lo encuentra; y no tener hijos antes de los veintiún años.

Para una persona que migró a este país lo importante es aprender un oficio, no tener vicios excesivos y no ver la asistencia gubernamental como un progreso sino como una esclavitud.

A ambos corresponde ser sensatos con el crédito, con el consumo y sobre todo con el malgasto desmedido.

Es significativo que el Sr. Kiyosaki no hiciera mención a cómo en un país africano pudiera existir tanta riqueza, ya que durante mi visita a Sudáfrica, por motivo del Mundial de fútbol 2010, tuve la oportunidad de visitar Capetown y lo primero que me vino a la mente fue esa anécdota de la cual el Sr. Robert Kiyosaki hace mención en su libro.

Al ver tan linda ciudad, como lo comenta el Sr. Kiyosaki, tuve una gran sorpresa, ya que en vez de encontrarme con leones y jirafas afuera de los estadios, me encontré con una ciudad cosmopolita de primer mundo, en la cual residen muchos africanos con un estilo de vida envidiable, lo que el Sr. Kiyosaki olvidó comentar.

Se pudiera argumentar que durante un evento tan importante, el país anfitrión trate de esconder todos sus trapitos sucios ante la comunidad internacional, como la avenida 9 de julio en Argentina o la avenida Atlántida en Río de Janeiro. No obstante, no se puede ignorar la infraestructura, centros comerciales, el orden, etcétera, de este envidiable país que de igual forma que USA fue conquistado por los ingleses.

Después de dos días de haber estado en tan linda ciudad, llena de centros comerciales, restaurantes cinco estrellas y toda aquella diversión que puede ofrecer una ciudad cosmopolita de primer mundo, tuve que salir hacia Johannesburgo.

Solicité un taxi al aeropuerto, el cual me recogió en mi hotel a las ocho de la mañana. Durante el recorrido tuve el atrevimiento de preguntarle al taxista, que de igual manera que yo era un inmigrante que había llegado a Sudáfrica en busca de un mejor futuro, que me explicara lo que teníamos a nuestro lado izquierdo, una comunidad de más de 5000 casas de cartón, las famosas favelas que comentaba el Sr. Kiyosaki en su libro. Le pedí que me explicara cómo era posible que existiera tanta diferencia social en tan reducido espacio, tanta pobreza.

—¿Pobreza? —me dijo con seguridad—. Para pobreza tiene que ir a mi país, Zimbabwe. Ahí hay pobreza. A esto no le llamaría pobreza, más bien una forma de justificar el conformismo y dejarse llevar por las opiniones de otros. Yo tengo amigos que migraron del interior de África a este país en busca de oportunidad, ya que no tenemos la dicha de ustedes los mexicanos de ser vecinos de USA, y cuando llegaron simplemente no tenían otra opción que vivir ahí, pero ahora, después de unos años y de haber aprovechado como yo las oportunidades que este país ofrece, disfrutan de una mejor vida, viven en comunidades privadas, manejan carros europeos, pueden ayudar a sus familiares que no pueden salir de esos países corruptos y rehacen sus vidas en este país.

Luego continuó:

—No obstante, muchos de estos inmigrantes nunca pueden salir de ahí. Como ya están acostumbrados a vivir en esas condiciones, los ingresos que ahora representan son mucho más de lo que ganaban en sus países, los utilizan para otras cosas. Para ellos existen cosas más importantes que el bienestar y el buen vivir de sus familias. La oportunidad la tienen y el mismo sistema les permite integrarse y poder salir de ahí. Este país les otorga oportunidades que no están disponibles en sus países de origen, y que lastimosamente no aprovechan. Les ofrece educación gratis, salud gratis, centros de capacitación en donde pueden aprender un oficio y, sobre todo, hay mucho trabajo que es rechazado por el que nace en este país. La mayoría de ellos prefiere seguir ahí y hacer queja de todo para poder justificar su desinterés por cambiar su destino. Están pegados a la televisión todo el día. Beben las veinticuatro horas, gastan más de lo que les permiten sus ingresos, aprenden todas las reglas de cómo abusar del sistema y chupan fondos del gobierno, se llenan de hijos para que se los mantenga el gobierno, y al final alegan que este país es injusto cuando no es ni su país natal.

Yo tenía los ojos muy abiertos, escuchando todo lo que aquel hombre hablaba con tanta pasión.

—Y cuando el gobierno toma medidas fuertes antiinmigrantes se quejan, sabiendo que son culpables. Ahí es donde lamentablemente pagan justos por pecadores. A raíz de esto, el sudafricano promedio nos rechaza, el que posiblemente no recibe un beneficio directo o no entiende los beneficios económicos del inmigrante o, mejor dicho, no entiende que la mayoría de nosotros dejamos todo atrás para en esta nueva plataforma poder lograr las cosas básicas que en nuestros países natales son imposibles, apoyan y aprueban leyes que nos obstaculizan aun más el poder lograr nuestros sueños en este país.

Quedó un momento en silencio y luego agregó:

—Y hasta algún punto tienen razón, existen muchos conocidos que verdaderamente me entristece saber que son de mi país. Llegan y en vez de aprovechar las oportunidades se aprovechan del sistema, lo que nos da mala imagen y provoca el rechazo. ¡Pero para ti como mexicano no debería ser esto una sorpresa! Esto es lo mismo que viven ustedes en USA —me comenta asumiendo que todos los que hablamos español y vivimos en USA somos mexicanos—. Yo viví en esa favela cuando migré de Zimbabwe, pero a los cuatro años tuve la dicha de poder salir con esmero y disciplina. Ahora soy propietario de cuatro taxis y gracias a Dios puedo vivir en un mejor lugar y darles una vida más digna a mis hijos. Desde el momento en que dejé Zimbabwe abandoné el deseo de regresar. ¿Para qué? Este país es justo y me ha brindado la oportunidad de explotar mi potencial. Ahora que tengo hijos siento más fuerte la responsabilidad de aportar al mejoramiento de esta gran nación.

Esto fue como música para mis oídos. Sentí que era yo mismo hablando sobre mi experiencia y también sobre lo que la mayoría de las personas sufren en Estados Unidos: la falta de motivación al haber nacido en cuna de oro, como cualquier otro hijo de rico, ya que la falta de miseria produce desinterés.

Las personas en USA no saben lo que es la pobreza. Su definición de la palabra carece de necesidad.

La verdadera pobreza es la que se ve en nuestros países. Todas esas familias todavía en el siglo XXI viven sin agua potable, drenaje, electricidad, ayuda social, servicios públicos, alimentación, trabajo, y sobre todas las cosas, sin la mínima esperanza de que algo cambie.

En USA, aunque tenemos que hacer varios ajustes, NADIE, NADIE SE MUERE DE HAMBRE. NADIE. Por lo menos en mi lindo estado de California. Y, si así fuera, no es debido a escasez o falta de oportunidad, sino a que no buscan. Como se dice vulgarmente: «El que chilla mama».

Todo aquel que en realidad tenga deseo de trabajar tiene opciones de trabajo.

Todo aquel que necesite ayuda médica la tiene, independientemente de si posee o no la capacidad económica para pagar.

Todo aquel que quiera estudiar y que demuestre aptitudes es apoyado por el gobierno y el sector privado, y tiene la oportunidad de estudiar en cualquier renombrada universidad en USA.

Cuando en USA se habla de pobreza, no es un asunto de oportunidad sino de decisión.

No sé en otros países, pero aquí en USA una persona cae en la pobreza, y lo hace en la mayoría de los casos por decisión propia, por aceptar ciertas opiniones de los supuestos expertos, que en la mayoría de los casos tienen fines de lucro y no representan los intereses de mejoramiento de las personas, sino de los beneficios que ellos pueden obtener al existir muchas personas en estos senderos de güey, como los llamo yo.

A esto le pueden agregar el mal uso del crédito, querer vivir por encima de nuestras posibilidades, el dejarnos influir por títeres corporativos, el tomar decisiones sin consultar o antes de analizar opciones, el otorgar nuestra información y atención a los lobos para que nos devoren; son temas que ya explicaré a fondo en los próximos capítulos.

Nunca se liberan de los hilos a los cuales estamos todos atados. Y cada vez que hago mención de esto, lo primero que me viene a la mente es el libro *Pinocho*, en el cual se representa de una forma tierna lo que cualquier sistema económico, no necesariamente por ser USA o por ser la meca del capitalismo, tiene la capacidad de promover y que el astuto aprovecha mientras el indiferente lo desecha.

La mayoría de estas personas se dejan guiar, sin consultar primero, por vendedores de servicios y productos que no les benefician, como el honrado Juan en el libro, que pretende ser el amigo de Pinocho para inducirlo al mal camino. Creen y no cuestionan los cuentos infantiles de algunas entidades, que les ofrecen una ilusión con beneficios a corto plazo, a cambio de una esclavitud eterna, como Pabilo y el Hombrecito lo hacen con Pinocho al llevarlo a la isla de los juegos, con la promesa de jugar y disfrutar, sin saber que lo están convirtiendo en burro.

Así hacen varias entidades en USA, al promover ilusiones que solamente son ciertas en un cuento infantil. Ellos dicen: «¡La inversión más segura es comprar casa! ¡Una casa representa un ahorro! ¡Tener el dinero en el banco es lo más seguro y lo que da mayor rentabilidad! ¡Estudia y el éxito está garantizado! ¡Invierte tu dinero en cuentas 401k! ¡El crédito es lo más importante en este país!»

Estas entidades venden ilusiones para poder justificar una venta, la cual representa una gratificación a corto plazo para ellos y un problema a largo plazo para el país.

No obstante, considero que después de esta crisis económica muchas personas han despertado y se han podido liberar de muchos de los hilos que los tenían atados.

Pero gracias a la misma crisis hemos podido descubrir que el sistema en el que vivimos, ahora más que nunca, nos permite en buenos y malos tiempos aprovechar muchas oportunidades para los que se desean superar, pero que para poder aprovechar estas oportunidades debemos aprender el sendero y las reglas del juego y escuchar a los Pepes Grillos, como en el libro *Pinocho*, que nos aconsejan de una forma objetiva el verdadero sendero que debemos elegir. Sendero que aunque al principio se pueda ver muy difícil y aburrido, a largo plazo será la mejor opción.

El avance o el progreso de la humanidad traen cambios. Aquellos que con mente abierta se adaptan a ellos son los que con más rapidez pueden aprovechar las nuevas oportunidades. Los que no, usualmente son aquellos que seguirán en el camino que no tiene fin: el sendero del güey.

El sendero del güey

Si los pobres empiezan a razonar, todo está perdido.

VOLTAIRE

En nuestra cultura son comunes las creencias o mitos; esas historias que frecuentemente nos contaban nuestros abuelos para asustarnos y evitar que hiciéramos travesuras. Y aunque a veces no sabemos quién las inventó o con qué fin, todos estaremos de acuerdo en dos cosas: la primera, que ninguna de ellas es verdad; la segunda, que fueron muy eficientes en paralizarnos ante alguna acción que les iba a causar molestia a sus principales fabricantes.

«¡No estés en la calle por la noche porque te puede salir la Llorona y te va a llevar con ella!». Nuestros padres evitando el exceso de salidas a la calle.

«¡Pórtate bien si quieres obtener regalo de Santa Claus!». La familia fomentando la buena conducta.

«¡El ser obeso es saludable!». Padres justificando negligencia en la alimentación de sus hijos.

A esta lista podríamos agregar varios religiosos que no vale la pena mencionar, ya que son demasiados profundos en las creencias de nuestra cultura y porque desconozco del tema. Pero sí me atrevo a comentar que muchos de ellos son ciencia ficción y en su mayoría tienen como propósito primordial el dinero. Al ignorar asuntos de religión considero más sensato en lo que sí puedo opinar, el dinero. Como dijo Voltaire: «Cuando se trata de dinero, todos somos de la misma religión».[5] Y sobre asuntos de dinero es que deberíamos cuestionar la validez de estos mitos, ya que es ahí donde pudiera estar la raíz de muchos problemas financieros que actualmente nos tienen paralizados y esclavizados. Es aquí donde tenemos el deber de cuestionar sin reprimendas el origen de estos mitos y las posibles entidades que se estén beneficiando o enriqueciendo a partir de nuestra lealtad hacia los mismos.

Porque cuando se trata de nuestro sistema financiero, se puede comparar con la tecnología: cada día evoluciona, y cosas que trabajaban antes, ya hoy pueden ser obsoletas.

Lastimosamente, cuando se trata de asuntos financieros nuestra comunidad, haciendo una comparación con la tecnología, todavía escucha música en su walkman, todavía manda telégrafos por el correo, todavía renta películas en la esquina...

Aunque son varios, considero que estos son los que resaltan en la mitología financiera estadounidense, y son los principales causantes de paralizarnos y enriquecer a muchas entidades. Pero, sobre todo, las principales causantes de recientes y futuras crisis:

«¡La inversión más segura es comprar casa!». Agentes de bienes raíces.

---

5   http://www.elespectador.com/noticias/actualidad/10-frases-celebres-de-voltaire-articulo-459566

Antes del 2007 posiblemente esto tendría algo de validez. Aunque en tiempos anteriores hemos experimentado crisis inmobiliarias, en las cuales las propiedades y sus propietarios perdieron todo, nunca ha sucedido a esta magnitud.

El valor en las propiedades, como cualquier otra inversión, tiende a reaccionar al clima económico y, sobre todo en los tiempos actuales, político. Si la política monetaria impulsa un alza en las tasas de interés hipotecarias, si el país entra en una recesión económica, si sube la tasa de desempleo y consecuentemente baja el optimismo, esto tendrá un impacto en la demanda sobre potenciales compradores de una casita.

Inversamente, si el optimismo sube, la tasa de desempleo baja y existe el apoyo político para que los bancos otorguen créditos sin medir el riesgo ni el potencial impacto que pueda tener, evidentemente tendrá un impacto positivo insostenible. Fue exactamente lo que sucedió en esta crisis financiera.

El problema radica en que independientemente de lo que esté sucediendo en la economía, para la mayoría de mis colegas siempre es buen tiempo para comprar. ¿Por qué? ¡Porque, según ellos, es la inversión más segura!

Esa es la única justificación que la mayoría de ellos puede dar. Aunque existen otros más preparados que se agarran de cifras económicas para poder justificar su argumento. Al final, solamente tienen una justificación: ¿de qué otra forma podrían sostener sus obligaciones sino es vendiendo/empujando casas?

No considero que estas personas sean malas, simplemente reaccionan al incentivo que tuvieron frente a ellos: vender: pagar biles.

Y más que solamente pagar biles diría yo que todo un estilazo de vida, ya que la comisión promedio al vender una casa y hacer el préstamo estaba en los $20 000. Y aunque se debe pagar un precio a cambio de tan tentador incentivo, como muchos de ellos lo experimentaron después de la caída en los valores de las casas en el 2008, cuando, asumo, recibieron muchas llamadas de estos clientes y no fue para saludarlos sino para recordarles a su jefecita, considero que no hay poder humano que pueda frenar a alguien de mentir o ignorar con tan gran incentivo.

Fue muy común aquí en Los Ángeles que una propiedad que se compró por $500 000 en el año 2007, en el 2010, dependiendo de la ubicación, costara la mitad, $250 000 o menos.

Para el 2014, después de toda gestión manipuladora por parte de los bancos para reducir sus pérdidas, la misma casa está costando aproximadamente $300 000. Con el potencial, y esta es mi opinión, de que exista otra fuerte corrección en los próximos años que haga que el valor llegue a menos de lo que llegó en el 2010.

El sistema de valoración inmobiliaria en USA es demasiado simple: el valor de una casa se determina sobre las ventas recientes en una milla de circunferencia, hasta seis meses atrás, de propiedades que llenen las mismas características.

Por ejemplo, si casa A, de 1500 pies de construcción con un lote de 6000 pies cuadrados de construcción, equipada con tres cuartos y dos baños completos se vende en promedio por $500 000, todas las otras propiedades con similares características y adentro de esta milla de circunferencia valen aproximadamente lo mismo.

Entonces, por ejemplo, si su casa en el 2008, después de haber estado pagándola por más de veinte años, tenía un valor de venta de $500 000 y estaba en esa milla de circunferencia donde un propietario, al cual el banco no le verificó los ingresos para poderle prestar un monto que no podía pagar, no pudo más con los pagos y la perdió por la mitad a $250 000, ¿cuál cree que sea el valor actual de la casa después de que esta venta se registre en el condado?

Correcto. Su casa, independientemente de que le haya puesto piso de oro, vale aproximadamente $250 000.

¿No dicen que es una inversión muy segura? ¿Dónde está la seguridad?

Lo que más nos debería asombrar es el saber que el valor de las propiedades siempre ha reaccionado de esta forma ante las condiciones macropolíticas. Por ejemplo: antes de la gran depresión del 1929 en Miami se especuló sobre lotes que no existían.

Después, en el año 1991, experimentamos una caída similar con la quiebra de los Savings and Loans S&L.

En ambas situaciones, el precio de las propiedades tuvo un crecimiento y caída similar a la del 2008, que al final se resumió en pérdidas de fortunas y muchos embargos, hasta pasar a una crisis económica.

Las personas que posiblemente experimentaron esta crisis, no se tragan ya el mito de que la inversión más segura es una casa. Porque posiblemente lo perdieron todo, como le pasó a don Aurelio (mi papá) en 1994.

Lastimosamente esto pasó hace más de veinte años, y cuando se trata de asuntos financieros, la memoria del ser humano tiende a ser frágil.

A esto le agregamos la fuerte publicidad por parte de los agentes de bienes raíces para promover una inversión de casa como lo más seguro en la vida, y ahí tendremos una fórmula segura de una inminente sorpresa cuando caiga el valor de la casita.

Robert Shiller, conocido profesor y economista, creador del índice que lleva su apellido, el cual monitorea a nivel nacional el comportamiento del valor de los inmuebles, confirma en uno de sus múltiples estudios que las casas como inversión representan un riesgo inmenso a largo plazo.[6] Si este señor basa sus consejos o afirmaciones en estadísticas que detalladamente ha analizado, ¿por qué creer lo opuesto?

La inversión de inmuebles o casitas puede ser muy lucrativa para el que sabe lo que está haciendo. No obstante, en la mayoría de los casos los que saben las compran para ellos, lo que venden usualmente es el pellejo. Hay que saber cuándo comprar, cuándo vender y cuándo rentar.

Lastimosamente nuestra comunidad no tiene esta destreza, y las personas simplemente toman sus decisiones sobre los consejos de la mayoría de estos agentes de bienes raíces, que los han tratado con mucha fineza a cambio de una firma que representa para ellos miles de miles de dólares.

«¡El comprar casa representa el sueño americano y el mejor ahorro!». Bancos hipotecarios.

¿De qué otras dos cosas tan importantes para todo inmigrante se pudieran afianzar, sino de dos de las costumbres más marcadas en todo inmigrante que llega a esta gran nación con un nivel alto de responsabilidad y deseo de superación: realizar el sueño americano y ahorrar?

Ambos mitos con el afán de tener fieles güeyes esclavizados a hábitos ineficientes dirigidos a personas

---

6   Exchange Ideas and Viewpoints. Verano, 2005.

que fueron ilusionadas y sus finanzas maquilladas en la calificación de algo que con sacrificio pueden pagar, como por ejemplo, querer pagar una casa en menos tiempo de lo pactado después de la compra, enviar más dinero de lo debido mensualmente, o simplemente temerle a una tasa de interés variable. Prácticas que solamente funcionan al tener un surplus en sus finanzas.

Todas estas prácticas son contraproducentes, y en la mayoría de los casos sitúan a los deudores en una situación comprometida, pero bien favorable para el banco.

Es importante mencionar que el mayor beneficio que se le puede sacar a una inversión de vivienda es cuando se puede vender o refinanciar con el propósito de acceder a la ganancia acumulada, y para que ambas opciones sucedan el valor actual de la propiedad tiene que estar por encima de lo que actualmente se debe.

El comprar una casa no representa más que una renta con la opción de que el día que suba de valor, le dé la oportunidad de acceder a su ganancia para poder pagar deudas o venderla y percibir una ganancia. No obstante, he ahí el gran secreto: saber cuándo y de qué forma hacerlo.

El sueño americano, en mi humilde opinión, es la libertad e igualdad que tenemos en esta gran nación para que, con esfuerzo y dedicación, cualquier persona, independientemente de su origen, etnicidad o color, pueda vivir plenamente y libre de disfrutar de todo aquello que le traiga satisfacción sin prohibición alguna, con tal de que no quiebre o abuse de los derechos del resto de los habitantes.

Esto implica que si el día de hoy un chaparro, indio, feo como yo decide colectar botes de aluminio por toda la ciudad de L. A. con el objetivo de revenderlo y con la esperanza de obtener una ganancia, lo puede hacer sin ninguna complicación.

Y si me pongo las pilas, y creo un sistema de búsqueda en el cual puedo anticipar la hora en la que las más abundantes fuentes de estas latas desechan, puedo tener una ventaja competitiva y colectar antes que los demás. Ya con este sistema puedo contratar a personas y enseñarles a cambio de un porcentaje de lo colectado. Y si me quiero proteger y a ellos, puedo incorporar el negocio para darle formalidad y protección. Ahora ya puedo reportar estas ganancias y posiblemente obtener un préstamo bancario para poder invertir en maquinaria.

Y de los productos de este negocio puedo comprar un mejor auto, electrodomésticos modernos, y posiblemente vivir en un área que llene mis necesidades, que pueden ser supermercados donde tenga productos latinos, me atiendan en español, parques donde jueguen cascaritas, restaurantes donde ofrezcan comida al gusto de mi paladar, o donde se pueda convivir con personas de mi agrado.

Y con tal que no quiebre ninguna ley, no abuse de ningún previlegio como ciudadano, puedo libremente seguir disfrutando de este negocio y de sus frutos.

Les hago mención de este caso ya que conozco a una persona en L. A. que se dedica a esto y con este negocio ha alcanzado un nivel de vida envidiable. Tiene varias propiedades pagadas completamente en su país, tiene ahorros y dos carros nuevos, pero renta una casa en una ciudad que llena sus expectativas y no es propietario de casa en USA.

La pregunta es: ¿A este señor de qué forma se le podría argumentar que no está viviendo el sueño americano?

Este señor tiene un estilo de vida que posiblemente en su país natal, México, le hubiese sido mucho más difícil disfrutar.

¿Desde qué momento el comprar una casa representa el sueño americano absoluto?

Qué absurdo es el pensar que al comprar una casa hemos alcanzado la cima del éxito.

¿De qué otra forma los bancos podrían tener miles de güeyes haciendo fielmente pagos sobre hipotecas sino convirtiendo una compra tan importante en algo tan anhelado como alcanzar el sueño americano?

No solamente han sido astutos al convertir esta compra en el sueño americano, sino que también los han seducido para que hasta dejen de comer para poder pagarla en menos tiempo.

Mi experiencia propia, después de haber dedicado más de quince años a esta carrera, es que son contadas las personas que llegan a pagar su casita de la forma convencional y el sistema actual.

Lo que sí es real es la ilusión por parte del propietario de que la casita algún día podrá ser pagada completamente. Pero al final, en la mayoría de los casos, solamente representa la zanahoria que usan los bancos para tener al güey corriendo por treinta años.

La compañía Zillow publicó un reporte en el cual muestra el porcentaje de propiedades que están completamente pagadas en toda la nación. En el mismo reporte se consideraron los precios actuales de propiedad, crédito, edad, y por supuesto los porcentajes de casas que están completamente pagadas y que no tienen ninguna hipoteca.

El reporte muestra a California como uno de los estados con el nivel más bajo de casas pagadas a nivel nacional. Reporta un porcentaje de menos del 20%, lo cual implica que es casi imposible pagar su casa en California.[7]

Si a esto se le agregan los salarios promedios, que rondan por $35 000, el precio promedio por encima de los $250 000 y la gran mayoría de las personas con déficits en sus presupuestos mensuales, se confirma que es literalmente imposible pagar una casa en una ciudad como Los Ángeles.

Hay más probabilidades de que una persona con salario promedio en México perciba un millón de dólares, antes que una persona en L. A. pague su casa de las formas convencionales.

Yo siempre me pregunto por qué el banco no le muestra la deuda real a los prestatarios cuando les envía el cobro.

Sí, ¿han notado que en el cobro solamente les muestran el monto que les prestaron; por ejemplo, $200 000 y le muestran la tasa, 6% y el paguito mensual, en este caso, aproximadamente $1200 al mes?

Ahora, la pregunta del millón es si la deuda real es $200 000 o es más.

La respuesta es obvia y muy fácil de calcular: en este préstamo usted debe $432 000.

Simplemente multiplique su paguito mensual por los 360 meses que representan treinta años (12 x 30 = 360) $1200 x 360 = $432 000. Deuda real incluyendo interés por treinta años.

La mayoría de las personas, cuando les muestro este simple cálculo, tienen la misma reacción: «¿Por qué me miente el banco? ¿Por qué no me muestran la verdadera deuda?».

---

7   www.zillow.com Free and Clear American Homeowners. Enero 9, 2013.

Y la respuesta es muy simple. Si lo hicieran, usted se daría cuenta de que es casi imposible pagar esta deuda en treinta años.

Entonces lo que hacen es presentarle la información de forma tal que usted vea que es posible: dividen el monto total $432 000 / 360 = $1191 y ahora solamente le muestran:

El monto de lo que le prestaron.

La tasa de interés.

El pago mensual.

Lo que no le muestran es lo que ese 6% por treinta años representa en ganancias para ellos. En este caso más de $200 000 en interés sobre este préstamo hipotecario.

Pero lo más cruel, sin duda, es la forma en la que amortizan el préstamo. Ahí muestran en realidad el deseo de que la persona pague la casita.

En la gráfica siguiente se muestra la vida de un préstamo hipotecario y la forma en la que es injustamente amortizado, para solamente favorecerle al banco.

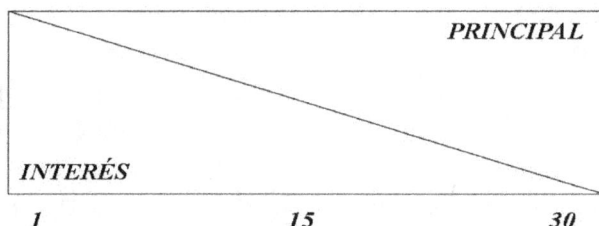

PRINCIPAL

INTERÉS

1   *15*   *30*

En ella podemos apreciar que en los primeros quince años de vida del préstamo, del pago total la mayor parte está dirigida al interés, y solamente una porción está dirigida a bajar el monto. Esto lo hacen para poder cubrir el riesgo y porque también saben que en los primeros años de vida de este préstamo, las probabilidades de que el prestatario refinancie o pierda la casa son altas. Entonces amortizan el préstamo para que en los primeros años la mayor parte sea dirigida a la ganancia del banco y solamente una porción insignificante al monto que le prestaron.

Creo que con estos datos el sueño americano se ha convertido en la ilusión americana. Y en la mayoría de los casos lo ha sido, especialmente para todas las personas que compraron entre los años 2006-2009.

La segunda parte de este mito es pensar que el pago de una hipoteca es un ahorro. El ahorro para todo inmigrante que llega aquí es sinónimo de responsabilidad. Sobre esto, los bancos hipotecarios han realizado un excelente trabajo en fomentar el mito de que una propiedad representa un ahorro.

Primero definamos lo que significa un ahorro: es una acumulación de dinero, al cual puede accederse con facilidad independientemente de lo que esté sucediendo en el mundo exterior. No tiene ninguna rentabilidad, pero sí la seguridad de que siempre estará ahí cuando se necesite.

Una de las desventajas de invertir en una casa siempre ha sido la insolvencia que presenta, ya que para poder acceder al dinero que se invirtió tienen que pasar dos cosas: la propiedad tiene que ser vendida o refinanciada, y para que eso suceda el valor actual sobre lo que alguien esté dispuesto a pagar debe estar por encima de la hipoteca actual.

Las personas me hacen el comentario de que sus casas representan un ahorro y esa es la razón por la cual tiene mucho sentido pagarla rápido, para acortar los años mandando más dinero al principal o el pago cada dos semanas. Su tesis está basada en el hecho de que parte del dinero que ellos abonan mensualmente va dirigido a una cuenta imaginaria que, en el evento de necesitarse, está disponible para ser utilizada.

En resumen, asumamos que después de veinticinco años de hacer el pago de la hipoteca de 200 000 dólares de 1199 dólares, que son casi 359 000 dólares abonados, solamente le faltan 72 000 dólares y cinco años para poder pagar completamente esta casa. Asumamos que el deudor tuvo la disciplina de mantener sus finanzas en orden y que nunca se endeudó, ni refinanció, y vamos a suponer que después de estos veinticinco años y más de 359 000 dólares abonados, tiene una emergencia y tiene que acceder a su ganancia para poder resolver. Asumamos que esta casa está ubicada en la linda ciudad de Compton, es de dos recámaras y un baño en un lote irregular de menos de 3000 pies cuadrados y aproximadamente 800 pies de construcción. Que, por desdicha, está al cruzar la calle de los proyectos para familias de bajos recursos y estamos en el año 2009, por lo que debido al desplome de la economía, el valor actual de esta casa es de solamente 80 000 dólares por el volumen fuerte de embargos en la misma cuadra.

Asumamos que le pide al banco que le deje acceder a todo ese ahorro que ha hecho en veinticinco años. Que le deje por lo menos fallar en algunos pagos al haber mostrado un nivel alto de responsabilidad.

Es ahí donde se va a comprobar si la casa representa un ahorro.Y, como lo experimentaron muchos fieles y responsables pero ingenuos propietarios en esta crisis, la casa no es un ahorro. Es y seguirá siendo una inversión que reacciona a los factores macropolíticos y la única forma en que se le puede sacar provecho es si el precio actual está por encima de la deuda.

Entonces, no importa que la propiedad se haya pagado por más de veinticinco años y que se haya enviado siempre más de lo debido. Pueden faltar dos años para pagar la casa, si la casa no tiene ganancia usted pudo haber abonado más de 359 000 dólares, pero si falla seis meses, el banco, y lo digo con mucha seguridad, le va a embargar la casa sin ningún remordimiento.

La lógica es simple; en esta casa, ya al estar casi pagada, el banco al embargarla no va a perder dinero, sino que va a obtener una ganancia. Y como el objetivo es hacer dinero sobre el dinero que prestan, hay solamente una seguridad: embargarán su casa, sin clemencia.

«¡Estudia y el éxito está garantizado!». For Profit Schools y prestamistas que se benefician de los altos costos de matriculación y lo fácil que es convencer a un joven inmaduro sobre préstamos estudiantiles.

¿La educación, tu boleto al éxito? No me hagan reír. ¿De qué otra forma van a hacer que todos los güeyes paguen tarifas tan altas y se endeuden para estudiar, sino vendiéndoles la esperanza de que al hacerlo el futuro está garantizado?

Yo también quisiera creer eso, pero con una participación en alguna de estas compañías dueñas de las más prestigiosas y caras universidades del país, o estas compañías que ofrecen préstamos estudiantiles.

Me gustaría ver la reacción de todos mis colegas que nos graduamos en los años en que explotó la burbuja del Dotcom. O más reciente, a todos los que actualmente se acaban de graduar durante esta crisis financiera. O peor aun, a todos aquellos que tenían ya casi cinco años en Corporate America durante esta bonanza y que estaban viviendo en la misma burbuja, que sacrificaron años de su vida estudiando, sacaron certificados y credenciales para poder garantizar el futuro, y lo peor de todo, en la mayoría de los casos hipotecaron no solamente su futuro sino también el futuro de sus padres y al final, durante esta recesión, los echaron como perros callejeros.

En marzo de 2014, finalmente soltaron las cifras reales sobre los alarmantes préstamos estudiantiles. La deuda total de estos préstamos ya sobrepasó el billón de dólares (a Trillion USD).[8]

El 70% de los graduados en el 2010 tiene aproximadamente $30 000 en deudas, y la mayoría ya está en morosidad. Esto debido a que simplemente no pueden conseguir el prometido empleo que los arrastró a endeudarse.

Y cómo lo van a conseguir cuando nos encontramos en la más profunda recesión que esta nación haya experimentado. Con más de 25 millones de compadres compitiendo por la mayoría de los pocos empleos disponibles; un presidente que tiene muy buen corazón, pero le falta producto de gallina; un partido republicano que bloquea cualquier gestión que pueda dar buenos resultados; y una economía que cada día se hunde más y más.

Mientras tanto tenemos una inminente crisis, en la cual, de la misma forma que ocurrió con las hipotecas, el gobierno, a costo del pueblo, tendrá que salvar a estas entidades de la ruina al haber prestado millones de dólares a miles de estudiantes llenos de ilusiones que al final no se cumplieron.

¿Entonces qué garantía existe en invertirle tanto tiempo y dinero a una carrera universitaria? Ninguna. Porque lastimosamente el impacto de esta crisis

---

8   http://www.federalreserve.gov/releases/g19/current/

ha cambiado el giro de lo que antes representaba una vía segura. Ya no.

La educación aumenta las posibilidades de obtener un trabajo y reduce las posibilidades de coger un trabajo indeseado. Pero actualmente no le garantiza un trabajo, mucho menos el futuro.

A veces pienso que puede ser también una forma de negarle la promoción o un aumento a un trabajador merecedor.

Qué mejor forma que subir los precios de la educación para que solamente las personas con recursos puedan asistir, el resto se tenga que endeudar y después usar esto como excusa para negar un aumento o justificar un despido sin tener preocupación sobre una reacción negativa.

No estoy en contra de la educación. Esta es fundamental para poder progresar como sociedad y seguir compitiendo a nivel mundial. Estoy en contra de la forma en la cual estas entidades se agarran de esta decisión tan importante para endeudar a insensatos.

Esta nación es tan generosa que usualmente a las personas que tienen el don para los estudios, los deportes o las bellas artes, les otorgan becas o formas para que puedan lograr sus metas académicas sin firmar su sentencia. Por ejemplo, en mi caso, por medio del deporte pude financiar mi carrera sin tener que pagar un centavo.

Lastimosamente conozco muchas personas que fuerzan a sus hijos a estudiar sin que estos sientan el deseo de hacerlo. Para esto, hipotecan sus casas o simplemente asumen préstamos que nunca podrán pagar.

«¡Tener el dinero en el banco es lo más seguro y lo que da mayor rentabilidad!». Bancos sobre cuentas corrientes.

No me hagan reír; segura es la muerte, esa sí.

¿Quién no sabe de los bancos que quebraron entre los años 86 al 95 durante la crisis de los Savings and Loans S&L o de estos bancos que quebraron durante esta crisis, Indymac, Wachovia, etcétera? Personas que tenían ahorros en el banco por encima del monto que asegura el FDCI, que en esos momentos era 100 000 y después de la crisis lo subieron a 200 000 dólares.

Pero considero que, sobre este tema, especialmente los sudamericanos han tenido mejor formación sobre la confianza que se le debe dar a las instituciones bancarias sobre nuestro dinero.

La tasa de interés que la mayoría de las cuentas corrientes pagan es de 2% máximo. La inflación, o el costo de vida, está por encima de esta rentabilidad.

Entonces es obvio que en la mayoría de los casos el tener el dinero en el banco, aparte de no ofrecer seguridad ni una rentabilidad prudente, está perdiendo su poder adquisitivo ante el costo de vida.

¿Qué explicación existe ante la decisión de las personas de confiar su dinero a algo que no trae ningún beneficio? ¿Microondas gratis? ¿Tostadoras gratis? No, esos métodos ya no funcionan. Son obsoletos, porque las personas se dieron cuenta de que era a cambio de su dinero.

Ahora es tener sucursales en todas las esquinas y millones de dólares en marketing para convencer a los güeyes de que esta es una decisión apropiada. ¿A qué se debe tanto interés o por qué invertir tanto dinero en ubicaciones costosas y tanto dinero en marketing? ¿Cuál es el afán?

Es la única forma de llenar sus reservas para poder prestar dinero del banco central, 8 x 1. Sí, por cada uno que ustedes depositen, ellos reciben ocho veces más para poder prestarlo. A ellos se los dan a una tasa preferencial y a nosotros nos vacunan.

Por ejemplo, usted deposita 200 000 dólares, sus ahorros de vida y ellos le pagan 2% anual, que representa 4000 dólares de ganancia. Si tomamos en cuenta que el costo de vida (inflación) está al 3%, eso implica que su inversión está produciendo resultados negativos.

Ahora analicemos qué es lo que hace el banco con este dinero.

Ellos van y prestan del gobierno a una tasa preferencial, que en estos momentos está casi al 1%. Ellos reciben $1 600 000 por sus $200 000 depositados y prestan ese dinero, en el peor de los casos, al 6%. En estos momentos, pero usualmente en tarjetas de crédito, es casi 19%, y en inversiones le sacan una rentabilidad de más del 100%. ¿De estas ganancias ellos le dan algo? Nada.

No descarto los grandes beneficios que producen los bancos, como acceso a crédito, conveniencia, múltiples herramientas en lo último en tecnología para poder realizar pagos desde su computadora o teléfono, o monitorear toda la actividad en sus cuentas.

Pero, después de la forma despiadada en la cual estos bancos actuaron durante esta crisis financiera, es ilógico pensar que otorgarles nuestro dinero representa algo seguro a cambio de una mediocre rentabilidad.

«¡Trabaja y retacale todo el dinero a tu 401k para garantizar tu futuro!». Fondos Mutuos. Hedge Funds.

Acceder a sus ahorros para poder manipular mercados en los cuales ellos ganan independientemente de la dirección del mercado.

¿De qué otra forma las compañías de inversiones fuertes podrían acceder al dinero de todos los pobres trabajadores, sino haciendo lobby en Washington para comprar a los políticos y contribuir a que pasen leyes en las cuales supuestamente van a ayudar a los ciudadanos a ahorrar para que no dependan tanto del seguro social?

Lo que hace que la gente pierda el control de su dinero y lo deje en manos de los buitres que apuestan este dinero sin clemencia, ya que la estructura de compensación actual incentiva el riesgo y no penaliza las pérdidas.

Todas las personas que actualmente tienen esta opción de inversión en sus trabajos deberían analizar el comportamiento de esta inversión en los últimos diez años: cuánto han aportado y qué rentabilidad han obtenido.

Es muy fácil ignorarlo durante momentos difíciles y de la misma forma revisarlo y llenarse de felicidad durante tiempos de crecimiento. Al final no deja de ser una ilusión como la plusvalía de las casas.

Pero lo importante es, al ser una inversión a largo plazo, ver si en realidad está acumulando ganancias o simplemente está dándole apalancamiento a las grandes casas de inversión para poder apostar con más fuerza.

La mayoría de las personas no saben ni en qué tienen invertido este dinero, lo único que saben es que en cada chequecito les quitan una parte que va dirigida a este fondo.

«¡Sin crédito no existes en este país!». Acreedores abusivos con miedo de que no les paguen.

La estrategia es meterle miedo a los prestatarios para que paguen deudas que los acreedores saben no podrán pagar.

El crédito es importante, pero nunca un impedimiento al punto de que sin él uno no se pueda mover en este país.

La mayoría de las compras en USA se hacen por medio de préstamos. Y para poder aplicar para un préstamo, uno de los factores que más influye es la calificación crediticia.

Considero que el sistema es eficiente. Tres compañías monitorean pagos efectuados sobre compras hechas con préstamos: Experian, Transunion y Equifax, reportan una calificación que está entre un rango de 300 puntos la calificación más baja y 850 la calificación más alta, que es calculada sobre los siguientes factores:

35% sobre la historia de si estos pagos se han realizado en el tiempo pactado.

30% sobre el porcentaje del límite de crédito que se ha usado.

15% sobre el periodo en el cual se han manejado estos créditos.

10% sobre el tipo de crédito que se ha obtenido.

10% sobre el nuevo crédito al que se ha solicitado.

Una puntuación sobre 650, en estos tiempos, debería calificar para la mayoría de préstamos disponibles, asumiendo que los otros requisitos están satisfechos.

Con esta calificación, las compañías están proporcionando una orientación al prestamista sobre el riesgo que el prestatario representa, en comparación con el resto de las personas que han aplicado para similares créditos.

El problema existe cuando estos acreedores abusivos que sobreendeudaron a consumidores sin capacidad de pagar, ahora inyectan miedo sobre la importancia que tiene el crédito en este país y de esa forma esta pobre gente no entre en morosidad.

Abusan de todo tipo de leyes para poderle sacar más rentabilidad a estos préstamos que nunca debieron haber otorgado, al saber que las personas no tenían la capacidad económica para pagarlos. La única razón por la cual se atrevieron a financiar estos préstamos fue debido a tener la seguridad del gobierno de que, en el caso de algo negativo, los bancos estaban asegurados.

Posiblemente este argumento aplica cuando no le han dado crédito, pero una vez que ya le vacunaron no tiene la misma importancia.

Sin consumo no existiría este país. El 75% de la economía depende del consumo de 300 millones de ciudadanos que han sido acondicionados para que, como güeyes, acepten las reglas que solamente les favorecen a los de arriba.

Por ejemplo, en el año 2004, una persona con una calificación crediticia de 580 podía calificar para un préstamo hipotecario. El día anterior pudo haber registrado una bancarrota y al siguiente día le daban una hipoteca para comprar casa. No obstante, estas compañías le intimidan haciendo comentarios en los cuales explican que, después de una bancarrota, por los próximos siete años no podrá obtener nada en crédito.

En estos tiempos, que tenemos un alza de bancarrotas superior a cualquier otro tiempo en la historia, dudo que los acreedores esperen siete años para poderle ofrecer créditos a estos potenciales consumidores.

Lastimosamente, aunque las personas han caído en estas trampas una y otra vez, ilógicamente, con el pasar del tiempo, vuelven a caer.

Todos, o la gran mayoría de los que procedemos de otro país o que procedemos de orígenes latinos, creo que hemos confiado en estos mitos sin razonar sobre su efectividad. Lastimosamente, es el momento en el que la única opción es la bancarrota o el embargo cuando nos damos cuenta de la cruda realidad.

La mayoría de estos gestores y sus prácticas deberían ser evaluadas y reformadas, ya que estas gestiones no solamente paralizan temporalmente la capacidad de participar en la economía a un nivel personal; sino que, a largo plazo, los resultados impiden el progreso colectivo.

No obstante, confío en que las recientes experiencias nos hagan reflexionar y aprender para no cometer estos errores en el futuro.

Los mitos que hasta este momento he mencionado son generales. En la mayoría de los casos no discriminan, sino que afectan a la población en general.

Ahora bien, existen cinco mitos que cargamos la mayoría de los inmigrantes que llegamos a este país con una mano adelante y la otra atrás, y que nos impide explotar nuestro potencial al máximo. Estos sí que son un cáncer entre nuestra comunidad y de alguna forma deberíamos erradicarlos para que la nueva generación alcance grandezas en esta gran nación y nos represente con méritos. Son:

«¡Solo hablando inglés y vendiéndole a los gringos pueden ser ricos!».

«¡Solamente después de los sesenta se puede alcanzar la riqueza!».

«¡Solamente los ricos pueden pagar sus casas!».

«¡Solamente una persona con título universitario y preparación puede alcanzar grandes riquezas!».

«¡El statu quo y las estadísticas dictan el sendero a seguir!».

Las cuatro personas que voy a mencionar representan en mi vida los magos de Oz que me abrieron la cortina para mostrarme el verdadero camino del éxito, y ayudaron a levantar la tapa de mi potencial: Ponciano, el Panzón, Ascencio y Tito.

Cada uno de ellos ayudó a romper los mitos que carga la gran mayoría de inmigrantes en la mochila al llegar a este país.

Inmediatamente después de finalizar mis credenciales en el colegio comunitario El Camino y haber pasado seis años en combate ante la presión de todas aquellas personas que influyeron en mi formación, gracias a Dios y al deporte salí ileso de aquellos tiempos de propensión a arruinar mi futuro.

No caí en drogas; no me endeudé con un pago de carro que me esclavizaría a trabajar en algo que al final odiaría; no hice mal uso del crédito; y, sobre todas las cosas y lo que más le agradezco a Dios, no embaracé a mi novia, que ese chistecito, me doy cuenta ahora, cuesta más de $200 000 y es, en mi opinión, la causa principal de muchas personas frustradas hoy en día.

Gracias al deporte fui aceptado con una beca atleta de soccer en la universidad estatal de San José. Inicialmente, mi único interés era el de poder jugar fútbol y tener la oportunidad de integrarme a un equipo profesional donde me remuneraran por mi esfuerzo, lo que siempre soñé hacer desde que tengo uso de razón.

Al arribar a esta universidad me encontraba un poco desorientado. No sabía exactamente qué hacer, qué elegir, qué estudiar. Tenía muy claro que el objetivo principal era jugar soccer, y el segundo, estudiar algo que me diera mucho dinero, mucho. Lo único que llenaba este deseo era Economía.

Durante el día de orientación concerté mi cita para poder ver a un consejero, el cual me orientaría sobre qué carreras podía elegir basado en mi objetivo. Llegué a primera hora, me senté con él y, después de verificar mis credenciales, me preguntó:

—¿Entonces, qué carrera piensas elegir: chicano studies o español?

—¿Y qué carajos es eso? —le dije—. El español ya lo domino y no me interesa en lo absoluto nada sobre lo que hayan hecho o no los primeros hispanos que habitaron esta tierra. Lo único que a mí me interesa es poder hacer dinero, tengo mucha hambre de hacer dinero, mucho dinero. ¿Qué podría estudiar? ¿Qué me aconseja?

Él me constestó que lo más indicado sería Administración de empresas, pero lo consideraba muy difícil para mí.

Yo lo miré y le pedí que por favor confirmara que esa sería mi carrera, Administracion de empresas, con enfoque en hacer mucho dinero. Él se echó a reír y luego hizo lo que le había pedido, pero sé que dudó de que esto se llevara a cabo.

Al soccer, trabajo y estudios dediqué casi cinco años de mi vida, con una disciplina envidiable. Tuve la oportunidad de conocer, y sobre todo vivir, los mejores años de mi vida.

¡Qué más le podía pedir a la vida! Soccer, nuevos amigos, estudios y miles de mujeres...

Esos sí que fueron gratos momentos.

Durante esos cinco años nuestro equipo representó a la universidad de la mejor forma, pues llegó a ser la universidad número uno en toda la nación al nivel colegial división 1.

¡Qué linda es la vida universitaria! Se trata de una conglomeración de jóvenes con nivel cinco de hormonas, libres de padres, libres de amigos que opinen sobre tus acciones, un espacio de formación total y descubrimiento sin límites.

Las fiestas, el alcohol, la mota y el sexo fueron parte vital de esta formación. Comprobé que el cáncer educativo no solo existía en Inglewood, sino en todas las partes del país, y que afectaba lo mismo a hispanos que a negros, asiáticos y anglos.

Uno es simplemente un producto de su entorno, y si en ese entorno lo único que existe es pesimismo, envidia, crimen, y sobre todo carencia de oportunidades, las probabilidades de triunfar, sin hacer nada para no dejarse influenciar en este ambiente, se limitan.

Ahí conocí a anglos que hablaban como los pandilleros negros en Inglewood, igualitos. También conocí a asiáticos que actuaban como los pandilleros hispanos, y a negros que nunca en mi vida había conocido en Inglewood, posiblemente por mi limitación con el inglés en ese momento. Esta era una camada totalmente diferente a la que yo estaba acostumbrado: educados, estudiosos, finos, amables, y sobre todo, muy alegres. Conocí a muchos hispanos que empezaban a sentir orgullo de serlo, y aunque sus energías las enfocaban en cosas que no me interesaban, considero que ayudaron mucho a mi formación.

Ya el paradigma de solamente representar el 5% de los graduados era un mito. Inglewood High estaba atrás y aquí sí había muchos de mi raza de diferentes partes del país.

Mi sueño de poderme graduar como universitario y garantizarme el futuro cada día se hacía más real. O al menos eso era lo que creía en esa etapa de mi vida.

Pero muy pronto, por suerte, fui iluminado.

Durante esos tiempos tuve la dicha de trabajar en varias ramas de ventas, en las cuales tuve la oportunidad de acceder a nuestra linda comunidad: trabajé como vendedor de ollas Renaware, lo que me daba acceso al hogar de las familias hispanas para poder ver cómo vivían, qué consumían y sobre todo qué necesitaban.

Después trabajé vendiendo carros y a la semana renuncié, pues en la única venta que efectué, el supervisor de financiamiento me pidió que le mintiera a mi cliente. El pobre cliente pensaba que su tasa era de 4% y al final le habían dado un 19%. Yo cerré la venta, pero al siguiente día le llamé y le dije que por favor cancelara la compra, qué fama la de estos compadres.

Trabajé como vendedor de colchones, ahí tuve la oportunidad de ver el poder adquisitivo hispano. Los colchones constituyen una necesidad básica, pues todas las personas, sin importar su origen, necesitan uno. Aprendí mucho sobre la forma en que muchos hispanos toman sus decisiones al comprar.

Por último, trabajé haciendo préstamos hipotecarios, pero simplemente no me agradó mucho el dueño de la compañía ni yo a él. A la semana me despidió, era la primera vez que me despedían de un trabajo. Aparentemente no tenía suficiente ambición ni destreza para vender.

No me interesó para nada vender hipotecas en ese momento. Ignoraba que el destino tiene su propio sistema de navegación, ya que en ese momento rechacé lo que tres años después cambiaría mi vida y la de muchos.

Todos estos trabajos los mantuve durante los cinco años en los cuales jugué soccer y estudié la carrera de Administración de empresas. Mi afán, aparte de poder buscarme un dinerito para poder comprarme ropa y poder salir con las niñas, era el de poder aplicar todos los conceptos que hasta ese momento estaba absorbiendo en la escuela.

Al final de los cinco años, del equipo de fútbol salieron cinco jugadores con contratos profesionales en los cuales iban a recibir aproximadamente 2000 por mes. Entre ellos, Jorge Martínez, el jugador más habilidoso con el que he tenido la oportunidad de portar la misma camisola. Que por desdicha, la suerte no estuvo de su lado, al haber sido contratado por los en ese momento conocidos como los Earthquakes de San José. Después de dos meses de luchar para poder estar en el equipo titular fue descartado ante la llegada de una promesa de jugador que llegó de la segunda división de Alemania y que jugaba la misma posición que él: el actual capitán de la selección estadounidense, Landon Donovan.

Esa gestión y la profunda creencia que me inculcó mi madre y también el sistema, me confirmaron que la opción más segura era graduarme. Y así fue, en el 2001 le otorgué a mi madre uno de los múltiples agradecimientos por haber sacrificado todo por nosotros: me gradué en la universidad con tres licenciaturas, en Mercadeo, Finanzas y Administración de empresas, para sorpresa de mi consejero.

Al final yo me di cuenta de que este logro se lo debía a mi madre y a mi padre por haberme dado la oportunidad de estudiar sin tener que aportar a los gastos de la familia, que para ese entonces eran varios.

Una vez graduado, tuve que tomar la fuerte decisión de integrarme a una compañía y trabajar por el resto de mi vida o seguir mi sueño de jugar profesional. Sabía que en USA no era factible, primero porque el fútbol aquí era demasiado aburrido, y segundo porque pagaban una miseria y, después de haber presenciado lo de mi amigo Jorge, tenía las cosas bien claras.

Entonces opté por la segunda opción de integrarme a Corporate America en una posición de mercadeo en una de las compañías más importantes de Taiwán, Advantech. Una compañía fabricadora de computadoras para plantas de producción.

Qué aburrido, pero para ser mi primer trabajo después de haber terminado la universidad la remuneración era muy buena. Era el camino hacia el éxito, o más bien, lo que me habían vendido y estaba a punto de descubrir en carne propia.

Inicié en el departamento de Mercadeo, y a los dos meses me promovieron a ventas. Después de seis meses de arduo trabajo, de ser el primero y el último que entraba y salía de la oficina, me promovieron a director de ventas y mercadeo para toda Latinoamérica.

Mi función era penetrar nuevos mercados y establecer relaciones con los ya existentes distribuidores que la compañía tenía en la región.

Todo me parecía genial; solo existía un problema: yo no sabía nada de automatización industrial. ¿Si apenas sabía prender mi computador, qué iba a saber sobre cómo automatizar una planta de producción?

Pero eso no fue obstáculo para mí. Me aprendí todos los productos, averigüé en Internet, me llevaba a almorzar a los técnicos más capaces para que me explicaran sobre los productos y las formas en las que nuestros productos satisfacían las necesidades de nuestros clientes.

Creo que aprendí lo suficiente, porque al mes me enviaron a Sudamérica a promover, en ferias de tecnología, la gama extensa de productos que la compañía ofrecía.

El lugar, que después me enteré fue bombardeado por la gente de Pablo Escobar, fue un centro de negocios en Bogotá, Colombia. Les juro que nunca en mi vida había estado tan nervioso, solamente imaginen un salón lleno de ingenieros colombianos, más aburridos que un libro de cálculo, y yo presentando un producto que no tenía ni la menor idea de cómo trabajaba.

Esa fue una de las muchas ocasiones en la cual deseé que la tierra me tragara, pero al final, aunque todos se dieron cuenta de que no tenía ni la menor idea de lo que estaba presentando, realicé varias ventas importantes para la compañía.

Durante el año que le dediqué a esta compañía me di cuenta de que toda la gente que se encontraba a mi alrededor ya había dedicado la mayor parte de sus vidas a ella. Parecían casi muertos, solamente llegaban a cubrir espacio, a participar en el juego corporativo: hacer lo suficiente para que no los despidieran, y la compañía a pagar lo suficiente para que no renunciaran.

Además me di cuenta de que ninguno, independientemente de todos los títulos universitarios que poseían, parecía ser rico, ni mi jefe.

La remuneración era muy buena, pero después de las deducciones, las aportaciones a tu 401k y seguros, lo que restaba era una porquería.

Para mí era bastante, ya que en esos tiempos conducía un carro que me había costado $300, mi renta era de $250 al mes y no tenía hijos ni novia. Como ya me había graduado, casi no salía, así que la mayor parte de mi ingreso lo ahorraba.

Otra cosa que también odiaba era el hecho de que solamente me permitían diez días al año para poder disfrutar.

Yo estaba frustrado después de un año, imaginen cómo se encontraban estos pobres compadres que aunque era evidente que también odiaban el trabajo, no lo podían dejar porque ya habían caído en la carrera de la rata: tarjetas de crédito, hipoteca, carro, familia, etcétera.

Yo, a mi corta edad, gracias a Dios no pensaba en nada más que hacer mucho dinero.

Entonces, al estar convencido de que este no era el medio, decidí buscar otro trabajo por las tardes y los fines de semana.

Tenía tres trabajos, y siempre que miraba a alguien bien vestido o manejando un buen carro, le planteaba las mismas preguntas: «Señor, disculpe, ¿usted a qué se dedica? ¿Están contratando?».

Pero siempre era la misma respuesta, me miraban de pies a cabeza y me decían que no.

Es difícil encontrar a alguien que esté dispuesto a enseñarte la forma de hacer dinero sin sacarte un provecho.

Durante estos tiempos asistí a varias reuniones de las diferentes compañías de multinivel. Siempre era la misma estupidez, se paraba un imbécil a revelar su experiencia de cómo la compañía le había cambiado la vida y hoy en día manejaba un Ferrari, viajaba por todo el mundo y tenía muchísimo dinero.

Eso era estimulante, lo que no me agradaba de estas compañías era que nunca se explicaban los productos que ofrecían y cómo eran superiores a la competencia o de qué forma satisfacían las necesidades de sus clientes. Ni mucho menos que el mismo concepto lo habían aplicado a una cantidad de compañías en los últimos años, lo cual comprobaba que se trataba de una simple pirámide financiera.

Siempre se trataba de venderles porquerías a nuestros conocidos y rogarles para que nos compraran a nosotros.

Lo único bueno que veía en estas compañías era la forma en la que distribuían sus ganancias. Me parecía una buena forma de incentivar a todos en la organización para querer crecer y recibir una remuneración por enseñarle a otra persona cómo vender los productos.

Otra cosa que me gustaba de estas compañías era la intensa motivación que ofrecían para poder prender la iniciativa de nuevos agentes.

Nunca me decidí por ninguna de estas compañías. Simplemente seguí en mi calvario en busca de una mejor oportunidad, que aunque lo desconocía ya estaba a la vuelta de la esquina y a punto de iluminarme.

Durante estos tiempos, el departamento de deportes de la universidad decidió recortar varios deportes ya que no estaba generando suficientes ganancias con los juegos de football americano. Entonces, nuestro entrenador, Gary Saint Claire, tomó la iniciativa de contactar semanalmente a todos los que habían pasado por el programa para poder buscar ayuda económica y de esa forma autofinanciar el equipo de soccer.

Todas las semanas me llamaba el viejito. Era una religión, no existía semana en que no recibiera una llamada de él, especialmente a mí, porque sabía que yo era el que más ganaba.

Un día, después de tres semanas sin recibir llamadas, levanté el teléfono y lo llamé para saber si se encontraba bien de salud. Contestó y al afirmarme que de salud estaba bien, me atreví a preguntarle por qué había dejado de llamarme. Me respondió que ya no tenía necesidad y me vino a la mente el cierre del único programa de soccer en toda la nación que apoyaba a los jugadores hispanos con becas y deporte. La suerte del pobre dura poco.

Pero para mi asombro, no.

Me comentó que ya no necesitaba la ayuda, que un señor había donado $200 000 en efectivo al programa. ¡Wow, todo ese dinero en efectivo!

Lo pimero que me vino a la mente fue pedirle la información de ese señor para poder personalmente agradecerle tan linda gestión. En realidad no era esa mi intención, sino saber qué jodidos estaba haciendo él que yo ignoraba.

Lo primero que esperaba era un nombre gringo, o árabe, tal vez chino; pero no, con su acento quebrado me dijo que el señor se llamaba Ponciano Álvarez. Yo le repetí el nombre diez veces para cerciorarme de que no estaba soñando. Y no, era simplemente un nombre hispano.

Lo segundo que me vino a la mente fue el hecho de que era hispano. ¿Dinero en efectivo? ¡¿Qué más puede estar haciendo este compa sino vendiendo drogas?!

Y sí, en efecto, eso era exactamente lo que vendía, drogas; pero no las drogas que te hacen alucinar, sino las que te mortifican y que llegarían a ser las causantes de la más importante crisis después de la gran depresión.

Lo llamé enseguida, y con mi inglés a medias me presenté y le expliqué la razón de mi llamada. Le solicité que por favor me diera su dirección para poder llevarle un presente como forma de agradecimiento ante tan lindo gesto.

Lo que más me llamó la atención fue que, al pronunciar el inglés, él sonaba como si fuera ruso, pues no se le entendía ni madres.

Partí a los diez minutos de colgar y en el camino empecé a especular sobre lo que podía esperar de él y qué le podría plantear si en verdad era narco. Yo tenía mucha hambre de hacer dinero, pero no estaba dispuesto a pagar ese precio.

Después pensé que posiblemente traficaba inmigrantes. O que simplemente movía mercancía de algún pariente en México.

Busqué la dirección por casi tres horas, hasta que tuve que llamarlo y preguntarle si la dirección era correcta, pues la zona en la cual me encontraba era un área residencial, no de oficinas.

Él, en un tono fuerte y en español, me confirmó la dirección y me preguntó si es que estaba ciego. Yo me reí y finalmente encontré la casa, una residencia en un área decente de la ciudad de San José.

Me acerqué a la puerta principal y toqué, pero nadie abrió. Una persona que estaba saliendo de la parte de atrás me dijo que la entrada estaba en la parte posterior.

«Chingue», ahí me di cuenta de que lo que este señor tenía era un laboratorio clandestino, lo que todavía no confirmaba era lo que procesaba.

Toqué a la puerta y una persona de aspecto bien humilde me abrió y me dijo que pasara. Proseguí, y al entrar me encontré con aproximadamente veinte hispanos, sentados, como esperando sentencia. «Chingue a su madre, y ahora quién podrá defenderme, dijo el Cuajinais».

Ya no podía salir, pues me encontraba en el centro del cuarto. Decidí preguntar por el señor Ponciano Álvarez y me lo señalaron.

Cuando lo vi me quedé anonadado. El señor era más chaparro que yo, más gordo y pelón y no daba el perfil de la persona que yo imaginaba que podía tener la capacidad de donar tanto dinero.

Me llamó y yo me senté frente a él. Tenía mucho miedo, y esperaba que alguien me saliera por atrás y me amarrara... pero no, nada de eso pasó.

Entonces él me preguntó mi nombre y comenzamos a conversar.

Después de unos minutos de conversación y de mil agradecimientos, le tuve que plantear mis preguntas favoritas: «¿Señor Ponciano, a qué se dedica usted? ¿Está contratando en estos momentos?».

Este señor, aunque llenaba el perfil del típico actor mexicano de las películas de Alfonso Sallas, portaba un Rolex presidencial de por lo menos $50 000, un saco Giorgio Armani de por lo menos $7000 y afuera un Lamborghini Diablo. Si dicen que el dinero no embellece, este señor brillaba de lo elegante que se veía.

Tras plantearle mis preguntas, él me contestó con otra: «¿Qué, tú no te graduaste de la universidad?».

Le contesté afirmativamente y le dije que ninguna de las personas para las que trabajaba tenían lo que él en esos momentos, así que yo estaba dispuesto a renunciar si él me daba trabajo.

Ahí fue cuando me contestó que él se dedicaba a vender drogas.

Yo pegué un salto y un grito más fuerte que los de Vicente Fernández y le afirmé que sabía que él se dedicaba a eso.

Me confirmó diciendo: «Sí, pendejo, pero no de las drogas que tú te imaginas, sino de las que duran treinta años. Yo vendo casas».

Este señor solamente estudió hasta el segundo año de primaria, pero percibía un ingreso de más de un millón de dólares al año.

Tenía una mansión en las montañas, manejaba un carro de esos que en aquel momento solamente se veían en las películas, y, lo que más me asombraba, era hispano y no dominaba el inglés, por lo menos no mejor que yo.

Lo único que en esos momentos me cruzaba por la mente era la gran mentira al creer que el medio para poder alcanzar el éxito era el dedicarle toda una vida a una corporación que tiene como afán el incrementar el valor de sus acciones, no de hacerme a mí rico.

Y si el señor que estaba frente a mí lo había logrado, yo, por supuesto, iba a ser el hombre del año de la revista *Forbes*.

Qué mejor forma de estar en control de mi futuro que hacer exactamente lo que este señor estaba haciendo, y entre mi ignorancia me decía a mí mismo: «si este señor está haciendo toda esta plata, a mí no va a ver nada que me pare».

Esa noche no pude dormir. No podía comprender cómo una persona, sin poder hablar bien inglés en USA y vendiéndoles servicios solamente a hispanos, había alcanzado tanta riqueza.

Este señor viajaba por todo el mundo, acostumbraba a cenar en los mejores restaurantes de San José, frecuentemente viajaba a Rodeo Drive para acompañar a la esposa en sus compras... Y lo que más me asombraba era que también era hispano. Su imagen, y sobre todo su origen, me reafirmaron que todo es posible en este país, solamente se tenía que encontrar el vehículo. Al siguiente día renuncié y me puse a las órdenes de este señor. Estaba dispuesto hasta a lustrarle los zapatos si solamente él me enseñaba cómo vender drogas por treinta años.

Yo no sabía nada de real estate, solo que representaba el sueño americano y que era el logro más grande que una persona podía alcanzar en los Estados Unidos.

Él me hizo sacar mi licencia de vendedor, la cual saqué al mes. Ya estaba listo para hacer dinero.

Pero si tan fácil era, todos los agentes de bienes raíces fueran millonarios.

Sabía que el vendedor de casas promedio percibe un salario anual de 30k, qué porquería, pero ellos no me interesaban a mí. A mí me interesaban Ponciano y su fórmula.

Era bien simple: tenía ya casi treinta años de hacer preparación de impuestos para la raza. Lo hacía desde su casa para poderles ofrecer un mejor precio, no tenía ningún gasto aparte de las utilidades de la casa, y después de treinta años de hacer esto, tenía una base de datos de más de 3000 clientes fieles que todos los años lo seguían como al Mesías.

En esos tiempos el valor de la casa promedio en San José era de aproximadamente 450 000 dólares. Estos humildes clientes le solicitaban a Ponciano que se las vendiera para poder comprar otra casita que les gustaba más y que tenía un precio de $700 000.

Entonces, él usualmente ya tenía el comprador para la casa de 450 000 dólares, que era uno de sus clientes que había recibido un buen reembolso y que rentaba, entonces ahí se ganaba $27 000 (6% x $450 000) y en la compra se ganaba otros $21 000 (3% x $700 000) un total de $48 000 y en promedio estaba cerrando cuatro de estas combinaciones al mes.

Su secreto era simple, una base de datos de potenciales compradores y vendedores que le permitían acceso a todas sus finanzas.

El perfil de estos clientes era el del típico trabajador de mano de obra, dos ingresos o a veces ingresos múltiples. Gente trabajadora y honrada que había emigrado con el afán de solamente ahorrar unos centavitos para poder regresarse a su país; pero al haber tenido hijos en USA nunca más tuvo esa opción y ahora tenía que adaptarse a un nuevo país.

A mí nunca me dejó tocar a ninguno de estos clientes y después de casi seis meses decidí que esto no era para mí. Pero el gusanito lo tenía adentro y me decía que esto era lo mío. Era la forma más fácil hasta ese momento de hacer dinero.

Ya este señor me había abierto la puerta de la posibilidad y sobre todo me iluminó. A mi corta edad me mostró que para poder hacer mucho dinero en este país no se necesitaba ser gringo ni trabajar con gringos.

Con esta comunidad tan importante y con un crecimiento envidiable, ¿quién necesita gringos?

Era mi primer desencanto y entierro de un mito que hasta ese momento me tenía paralizado.

Ahora simplemente tenía que encontrar la forma de poder generar yo mismo mi base de datos.

Al no haber aprendido nada, pero al saber que esta era la forma de hacer dinero, decidí llamar a mi mejor amigo, casi hermano, Samuel.

Escuché que su papá, casi mi segundo papá, estaba construyendo casas nuevas en la ciudad de Sylmar y que tenía muchos clientes en español a los cuales no les podía dar servicio. Entonces me pidieron que regresara a Los Ángeles para poderles asistir con la clientela hispana.

Yo decidí tomar esta oportunidad, ya que estaba cansado de estar solo en San José; la mayor parte de mis amigos vivía en Los Ángeles, y, sobre todo, mi familia.

San Fernando Valley, la raza y sobre todo mucho pero mucho dinero me esperaban.

Regresé a casa, ya para ese entonces éramos siete personas en un apartamento de dos recámaras.

Mi papá luchaba ante un mercado hipercompetitivo en precios y ante esta ola de chinos que estaban dispuestos a realizar cualquier trabajo por la mitad de precio de cualquier precio que él cotizara.

Ellos me apoyaron, y me permitieron dormir en la sala hasta que me estableciera en esta nueva carrera.

Mis hermanos estaban muy contentos de verme y mi mamá un poco sorprendida de que después de haber estudiado tanto, ahora me dedicara a vender casas.

Qué decepción me imagino que tuvo; pero yo, aunque ella sea lo que más respeto en la vida, nunca le he permitido que dirija mis actos.

A los pocos días me integré a la nueva compañía y tenía todo el entusiasmo de poder, ahora sí, ganar mucho dinero. Había quemado todos mis barcos, era el éxito o la muerte.

Barry, el dueño de la compañía, tenía contratos de exclusividad de ventas sobre los proyectos nuevos en Sylmar.

Esto fue durante el 2003, cuando ya empezaba la estampida de primeros compradores con apetito de devorar lo que le pusieran en su camino.

La oferta que originalmente se me había presentado era la de supervisar a todos los clientes que visitaban la oficina con el interés de comprar una casa nueva. Pero solamente se me permitía atender a todos aquellos clientes que no masticaban el inglés y por no tener a nadie más que hablara español, se me daría la oportunidad de poder realizar la venta.

Una vez que se dieron cuenta de que la mayor parte de los interesados o potenciales compradores llenaban esta condición, decidieron ellos mismos hacer el esfuerzo para poderles vender.

Y aunque las personas encargadas de hacerlo eran personas muy finas, de mente abierta y cultura tal que serían incapaces de menospreciar a alguien por su origen étnico, les garantizo que sobre ninguna otra situación, más que la de venderles algo, hubieran hecho el gran esfuerzo que realizaron.

Cuando se trata de dinero, todos somos del mismo color: verde.

Así se me excluyó totalmente de la posibilidad de ofrecerles o venderles a estos potenciales compradores.

Solamente me utilizaban cuando era necesario actuar como traductor, que era frecuentemente, pero que a mí no me traía ningún beneficio.

Pasaron varias semanas, y mucha agonía y desesperación, antes que Barry me comentara que yo ya no podía ni trabajar en la oficina y que lo mejor sería que me enfocara en producir mi propia clientela.

Yo tenía presente que esta era la única forma de poder alcanzar la riqueza de Ponciano. El problema era que no sabía de qué forma podría crear esta base de datos o nueva clientela.

Y si las dos personas para las cuales había trabajado y que recibirían una remuneración de lo que me enseñaran no lo habían hecho, nadie más, especialmente en este medio, estaría dispuesto a autocrearse competencia.

Después de varias visitas a la librería, encontré un libro de un gurú de real estate, el señor Mike Ferry, en el cual describía el único secreto para poder tener éxito en este mercado: tocar puertas.

¿Tocar puertas? ¿Como un vendedor ambulante de frutas?

La misma necesidad y lo baja que estaba ya para ese entonces mi cuenta de ahorros, me empujaron a intentar lo que la mayoría de las personas temen a muerte: vender a pecho abierto.

Y sin saber cómo hacerlo, pero con una gran necesidad, me lancé y encontré un área donde predominaban los hispanos, y un sábado por la mañana, después de pensarlo por más de tres horas, comencé a tocar puertas.

Todavía recuerdo el miedo que me daba tocar puertas, no sabía qué decir ni qué contestar.

Las personas salían y me preguntaban qué se me ofrecía, yo no les contestaba y me cerraban la puerta en la cara.

Cuando los que salían a atenderme eran jóvenes, se reían de mí, y cuando más mal me iba era cuando tenían perros, ahí sí que tenía que poner mis virtudes atléticas a trabajar.

Esos sí que fueron momentos ingratos y difíciles. Durante esos momentos no existen amigos, ni novias, ni nada. Solamente tu voluntad, compromiso y sobre todo persistencia. Como lo dijo el gran filósofo Tupac: «Tú contra el mundo entero».

En mi caso, no tenía otra opción. Era esto o la muerte. Ya estaba cansado de ser pobre y estar en la misma situación.

Por otra parte, la novia de mi jefe, mi segundo padre y la persona que nos ayudó a por medio del deporte continuar nuestros estudios universitarios, me hacía la vida imposible. Era la señora Idelle; pelirroja, judía, adinerada y, sobre todo, de muy costoso mantenimiento.

Ella se dedicaba al gestionamiento de refinanciamiento de hipotecas y préstamos para primeros compradores.

El resto de la oficina, incluyéndome a mí, solamente vendíamos y comprábamos casas.

Barry, el dueño de la compañía, por su amor y necesidad hacia esta mujer, nos forzaba a que cualquier préstamo tenía que ser gestionado por ella.

Frecuentemente se quejaba de mi presencia, no quería por ningún medio que yo fuera parte de esta oficina.

Ella fue la que abogó, y pudo convencer a Barry, de que si quería ser parte de esta compañía tendría que trabajar en el garaje de una de estas casas y no podía tener acceso a los clientes.

La única razón para acceder a la oficina era poder ayudar en la traducción con los clientes, pero nunca para venderles.

No solamente era muy frecuente, sino también muy degradante la forma en la que esta señora me trataba delante de estos prospectos.

Usualmente solía gritarme que necesitaba ayuda con la traducción. Cuando yo entraba, me solicitaba que le hiciera un café. Luego, si el café no estaba con la temperatura deseada, me hacía buscar otro. Considero que era un trato un poco excesivo y exigente para una persona que trabajaba en esa oficina como contratista independiente, lo cual significa que no percibía un salario mínimo y que en cualquier negocio que generara por mi cuenta ellos se quedaban con 40% de mi producción. A esto se le agrega que yo venía de un trabajo donde sobre mi remuneración me vacunaban más del 32% de impuestos y al dominar el inglés y español y tener tres licenciaturas, mis opciones no eran limitadas.

Cualquier otra persona, me atrevo a asumir, no hubiese tolerado ese trato.

Muchas personas talentosas que yo he tenido la dicha de conocer, permiten que su ego triunfe ante su deseo o necesidad de lograr sus metas. Yo no, con el tiempo aprendí a ignorar a este tipo de personas. Como dicen por ahí: «Si el objetivo es claro, el sacrificio es fácil».

Así que no me di por vencido y como por acto de magia, después de días y días de angustia tocando puertas sin saber qué hacer, descubrí el arte de tocar puertas.

En menos de dos meses me convertí en uno de los mejores agentes en promover propiedades.

El secreto, aparte de tener mucho conocimiento, es caerle bien a la gente. Mostrarle opciones y explicárselo en una forma que entienda exactamente cuál es el objetivo.

Recuerdo el primer cheque que recibí. Era de 8000 dólares y cuando lo fui a cambiar le pedí a la señorita del banco que me lo pagara en billetes de uno, para poder recordar cada una de las casas que me había cerrado las puertas.

De ese momento en adelante, las cosas cambiaron a lo grande. Ya nada me podía parar. Solamente el conformismo podría ser mi enemigo, pero lo tenía bien controlado.

Mis mejores amigas y mis aliadas de siempre eran la ambición y la necesidad de querer sacar a mi familia de la situación en la que en esos momentos estábamos viviendo.

Descubrí una estrategia que dominé a la perfección.

Fui a un complejo de condominios que tenía más de 300 unidades en la linda ciudad de Pacoima y les planteé a los dueños que si les gustaría saber la forma en la cual podrían mudarse de un condominio a una casa manteniendo el mismo pago mensual.

La estrategia era muy fácil. Ofrecíamos el condominio de venta, sobre un cierre concurrente, entraba una oferta de un comprador, le explicábamos que no existía contrato hasta que el dueño consiguiera la casa que buscaba. Entonces comenzaba la búsqueda.

Una vez que encontrábamos la casa, sometíamos la oferta sujeta a la venta del condominio, lo cual para la mayoría de estos propietarios de condominios, sobre esta venta, significaban más de 100k para poderlos destinar a la compra de la casa. Así les quedaba el pago similar al que tenían en el condominio.

Aquí ganaba 3% de la venta y 3% de la compra. Me ganaba aproximadamente 15k por transacción, y estaba promediando de dos a tres por mes.

Todo mi dinero lo ahorraba, mi presupuesto mensual era de menos de $1000 al mes y sobre todas las cosas y lo que más me agradaba, era que tenía independencia no solamente económica sino de mi tiempo.

Durante esos momentos me preguntaba qué era lo que hacía que las casas subieran de valor. No entendía por qué las propiedades subían tan rápido de valor. Años después me daría cuenta de la obra maestra que los bancos habían fabricado. Para ese entonces era el chico dorado de la oficina. El que más producía y el que menos molestaba. Nadie podía creer el ingreso que percibía tocando puertas. Y para ese entonces, para la señora Idelle, era el chico a enamorar. Gracias a Dios, Barry me permitió trabajar los préstamos con compañías externas por todo el maltrato que había experimentado.

Yo desconocía por completo el proceso de un préstamo. Lo mío era convencer a los propietarios de los beneficios de vender o comprar una casa.

Después de haber dominado a la perfección esta estrategia, me di cuenta de que la persona que procesaba los préstamos de compra, en los cuales mis clientes tenían créditos perfectos, usualmente aportaban más del 20% de enganche, y no tenían muchas deudas. En vez de disfrutar de las mejores tasas de interés o los mejores programas, estaban recibiendo préstamos subprime, que son préstamos que les ofrecen a personas que no tienen buen crédito, en los cuales las tasas eran altas y los términos no favorables.

Frecuentemente, tocando puertas, muchos propietarios me manifestaban su interés por refinanciar sus préstamos. Yo siempre los rechazaba, ya que ignoraba lo lucrativo que esto podía ser.

Así que decidí aprender a procesar préstamos.

Aquí fue donde conocí a la segunda persona que me cambió o, mejor dicho, me iluminó el camino. Héctor, la persona que me mostró que para poder ser rico en USA no tienes que ser un viejo, sino simplemente deseo, creatividad y mucha dedicación para poder lograr tus metas. El Panzón, un niño de veintitrés años, pocho, hijo de padres michoacanos, quien lo que tenía de exceso en la panza lo tenía de ambición, el que fue más tarde mi socio por cinco años.

Después de entrevistar a varias compañías y preguntar a varios conocidos en el negocio, caí en una compañía de préstamos en el norte de Hollywood. Los dueños eran dos veteranos en la industria, filipinos y muy decentes.

Me ofrecieron trabajo y traje varios préstamos que necesitaba cerrar.

Para ese entonces no sabía nada sobre préstamos. Se me hacía un proceso muy difícil y no consideraba que hubiera mucha ganancia al venderlos... a los pocos días me di cuenta de que era donde más fácil se podía hacer dinero.

Al integrarme a esta compañía, traje conmigo más de treinta transacciones de real estate; entre ellas ventas, compras y, ahora, refinanciamientos, los cuales en mi opinión solamente me iban a facilitar el proceso de una compra o venta de todas las casas que en ese momento estaba promoviendo.

Ante todo esto, nunca consideré que se pudiera hacer más de $2000 por préstamo... qué equivocado estaba.

El Panzón llegó a las dos semanas de estar trabajando en esta compañía. Era un muchacho más joven que yo, de muy buena actitud, que casi no dominaba el español y al que se le notaba mucha seguridad. Su defecto más notable era su sobrepeso, aunque en ese momento tampoco era tanto.

Un día, después de haberlo intentado varias veces, se me acercó y me preguntó sobre mi estrategia para conseguir tantas ventas de casas. Le respondí: «Tocando puertas». Él me dijo que mejor me dedicara a ofrecer refinanciamientos, y yo le contesté que frecuentemente al tocar puertas muchas personas me solicitaban eso, pero yo no me interesaba ya que no había mucha ganancia en ellos, y yo simplemente quería realizar los préstamos de compra para poder agilizar los cierres de compras.

Cuando me contestó que en lo que más existía comisión era en los préstamos, me reí y le dije que el día que me mostrara que en un mes ganó más dinero que lo que en ese entonces estaba percibiendo, habláramos, y fue cuando me mostró su cheque de un préstamo: $35 000. ¡Treinta y cinco mil dólares! ¡Treinta y cinco mil malditos dólares al hacer un refinanciamiento!

El salario promedio de muchas personas en Estados Unidos, y este perro se lo había ganado nada más y nada menos que en un préstamo.

Yo le pregunté que cómo era eso posible, si solamente pagaban 1% del monto del préstamo como remuneración. Él argumentó: «Eso cobran los pendejos, los miedosos, los que en realidad no entienden la responsabilidad que se asume al darle un préstamo a la mayoría de estos clientes morosos que solamente pueden calificar para un préstamo subprime»; que significa que en estos préstamos aflojan la mayoría de los requisitos convencionales para poderles ofrecer un préstamo hipotecario.

En los préstamos existen dos formas de poder ganar: puntos de originación y los puntos de ribete, que simplemente se calculan sobre el monto del préstamo.

Por ejemplo, en el préstamo en el que él recibió $35 000 se trataba de un refinanciamiento sobre un monto de más de $700 000. Él cobró dos puntos de originación, $14 000 (2% x $700 000) más lo que le regaló el banco por venderle la tasa a este cliente sobre lo que él en realidad calificaba, que fueron otros $21 000 (3% x $700 000).

«Chingue a su madre», yo le quería zampar un madrazo a este güey por ladrón, yo le preguntaba que cómo le hacía para poder dormir en las noches con esa conciencia tan sucia al saber la violación que había realizado con este pobre cliente.

—¿Pobre? —me contestó—. Pobre el banco que asumirá esta bomba de tiempo y pobre yo si este güey no hace los pagos en los primeros dos años de su vida. Si no los hace, a mí me hacen asumir la responsabilidad del mismo, pero el que sí se la va a comer es el banco, o mejor dicho el inversionista a quien el banco le venda esta hipoteca, ya que este güey tiene un crédito de 580, tiene colecciones, bancarrotas, etcétera. Él no debería en estos momentos recibir este préstamo. Este es el típico propietario que se sobreendeuda: compra carros que no puede pagar, hace viajes sin tener el dinero disponible para hacerlo, le da una vida a su esposa e hijos sobre tarjetas de crédito, y al final solamente tiene la opción de una bancarrota al no tener la solvencia para poder pagar todas estas deudas. Él está muy consciente de que no tiene otra opción, que ha sido irresponsable con sus deudas y que hoy, para poder calificar para este préstamo, yo tuve que usar mi creatividad y mis huevos para que él reciba el mayor beneficio. En este préstamo va a pagar casi $70 000 en deudas, le voy a dar casi $50 000 en efectivo, le voy a bajar el paguito mensual más de $300 por los próximos tres años. ¿Dime tú sobre qué argumento este cliente no aprobará esta gran oportunidad que tiene en estos momentos? Le pudiera cobrar hasta $100 000 de honorarios y puedo apostar que, sobre estos beneficios, me firma y me aprueba con gratitud.

¡Wow! Comprendí, sin necesidad de tanta explicación, cómo era un negociazo para ambos, pero no entendía todavía cómo era posible que estos bancos estuvieran dispuestos a asumir tanto riesgo en una persona tan morosa.

Poco tiempo después me daría cuenta de la razón por la cual este proceso era posible.

Una vez que me di cuenta de que existía una oportunidad en algo que hasta ese momento había ignorado, decidí averiguar la forma en la cual se pudieran conseguir varios de estos clientes. Vi esto como una gran oportunidad para no solamente hacer dinero, sino para convertirme en millonario.

Lo único que no sabía era de qué forma podríamos generar estos préstamos en cantidad.

Y quién mejor para enseñarme que el gurú de multinivel, el Panzón.

Cuando me dijo que el secreto para poder tener éxito y ganar como los grandes era poder trabajar las veinticuatro horas del día, me eché a reír. «¿Por qué mejor no inventamos una máquina de hacer dinero? ¿No consideras eso más fácil que trabajar veinticuatro horas? ¿De qué forma vamos a poder trabajar veinticuatro horas al día? ¿Cuándo descansaremos?».

Él, por supuesto, no se refería a nosotros dedicarle veinticuatro horas a este negocio, sino al poder de multiplicarnos. De enseñarle a varias personas a tocar puertas y a conseguir préstamos a cambio de nosotros recibir una pequeña ganancia sobre esto.

Yo le dije que estaba loco, ¿para qué le íbamos a enseñar a otras personas nuestro secreto? ¿No iba esto a crearnos más competencia? Él me dijo que no, que teníamos que aplicar la filosofía del primer archimillonario, el señor Paul Getty (1892-1976), que decía que prefería hacer 1% del esfuerzo de un millón de personas que el 100% de su esfuerzo.

Frecuentemente, él me decía que es mucho más fácil quitarle un dólar a un millón de personas, que un millón de dólares a una persona.

Qué fácil era eso de comprender. Pero todavía no le creía, porque no lo veía a él a mi nivel. Yo ganaba y tenía más dinero que él, cómo iba yo a seguirlo cuando era él quien me tenía que seguir a mí.

La historia McDonald's se repetía otra vez. Una de las filosofías del gran libro *From good to great*, estaba a punto de ser aplicada: destapar la tapa de tu potencial.

Un día él decidió visitarme a mi apartamento en Inglewood con el objetivo de poderme convencer sobre este sistema de multiplicarnos.

Lo recuerdo como si fuera ayer. Llegó en su moto por la mañana y yo lo atendí con toda la amabilidad, ya que quería que mirara mi palacio.

Para ese entonces ya tenía mi apartamento amueblado, tenía casi $50 000 en el banco y más de $300 000 en cheques que no había cambiado, mi carro de lujo estaba pagado, y no tenía ninguna deuda más que los 200 dólares que le pagaba a mis padres de renta.

Él entró, y yo con el más sutil de los gestos, le mostré orgulloso mi castillo.

Mi mamá nos ofreció un café y durante ese espacio él me preguntó algo que me iba a cambiar la vida por completo:

—Carter, ¿te puedo preguntar algo sin que te ofendas?

Ante su inesperada pregunta le pedí que prosiguiera.

—¿Cómo puede ser posible que un hombre tan exitoso, joven y sobre todo sin ninguna responsabilidad pueda vivir en esta ratonera?

Sentí que todo mi castillo de arena se venía abajo. No sabía si meterle un madrazo o desmayarme.

¿Cómo era posible que le preguntara al maestro de tocar puertas, al joven que tenía más dinero que la mayoría del gran promedio en USA...?

Pero después de analizar su pregunta, que sentí como un desafío combinado con envidia, le respondí que posiblemente tenía razón al preguntar eso, pero que como fiel latino yo tenía que ver algo mejor para poder creer, y le dije que me llevara a su famosa mansión de la que tanto hablaba, la cual yo no le creía ni un poquito, pues pensaba que era otro fanfarrón que simplemente se llenaba la boca de basura.

Él me ofreció salir esa noche a un club conocido en Riverside y de ahí podíamos ir a su casa, que le acababan de entregar una semana atrás.

Nos reunimos por la noche y después de conectar unas muchachonas en ese club, decidí comprometerlo para que nos llevara a su supuesta mansión. Sabía que de esa forma no se podía echar para atrás, ahí me iba decir la verdad y me iba a dar la razón al reconocer que yo sí sabía lo que estaba haciendo y que en realidad lo que tenía era envidia de mis logros.

Yo me preguntaba que cómo iba ser posible que alguien tan joven tuviera ya una casa tan grande y cara, no cabía en mi cabeza la más remota posibilidad de que esto fuera posible.

Bueno, partimos rumbo a su supuesta mansión, tomamos el freeway 215 sur y después de veinticinco minutos salimos y empezamos a ascender a las montañas. Yo le empecé a marcar y le dije que ya dejara sus pinches jueguitos, que las muchachonas estaban bien buenas y que me las iba a espantar con sus estupideces de querer presumir cosas que no tiene.

Él contestó que ya casi estábamos llegando a su casa.

Todas las casas en esa comunidad eran mansiones, y para ese entonces yo ya había confirmado que este güey, además de ser fanfarrón, estaba loco. ¿Cómo me había hecho manejar por casi treinta minutos para engañarme sobre algo que él sabía que nos íbamos a dar cuenta de que solamente existía en su cabeza?

Finalmente llegamos a la casa. Él se estacionó, las muchachonas se estacionaron y yo por supuesto me bajé lo más pronto posible para poder presenciar la pena más fuerte de su vida al permitirles a estas niñas darse cuenta de que esta casa solamente era de él en su imaginación.

Él se bajó y con mucha seguridad sacó las llaves y abrió la puerta. Las muchachonas y yo nos quedamos sorprendidos; yo no sé ellas, pero lo primero que me vino a la cabeza fue que su mamá limpiaba esa casa o su papá hacía el jardín. ¿Cómo era posible que un niño de veintitrés años tuviera una mansión como aquella?

Una casa nueva de más de 6000 pies de construcción, en una comunidad donde todas las casas estaban sobre el millón de dólares. Su jardín se conectaba directamente a la cancha de golf, una de muchas distracciones que tenía esta comunidad de mansiones.

Para mi inesperada sorpresa, la casa era del pinche Panzón... Y no solamente la casa, sino los muebles y todo lo que la adornaba.

Para qué comentar más sobre esto, solo les resumo que esa noche tres personas solamente durmieron dos horas, y que una, yo, no dormí nada pues tuve que salir afuera y ver el amanecer para poder ver la claridad de esta otra realidad que había tenido la dicha de presenciar.

Un niño de veintitrés años de edad, con una casa de más de un millón, en una de las áreas más exclusivas de esta zona. Con un alto y envidiable estilo de vida que solamente, hasta este momento, en mi mente podía concebir podía suceder después de más de cuarenta años de productividad. ¿Cómo? ¿Cuándo? ¿Supuestamente una persona solamente podía alcanzar la riqueza después de los sesenta años?

Personalmente ya había sobrepasado el hecho de que no solamente los gringos pueden ser ricos, ¿pero un niño de veintitrés años de edad?

Este niño, aparte de no haber ido a la escuela, solamente tenía cinco años de vida productiva y ya había alcanzado una riqueza envidiable.

Fue mi segundo desencanto y entierro de un mito que hasta ese momento me tenía paralizado.

Sus logros a esta corta edad liberaron mi seguridad y deseo de alcanzar más de lo que hasta ese momento había logrado.

Solamente en USA un niño a esta corta edad y con las limitaciones de su formación, podía alcanzar este nivel de riqueza en tan poco tiempo y tan corta edad. I love America.

Al siguiente día, después del almuerzo, decidí comprarme también una mansión en esa comunidad, y decidí asociarme con el Panzón y aplicar su pinche filosofía de un poquito de mucho es un montón.

El concepto era simple y no requería un gran esfuerzo de mi parte. Ahora, además de mi producción personal, solamente tenía que enseñarles a otras personas lo que ya dominaba a la perfección. Y a cambio de eso, recibiría un porcentaje de lo que ellos produjeran. «Buen negocio», pensé en ese momento. Sabía que iba ser la llave que abriría millones de dólares en ganancia y sabiduría. Todo esto antes de los treinta. La oficina la abrimos en el centro de Los Ángeles, en el edificio de la compañía del gas, piso 33. Comenzamos siete personas.

Si aparte de su peso este güey tenía algo por encima de cualquier persona que hasta este momento hubiera conocido, era su gusto. Solamente lo mejor. Ropa. Carro. Relojes. Entretenimiento. Y, por supuesto, casa y oficina.

Nuestro enfoque eran los préstamos, que para ese entonces consideré mucho más fácil de originar y cerrar, y mejores remuneraciones.

El Panzón nos enseñó el arte de las llamadas frías, o cold calling en inglés. Llamar por teléfono; una práctica muy común en las ventas, que a la mayoría de los vendedores les causa un miedo increíble por el nivel de resistencia que ponen las personas a las que se les contacta.

A nosotros nos fascinaba, ya que teníamos muy presente que mientras más resistencia menos competencia. Mientras más difícil el sendero, menos congestionado. Menos burros, más mazorcas.

Después de miles de llamadas y presentaciones, la producción de la oficina empezó a subir. De los primeros meses de casi no tener nada que comer, subimos y en menos de tres meses ya estábamos cerrando más de quince préstamos al mes.

Nos especializamos en capacitar a todos nuestros representantes en vender. El deporte nacional en USA.

Leímos, escuchamos y repasamos todas las tácticas de ventas y motivación.

Nos convertimos en superatletas de uno de los deportes mejores remunerados de este país: las ventas. Creamos vendedores con suficiente agilidad mental para rebotar cualquier objeción de los potenciales clientes. Era casi imposible que uno de ellos rechazara nuestras propuestas, pues estaban equipadas con beneficio y, por supuesto, mucha persuasión.

Con el tiempo empezamos a contratar más personal, la producción mensual ascendía a más de 100 unidades por mes. Nos vimos forzados a mudar nuestra operación a una oficina más grande, en la ciudad de El Monte.

Ya en la nueva oficina teníamos más de 100 agentes, más de $500 000 en nómina mensual y más de $10 000 000 en ventas anuales.

Los agentes se dedicaban a tocar puertas, llamar por teléfono, y por supuesto venderle a toda persona que necesitara de nuestros servicios.

El sistema del Panzón había funcionado, y ese pequeño porcentaje que nos llevábamos ambos, representaba más de $100 000 por mes... sí, no me equivoqué, dije por mes... ahora sí que estábamos en la cima de la montaña. Todos nuestros esfuerzos habían sido recompensados en grande.

El éxito en la oficina se manifestaba a lo grande: Salvatorre Ferragamo, Hermes, Prada, Dolce & Gabbana, Rolex, Cartier, Armani, Segna, era la vestimenta estándar de la oficina. Y el estacionamiento lleno de Ferraris, Lamborghinis, Aston Martin, Mercedes y BMW.

Un estacionamiento lleno de evidencias de que para poder alcanzar el éxito no era necesario ser gringo ni estar sobre los sesenta.

Nada de eso, nuestros agentes en edad promediaban veintiocho años y todos eran hispanos.

¿Quién dice que el dinero no representa la felicidad? Posiblemente no la felicidad absoluta, pero si un 99% de ella.

Con el Panzón aprendimos lo erróneo o equivocado que estaba el consejo que recibimos de nuestros padres y la iglesia sobre el dinero. El mito de que el dinero es la raíz de todos los males, como si el hambre se pudiera erradicar solamente con amor o buenas intenciones.

Una persona buena, con dinero, no deja de ser buena. Ahora con más motivos tiene las posibilidades de hacer buenos gestos, de ayudar y contribuir con sus semejantes y sobre todo de no depender tanto del gobierno o de sus padres para poder sobrevivir.

Y así fue, la mayoría de estos muchachos ayudaron a sus familias, gastaron a lo grande y esto obviamente estimuló la economía, aportaron más a sus iglesias, pagaron mucho más en taxes, emplearon a gente que posiblemente necesitaba empleo, y sobre todo, muchos donaron a causas humanitarias.

Considero que para poder opinar sobre algo, primero se debe experimentar.

Si Warrent Buffet, Slim o Bill Gates hacen este comentario sobre el dinero y la felicidad, considero que ahí sí existe evidencia suficiente. De lo contrario, considero que se debe examinar la credibilidad de la fuente.

Independientemente de las aportaciones que la mayoría de estos jóvenes hicieron con su dinero, la mayor parte de sus ingresos fue derrochada en la *Dolce Vita*: casas lujosas, carros, viajes, fiestas a lo grande. «¿Para qué es el dinero sino para gastarlo?», era nuestro lema. ¿Qué otra cosa se podía esperar de un grupo de jóvenes que crecieron con limitaciones y muchos sueños? La vida ahora la tenían agarrada por los cuernos, gracias a la clemencia por parte de los bancos para fomentar el derecho de que todo ciudadano, con el único requisito de tener pulso, debería realizar el sueño americano. O por lo menos eso era lo que hasta ese momento las deudas personales y la burbuja nos hacían afirmar.

¿Quién dice que el dinero no embellece? Y si no lo hace, por lo menos sube la autoestima y la seguridad a un nivel de locura.

En mi caso, yo pasé de ser un pinche enano, cara de indio, feo, a ser un hombre alto, guapo y con una tercera pata. O por lo menos ese era el trato que ahora recibía del sexo opuesto. Yo me veía igual en el espejo, pero el exterior me veía muy diferente.

Cabe mencionar que esto fue un producto colectivo, en el cual un grupo de jóvenes con mucha ambición y sobre todo dedicación, aprovecharon al máximo lo que el sistema les permitía.

Los horarios de oficina eran de ocho de la mañana a nueve de la noche, los siete días de la semana. Esta entrega nos llevó a abrir nueve sucursales en Los Ángeles, Las Vegas, Texas y Miami.

Ya para este entonces mi mente había sido liberada de varios mitos y no tenía límites en lo que apetecía.

Pero aún me faltaban más enseñanzas para poder culminar mi sendero del güey y comenzar el sendero de la iluminación.

De tantos casos que habíamos trabajado, pocas veces tuvimos la oportunidad de conocer personas que tuvieran su casa completamente pagada. Las excepciones eran personas que compraron a precios inferiores a los $50 000, que fue antes de que yo abriera los ojos por primera vez, en su mayoría gente ya pensionada, que vivía moderadamente; me atrevo a decir que uno de cada 200 propietarios estaba en esta situación. Todos los demás estaban hasta los cuellos de deudas, viviendo de cheque en cheque, y con la única opción de usar la ganancia en sus casas como ATM para poder salir adelante; obvio, a cambio de un precio muy caro.

Lo irónico es que al estar en el negocio y con estos ingresos tan fuertes, para nosotros también era inconcebible el poder pagar una casa completamente.

Nos moríamos por descubrir la fórmula, el secreto o la forma de acelerar el proceso convencional de poder terminar de pagar una casa.

Hasta este momento lo que conocíamos no lo considerábamos lógico: acortar los años de la vida del préstamo, enviar más dinero al principal o mandar un pago extra al final del año.

La primera ahorcaba a los propietarios, y una vez que tenían una emergencia lo primero que hacían era extender otra vez los años para que les bajaran el pago.

En la segunda era casi imposible que alguien mantuviera la disciplina de siempre enviar más dinero al principal. Usualmente, cuando se les cruzaba un evento importante en la vida, como una quinceañera, una boda, un viaje, se olvidaban de enviar más dinero extra.

Y la última era solo un mito, ya que nunca conocimos a nadie que hubiera empleado esta estrategia y que pudiera atestiguar que funcionaba.

Entonces nos quedamos con la conclusión de que la única forma de poder pagar una casa completamente era comprarla muy barata o ser extremadamente millonario y disponer del efectivo para pagar cualquier monto. Pero para la persona con ingresos promedios, esto era simplemente imposible.

Creímos esto hasta que tuvimos la oportunidad de trabajar con una de las personas más finas que he tenido la oportunidad de conocer en la vida: el señor José Ascencio, un cliente mexicano, de edad media, cuatro hijos, única fuente de ingreso en su casa, con un salario promedio de $32 000 anual.

Uno de los nuevos agentes, que prometía ser uno de los mejores, tenía una persona interesada en la ciudad de Palmdale, una ciudad a casi una hora y media de Los Ángeles. Yo no quería ir por la distancia, pero ya me había comprometido con la persona en que si concertaba por lo menos cinco citas en la zona, iba con él para poder cerrar el negocio.

La persona no sacó cinco citas, sino siete.

La primera fue un domingo a las nueve de la mañana, lo cual significaba que teníamos que salir a las siete de Los Ángeles. En el camino le dije de todo y le seguía recalcando que esperaba que todas las personas estuvieran para no desperdiciar mi domingo por nada.

Llegamos a la primera cita y no abrieron, la segunda tampoco, la tercera tuvimos que rogar para poder entrar y al final no pudimos cerrar el negocio.

Después almorzamos y ahí le di sus chocolatitos a este compadre sobre las citas que había sacado.

Le dije de todo ya que estaba un poco frustrado por la distancia, por ser domingo y porque las personas no estaban en sus casas.

Fuimos a otras dos sin suerte alguna y ya eran casi las siete de la noche cuando me pidió que por favor le diera la oportunidad de llamarle al último, para ver si nos recibía.

Yo acordé, porque no tenía más opciones y quería por lo menos sacarle algún provecho a esta odisea.

El señor Ascencio decidió recibirnos y para este entonces ya las marcas en la cara mostraban mi inconformidad por estar ahí.

Entramos a la casa, muy bien decorada y casi nueva, nos sentamos y comenzó mi pupilo a conversar con el cliente sobre fútbol y esas cosas.

Después de analizarlo, yo me decía que este compadre ni dueño de la casa debía ser, con el sueldo que tenía y la cantidad de hijos ni para comer tendría. Nada le íbamos a sacar.

Yo casi no hablé. No tenía ánimos y me quería ir. Después de unos quince minutos le pregunté que si solamente quería bajar la tasa de su interés o si también quería sacar dinero para poder pagar otras deudas.

Él me contestó que esa era una de las cosas que le gustaría hacer, bajar la tasa de interés, pero en las tres casas.

Al escucharle pensé que se había equivocado, le volví a preguntar y me contestó otra vez que quería bajar la tasa en las tres casas. Le pregunté, a chinga chingado, que cómo así que tres casas, mientras en mi mente pensaba: «Sí, güey, si tú tienes tres casas yo soy don Francisco».

Él se puso de pie, fue a su escritorio, sacó los cobros de las tres casas y me las mostró.

Yo no lo podía creer. ¿Cómo era posible que este compadre tuviera tres casas? ¿Cómo? ¿Cuándo? ¿Dónde?

¿Se podía hacer esto? Ni yo que ganaba más de 100 000 dólares al mes tenía tres casas y este güey las tenía. En ese momento ese señor tenía toda mi atención. Le pedí que por favor me explicara la forma en la que se había hecho de tres casas. Esperaba una respuesta sobre los métodos convencionales ya mencionados, pero no.

Él me comentó que después de su tercer hijo ya no quiso rentar más. Entonces empezó a buscar propiedades en Pacoima, pero las casas ya estaban muy caras en esa ciudad y tuvo que migrar a Palmdale, una ciudad a cuarenta y cinco minutos del valle de San Fernando, donde las propiedades un año atrás costaban en promedio $100 000.

Todos sus amigos y conocidos le decían que era un bruto porque ahí las casas nunca subían de valor, que no comprara nada. Pero él no hizo caso, ya que quería un espacio para sus hijos, aunque ese espacio estaba acompañado de un viaje diario de casi cuarenta y cinco minutos todos los días por la mañana y por la tarde.

A los tres meses de haberse mudado, su vecino falleció y los hijos le propusieron que si quería comprar la casa. Él, sin saber, fue al banco y solicitó un préstamo para esta casa. Sin nada de entre, y solamente verificándole el crédito, le otorgaron el préstamo para poder comprar esta segunda casa de inversión.

La compró y la rentó Section 8, así que se pagaba sola con la renta que recibía y le quedaban como 200 dólares libres.

Al ver lo fácil que fue obtener este préstamo, decidió que necesitaba una casa más grande para su familia, así que fue y aplicó para otro préstamo y se lo dieron.

Compró la tercera casa. En promedio compró las tres casas en un precio de $125 000. Una muestra más de lo útil que pueden ser los bancos cuando se entienden las reglas del juego.

En este caso, él aplicó el mismo concepto de los bancos hacia sus clientes: jugar con el dinero de otro.

Un año después, cuando nosotros lo conocimos, las casas ya estaban en un precio de aproximadamente $215 000 cada una. La migración de muchas personas que estaban en la misma situación que él, hicieron que los precios en Palmdale subieran significativamente.

Ascencio vivía en una casa y rentaba las otras dos.

Al mostrarme los tres cupones, a mí se me abrieron los ojos, ya que representaban tres préstamos, más de $30 000 en comisiones, pero al ver lo que estaba a punto de descubrir los ojos se me abrieron más grande que los de un sapo.

Él se quedó viéndome y me preguntó si le podía ayudar. Le dije que sí, que le podíamos ayudar a bajar los pagos de sus tres casitas.

De lo que sí no estaba seguro era de si por la gran enseñanza que esto representaba para nosotros, le deberíamos pagar en vez de que él nos pagara a nosotros. Nos había mostrado la forma en la que se puede pagar una casa.

Cuando comencé a explicarle qué debía hacer, él no entendía nada de lo que le estaba hablando.

«Esto es simple, usted debe en promedio $125 000 en cada casa, y las propiedades tienen un precio actual de $225 000, lo cual implica que si las fuera a vender, hoy le darían casi $100 000 de ganancia por cada casa. En las tres propiedades tienen una tasa de interés sobre 7% y la tasa actual, tomando en cuenta su crédito, ingresos y deudas, califica para 5%, lo cual le bajará el pago actual en cada una de las hipotecas por más de $250 por mes. Suena muy bien, y eso lo puedo hacer yo, o cualquier otra persona que se dedique a esto. Ahora, ponga mucha atención, lo que sí no garantizo que le puedan aconsejar otras personas que se dedican a esto es lo siguiente: Usted puede pagar su casa completamente después de un año de haber estado en ella».

Asombrado, me preguntó cómo era posible, y si me refería a pagar la deuda total, sin más pagos.

«Muy simple, y si no me cree lo que estoy a punto de explicarle no se preocupe, que ni yo le puedo decir si es o no posible, pero basado en mi experiencia no veo la razón por la cual no se pueda. Por el valor actual de su casa y lo que debe, y lo que está dispuesto a prestarle el banco sobre su ganancia (en ese entonces se podía acceder hasta 90% del precio actual) vamos a refinanciar dos casas hasta 90% del valor actual, que es $225 000 x 90% = $205 000 y en ambas casas debe $125 000. Después de costos de papeleo, le quedarán alrededor de $75 000 en cada casa, suficiente para pagar, después de un año, la casa donde él vivía de $140 000 y todavía le quedará dinero para pagar su carro».

Es obvio que no me creyó nada, yo tampoco lo persuadí a que me creyera, ya que ni yo mismo lo creía.

Le dejé la información y le dije que lo pensara y que fuera a averiguar directo con el Banco de América, que en ese entonces era el banco que tenía dos de sus hipotecas, para ver qué opciones le ofrecían. Y si le interesaba que me llamara.

Ese día salimos de allí anonadados. No podíamos explicar lo que había ocurrido en esa casa. Habíamos descubierto la forma en la que una persona, con ingresos moderados y aprovechando las oportunidades que le ofrece el mercado, puede pagar una casa. Y no era en treinta ni en quince años, ni mucho menos mandando más dinero al principal, ni mucho menos mandando el pago cada dos semanas, que eran las únicas formas convencionales en esos días de acelerar y pagar la casa en menos tiempo.

Mi pupilo, por un lado decepcionado de que no le había tomado los préstamos, y yo por otro lleno de alegría al haber descubierto una de las formas en las cuales se pueden aprovechar las condiciones del sistema para poder mejorar.

A las semanas me llamó Ascencio y me dijo que en el banco le habían dicho que eso no se podía hacer, así que decidió darme la oportunidad de hacerle los préstamos y pagarle su casa en un año. Free and Clear.

La persona que lo atendió en la sucursal del Banco de América o bien era demasiado inteligente/leal para explicarle lo sencillo que era esto, y en el proceso perder este valioso cliente, o era muy noble y sin habilidad para poder gestionar esta simple tarea. O quizás le fue más fácil decirle que no se podía.

Nosotros, al contrario, estábamos pendientes de su decisión, no solamente por los casi $30 000 en comisión, sino por la propaganda y convicción que podíamos obtener de este caso.

Lo que sucedió se resume en algo que después pasó a ser parte de nuestra filosofía en la compañía: el éxito en bienes raíces es saber cómo, cuándo y dónde. Cómo acceder al dinero que están prestando los bancos. Cuándo hacerlo, cuándo comprar y vender, cuándo refinanciar y sobre todo en dónde hacerlo.

En el caso de Ascencio, él accedió al dinero que los bancos ofrecían en esos momentos en los cuales no verificaban nada. NINA, no income no assets, cero de entre para poder comprar su casa.

Compró en un área a punto de despegar, ya que los precios en el valle no permitían otras opciones para los primeros compradores más que esa maniobra. Y lo hizo cuando muchas personas optarían por esto al verse imposibilitados de poder comprar algo en el valle, pues los precios ya habían madurado.

Después de eso todo fue historia, pasé de tener dos casas a tener más de dieciocho, pagar tres con el mismo concepto y mostrarles a muchas personas el mismo concepto.

Me había liberado de otro mito, lo cual me permitió ver la compra de una casa desde un diferente ángulo. Sobre este método, se podía lograr pagar una casa completamente, teniendo ingresos moderados, obviamente monitoreando las circunstancias macroeconómicas.

Pero todavía me faltaban dos mitos muy fuertes de aprender.

En la compañía todo marchaba de maravillas. El agente promedio manejaba un BMW y percibía al mes más de $7000, nuestros supervisores manejaban Ferraris, Lamborghinis y percibían ingresos de más de $30 000 al mes. Si eso eran ellos, ahora pueden imaginar el Panzón y yo.

Ya para ese entonces le había dado la vuelta al mundo, tenía casas, carros, dinero, pero una inquietud muy grande: ¿por qué los bancos están dando estos préstamos sin verificar información financiera? ¿Cuánto más va a durar esta fiesta?

Y hablando de fiestas, en nuestra compañía eran frecuentes. No solamente eran motivo de celebración, sino que aprovechábamos estas reuniones para poder mostrar a lo grande nuestros logros materiales.

En una de nuestras fiestas, con motivo de celebrar nuestros logros de metas pactados para el trimestre, decidimos invitar a todos los agentes y sus cónyuges, pero sobre todo a aquellas amistades o conocidos que pudiéramos deslumbrar para que de esa forma se integraran a nuestra familia.

Contraté a una compañía para que realizara toda la decoración y tema de la fiesta, con el enfoque de mostrar a lo grande nuestros logros.

Como lo planificamos, la fiesta fue un éxito rotundo. Todos se deslumbraban con los carros estacionados afuera de la mansión, que tenía vista desde lo más alto de las montañas a una linda ciudad que deslumbraba de noche.

Una casa con más de siete cuartos, en su mayoría vacíos, ya que solamente yo vivía en ella, pero que esa noche estuvieron más ocupados que motel de pueblo.

Nos deleitamos con lo mejor de la gastronomía hispana, los mejores tragos y sobre todo las mejores mezclas por parte de uno de los mejores DJ en esos momentos en L. A.

Todos compartíamos estos logros que colectivamente habíamos alcanzado con mucha dedicación.

La felicidad llenaba todo el espacio de estos 5000 pies cuadrados de construcción, pero lo más importante es que producía interés a la gran mayoría de los invitados, quienes querían ser parte de este éxito. Lo que hasta este momento se veía como algo imposible de alcanzar para la gran mayoría de inmigrantes que llegamos a este país desconociendo el sistema, era manifestado a lo grande por un grupo de inmigrantes que, con dedicación y arduo trabajo, rompieron los paradigmas al haber alcanzado lo más alto del éxito aun siendo inmigrantes, jóvenes y sobre todo vendiéndoles a hispanos.

Todos estábamos felices, menos un invitado. El típico matasueños que durante una reunión tiene cara de haberse chupado un limón podrido. Era un compadre recién graduado de Arquitectura en la universidad del sur de California, que evidentemente no compartía nuestra felicidad pues no podía comprender cómo era posible que tanto inmigrante tuviera más éxito que él. En su limitada cabeza no podía comprender que a él, con una carrera universitaria de una de las mejores universidades de USA, le tomaría décadas de trabajo poder vivir en una mansión como aquella, conducir un carro exótico de más de $200 000 y percibir los ingresos que las personas promedio en esa fiesta disfrutaban después de seis meses de trabajo.

¿Cómo era posible que un grupo de mojados estuviera viviendo este estilo de vida? ¿Qué ocurrió para que esto se pudiera llevar a cabo? Él, después de siete años de carrera, más de $100 000 en préstamos estudiantiles, pagando casi 25% de sus ingresos en deudas y con un ingreso anual de $40 000, que después de deducciones le quedaban menos de $2200 al mes, no podía comprender. Su ira lo llevó a que insultara y casi agrediera a su novia, que era la hija de una de nuestras más destacadas vendedoras.

Nuestra reacción fue hablar con él, pero lastimosamente tuvimos que echarlo para poder evitar algo más grave.

Después de su partida, nos enfocamos en analizar el sentir de este compadre. No había sido nuestra culpa, y nos parecía que su reacción debía haber sido la opuesta.

Él debió haber sentido que si un grupo de inmigrantes, sirviéndole a inmigrantes y a una corta edad, pudieron alcanzar el éxito, por qué no él con las ventajas que tenía sobre nosotros.

En la charla unos de los invitados realizó un comentario que me cambió la vida. Dijo: «Este vato se enojó por haberlos conocido a ustedes, que son jóvenes y la mayoría son egresados de universidades en sus países, por el gran éxito que han alcanzado en USA. Me gustaría saber cuál sería su reacción si conociera a Tito Ortiz. Un inmigrante, analfabeto, indio, que no sabe qué hacer con tanto dinero que ha hecho en los últimos veinte años».

Yo me atreví a solicitarle que me lo presentara, con el afán de poderle ofrecer nuestros servicios de bienes raíces.

Él se dedicaba a la construcción de viviendas en el sur centro de Los Ángeles. Esa misma noche lo contactamos y pactamos una cita para podernos conocer.

Después de una semana de perseguirlo y enviarle más de cincuenta mensajes de texto, finalmente me contestó el teléfono y me comentó que si tenía interés de reunirme, lo hiciéramos durante la hora de almuerzo, para él a las cuatro de la tarde, en una lonchera en la linda ciudad del sur centro de L. A.

Yo acordé, y puse mi ego a un lado, con el único afán de averiguar lo grandioso que podía ser.

Su nombre real es Evaristo, treinta y seis años de edad, nativo de Guadalajara, Jalisco, y aunque sus rasgos son europeos, una vez que abre la boca borra cualquier sospecha.

Llegó en una trokita verde, se bajó y vi que estaba vestido en shorts y playera, portando unas zapatillas Hermes de por lo menos $1000.

—¿Cómo está el negocio? —le pregunté entre tacos de lengua y asada.

—De poca madre, esto aquí en el sur centro es oro molido.

—¿Qué es lo que hace exactamente?

—Construcción de nuevas casas para la raza.

—¿Y hay dinero en eso?

—Inicialmente construí para los ricos: Malibu, Beverly Hills, Pasadena, West Hollywood, Hollywood Hills, pero con esos piojos no se hace dinero, ya que todo lo negocian y no queda margen de ganancia.

—¿Entonces por qué no construyes para los pochos o las personas que tienen mejores salarios que las personas aquí en el sur centro de Los Ángeles?

—No, esa gente está peor. La mayoría es raza que en algún momento vivió aquí en el sur centro y de aquí migró para West Covina, Downey... Estos vatos ya en sus mentes alcanzaron el éxito y de ahí no saldrán ni a patadas. Por el contrario, todas las personas aquí saben que existe algo mejor, y sobre todo saben que el único lugar donde pueden comprar es aquí mismo. Entonces yo aprovecho esta necesidad y sé que cada dos años están vendiendo estas casas y migrando para una mejor área. Pero siempre hay movimiento.

—¿Y cuánto puedes ganar en esto?

—¿Quién chingado eres tú, vato? ¿IRS? ¿La migra? ¿Por qué me haces tantas preguntas? ¿Y por qué tenías interés de reunirte conmigo? ¿Tú qué haces?

Yo le comenté que tenía un equipo de vendedores que podrían vender todas las casas nuevas que tiene disponibles. Que estábamos enfocados en gestionar refinanciamientos y préstamos de compra, pero que anticipamos una corrección y nos gustaría diversificar a nuevos servicios. Entonces a Tito le cambió el color de los ojos, de azul a verde, y preguntó de qué forma yo podría vender sus casas.

—¿Crees que tus agentes podrían vender las cincuenta casas nuevas que tengo disponibles? Si es así, te puedo pagar una buena comisión y yo me voy a chingar unos $7 000 000 de ganancia este año.

Me sorprendió mucho esa cantidad pero no hice demasiado caso, ya que una persona que almuerza en una lonchera en el sur centro de L. A. y que conduce una trokita como la que manejaba él, no tenía más credibilidad que los elogios del amigo que teníamos en común.

Al notar mi poco asombro, me invitó a que fuéramos a ver algunos de los proyectos que actualmente está terminando.

Iniciamos en Pasadena, pasamos por Hollywood Hills y terminamos en Malibu. Ya en la segunda casa se había ganado mi entera atención y admiración.

No podía creer que ese vato tuviera la capacidad de construir a este nivel y venderle a las personas más ricas de esta ciudad.

Él me comentó que posiblemente todas las casas que habíamos inspeccionado no le dieran ganancia, solamente iban a cubrir su inversión. Que nunca más construiría en esas zonas. Me comentó que donde estaba la ganancia era en los proyectos del sur centro de L. A.

Me llevó y me explicó que lo que él hacía era comprar casas pequeñas que tuvieran una zonificación en donde, en el lote, la ciudad permitiera contruir un dúplex o triplex.

Para poder conseguir estas casas e inspeccionarlas trabajaba seis días a la semana, de 1:00 p.m. a 10:00 p.m., inspeccionando cada una de estas casas para determinar si llenaban las condiciones para poder construir estos dúplex. Una vez que las conseguía, contrataba a los arquitectos que le dibujaban los planos, solicitaba el permiso en la ciudad y ponía a trabajar a su gente en la construcción de estas nuevas viviendas. No pasaban ni tres meses antes que estas unidades ya las tuviera en contrato de venta, ya que él me comentaba: «Para la raza los dúplex son como las tortillas. Les encantan porque les permite vivir en una unidad y rentar la otra y de esa forma tener un pago cómodo».

En esos años, estas unidades, después de su inversión, estaban promediando $150 000 de ganancia por cada una. Pero lo que más me llamó la atención fue que su objetivo no era vender y obtener esas ganancias; sino que su objetivo era el de, con las ganancias, poder pagar la mayor cantidad de estas unidades para poderlas rentar y vivir de ellas por el resto de su vida. Ya para ese entonces tenía casi $50 000 al mes en rentas libres que colectaba.

Y por esa razón podía conducir un Bentley de más de $400 000, su esposa un carro exótico del mismo precio, vivir en una casa por sobre el millón de dólares, y darse por lo menos tres vacaciones al año, en donde gastaba en promedio $50 000 por viaje.

Yo viajaba, y frecuente, pero a lo mucho gastaba unos 10 000 por viaje. Este vato siempre viajaba en primera clase, se hospedaba en el Ritz o el Four Seasons y solamente se deleitaba en los mejores restaurantes del mundo.

Yo me sentía abrumado por todo lo que había aprendido. Sabía que no se necesitaba hablar inglés para poder hacer dinero en USA, eso ya me lo había comprobado Ponciano. Sabía también que para poder ser rico no tienes que estar en tus sesenta, el Panzón me comprobó que con agilidad y destreza todo es posible en este país.

Y para rematar, ya sabía que para poder obtener los mayores logros financieros, uno de ellos, pagar una casa en menos de cinco años, no hay que ser rico ni mucho menos tener una bola mágica, Ascencio era la prueba en vida. Pero me faltaba aún una más.

Ya una vez en la casa de Tito, le pregunté que si en su país él había estudiado ingeniería o arquitectura; para poder tener ese olfato para construir un producto que se vende como pan caliente. Me respondió: «Para nada, vato. Yo no tengo nada de eso. Es más, ¿te gustaría saber por qué nunca te respondí ninguno de los mensajes de texto que me enviaste?». Le contesté que sí, intrigado. «Cabrón, no te contesté porque no sé leer ni escribir. Soy analfabeto. En mi familia fuimos muchos y desde niños teníamos que trabajar la tierra del campo. Yo fui el menos afortunado, ya que por ser el más chico, las necesidades en mi casa eran tan grandes que no me permitieron ni asistir al primer grado de primaria».

Yo me quedé mudo y no sabía de qué forma reaccionar. Sus logros eran demasiado grandes para poder aceptar lo que mis oídos procesaban. Podía aceptar el hecho de que no dominara el inglés, que fuera joven y exitoso, y que tuviera un logro como el que recibía mensualmente en ingreso pasivo. Pero nunca me esperé que fuera analfabeto.

Entonces le pregunté cómo hacía para poder administrar una compañía tan lucrativa sin saber qué estaba pasando. Él me corrigió, diciéndome: «Te equivocas, yo sí sé todo lo que pasa en mi compañía. El hecho de que no sepa leer y que no sepa escribir, no implica que no sepa contar o cuadrar bien mis números o determinar cuál de todas las casas que inspecciono diariamente representa una buena inversión. Lo sé y posiblemente nadie más en todos Los Ángeles tenga la destreza que tengo yo para poder olfatear una buena inversión en el sur centro de L. A. Y ese es mi fuerte. El saber qué inversión representa la mayor rentabilidad y sobre todo trabajar como una bestia. Para todo lo demás tengo pendejos que tienen los títulos universitarios y que trabajan para mí. Que posiblemente poseen el título y las credenciales, pero les hacen falta mis huevos y sobre todo mis quince años de conocimiento. Es más, hablando de pendejos, acompáñame a recoger unos planos de unas casas que acabo de comprar. Estos son los arquitectos que me han trabajado por más de diez años. Son vatos con mucha experiencia y con todos los títulos que necesites. Con acceso a lo que hago y cómo lo hago, pero con un miedo encima que los deja paralizados».

Condujimos hacia la ciudad de Pasadena, nos estacionamos, entramos a la lujosa oficina de los arquitectos, y después de cinco minutos el dueño de la compañía salió a la recepción a saludar a Tito con un fuerte abrazo y mucho amor. Un amor que representaba el ser uno de los clientes más importantes que esa firma tenía.

Después de un cafecito, el dueño de esta firma nos ofreció mostrarnos el nuevo sistema de computación que la firma había adquirido para poder agilizar el proceso de entrega.

Nos condujo a uno de los varios cubículos que tenía la oficina y le pidió a su nuevo empleado que por favor nos mostrase ese asombroso programa.

Y, como dice mi compatriota en la canción del taxista, «mira si es grande el destino y esta ciudad es chica», era el mismo arquitecto que se había molestado por el éxito de unos humildes, pero por lo menos estudiados, jóvenes exitosos.

Imaginen su cara al saber que su firma estaba a punto de venderle a uno de los más importantes y adinerados personajes que no tenía ningún tipo de formación personal.

Oooooouch.

Tito es una de las personas que más respeto actualmente. No solamente por haber ignorado sus limitaciones y haber aprovechado sus destrezas, sino porque este vato no solamente tiene un deseo increíble de superación, es la persona más luchadora que he tenido la oportunidad de conocer en mi vida y me despertó del mito que asegura que para poder tener éxito en la vida debes ser una persona preparada y con título universitario.

Ya para este momento había enterrado cuatro de los mitos más fuertes que cada inmigrante carga cuando llega a este país. Ya no existía excusa alguna. El que tiene deseo de superarse en este país, lo puede hacer sin ningún problema, y a lo grande.

Pero aún me faltaba el mito donde todos los anteriores se pondrían a prueba.

«¡El statu quo y las estadísticas dictan el sendero a seguir!».

Durante los inicios del lanzamiento de nuestra compañía, los presuntos expertos reportaban que para poder comprar una casa en L. A. una persona debía percibir un ingreso bruto sobre los $80 000.

El salario promedio de un hispano en L. A. es de aproximadamente $45 000. Lo cual, de haber aceptado esta opinión de los expertos, nunca hubiésemos abierto las puertas de nuestro negocio dirigido 100% a los hispanos.

En esta y cualquier economía, si uno se deja llevar por las cifras o estadísticas reportadas, muchos de los grandes negocios nunca se llevarían a cabo. Lo prudente es estudiar y analizar esta información a fondo para poder descifrar o anticipar la forma en la que va a reaccionar el consumidor/cliente, el mundo corporativo y, más importante, el gobierno. Ya con esto claro se puede medir el riesgo y el potencial para determinar la factibilidad de la inversión. Y esto no solamente aplica a un negocio, sino a cualquier decisión financiera: comprar carro, comprar casa, usar tarjetas de crédito, financiar estudios, declararse en bancarrota, refinanciar, mejorar el crédito, invertir, montar un negocio, etcétera.

Lastimosamente, la mayoría de las fuentes de información o los presuntos expertos, están maniobrados por las personas que más se benefician de nuestras decisiones financieras.

Dos ejemplos de cómo una fuente de información puede manipular un resultado trágico puede ser la pérdida de la presidencia en el 2001 de Al Gore ante Bush o la firmeza con la cual estas compañías crediticias afirmaron la seguridad de invertir en instrumentos CDO[9] como inversiones sólidas que al final nos llevaron al abismo.

Nosotros, por dicha o posiblemente por torpeza, ignoramos estas cifras que nos confirmaban que abrir un negocio de préstamos dirigido 100% a los hispanos, basado en las estadísticas, era un seguro fracaso.

---

9   Collateralized Debt Obligation.

Qué bueno que no acudimos a los consejos de los expertos. Yo creo más en la legitimidad de los casos presentados ante la doctora Polo en el programa *Caso Cerrado* que en las estadísticas económicas o financieras que reportan algunos expertos o países para poder maquillar la verdad.

John F. Kennedy, ese gran presidente y un verdadero héroe americano, comentó en una de sus frases célebres: «Los chinos utilizan dos pinceladas para escribir la palabra crisis. Una pincelada significa peligro y la otra oportunidad. En una crisis se toma conciencia del peligro pero se reconoce la oportunidad».[10]

La crisis fue el 9/11, y el gobierno decidió, para poder contraatacar el miedo y la incertidumbre, aflojar los parámetros de los préstamos hipotecarios a un nivel nunca antes visto en toda la historia de los USA.

Y aunque los expertos, basados en data, acertaban que era un error el abrir nuestro negocio, no contaban con los nuevos préstamos NINJA y el arte mágico de la titulación, el cual nos permitió percibir millones de dólares en ganancias.

Esto comprueba que en ambas situaciones, optimista o pesimista, toda afirmación financiera o económica en nuestro sistema debe ser profundamente analizada antes que dicte una decisión de nuestra parte.

Tenemos como deber el cuestionar el statu quo en todo lo que se nos ofrece. Ya que lastimosamente la mayor parte de las fuentes de información siempre está manipulada y no existe confianza para poder seguir este sendero sin fin.

La casa es una inversión riesgosa que sube y baja. La casa no representa un ahorro ni mucho menos el sueño americano total.

---

10   http://www.jfklibrary.org/Research/Research-Aids/Ready-Reference/JFK-Quotations.aspx

Los bancos pagan una porquería de rentabilidad sobre nuestros ahorros.

Los estudios no garantizan ni trabajo ni el futuro.

Darle mi dinero a alguien para que lo invierta es riesgoso.

En USA a una corta edad te puedes convertir en millonario.

Existen formas más eficientes de pagar las casas.

Cualquier persona que domine un oficio y trabaje duro puede alcanzar la cima del éxito en este país.

Analicen mi punto de vista, el de otras personas, otros expertos, y tomen sus propias conclusiones sobre lo que represente más beneficio para ustedes.

Mi punto de vista y este libro están basados 100% en experiencia propia. No es un estudio basado en teoría sino en práctica. No solamente de todo lo que he experimentado en carne propia, sino de las más de 10 000 situaciones financieras que he tenido la oportunidad de analizar.

Internet cambió todo. El acceso a información ilimitada es una espada de dos filos. Tenemos que usar nuestro filtro de sensatez y objetividad para poder descifrar las nuevas formas de hacer las cosas en los tiempos actuales.

En este país y sobre todo en nuestro sistema económico y político, todo cambia en un abrir y cerrar de ojos. Es importante estar al tanto de todo lo que acontece en nuestra economía y política diariamente para poder estar preparados para el cambio y adaparnos con facilidad. Lo que hoy funciona puede cambiar en seis meses y lo que en seis meses funciona pudiera terminar en dos años.

Dudo mucho que el mundo corporativo y sobre todo el gobierno deseen que nos convirtamos en expertos en finanzas o política interna.

Con el tiempo los que nos gobiernan deberán aprender que la mejor forma de alcanzar los niveles de grandeza que llevaron a este país a representar lo que es hoy, será creyendo en su pueblo.

Jose Martí, en una de sus frases célebres, comentó que la única forma de poder llegar a ser grandes es con un pueblo sabio y sensato.[11] Esto impulsa la innovación y el mejoramiento social de una nación. Solamente educando sin miedo podremos avanzar y mejorar.

Porque, como estoy a punto de explicar, un consumidor desinformado no es una rentabilidad, sino que puede significar la muerte.

---

11   http://segundacita.blogspot.com/2013/01/ultima-carta-inconclusa-de-jose-marti.html

El sueño que se convirtió en pesadilla

*Lo que sabemos es una gota; lo que ignoramos es el
oceáno.*

Isaac Newton

El día 23 de febrero de 2012, a las 11:00 a.m., recibí una
llamada del centro de llamadas que tenemos en Perú
para solicitarme que atendiera a un cliente con el cual no
se había sido puntual a la cita.

Levanté el teléfono, le marqué y al contestar me identi-
fiqué y le pedí que por favor me permitiera visitarlo para
poderle explicar a fondo los servicios que le podemos
ofrecer y sus beneficios. Él me propuso una reunión en la
oficina y yo acepté.

A este señor ni mi compañía ni yo le habíamos ofrecido
nada. No teníamos el placer de conocerlo, más allá de las
conversaciones telefónicas.

En tres ocasiones intentamos concertar una cita para
poder explicar los servicios que ofrece nuestra compañía,
sin tener éxito. En la primera nunca llegó y en la segunda
no recibió al agente por haber llegado diez minutos tarde.

En esta ocasión sucedió lo mismo. El agente se re-
trasó diez minutos y al no llegar a tiempo, el hombre,

después de haberlo agredido verbalmente, no lo quiso recibir.

El agente intentó en tres oportunidades convencerlo de que le permitiera entrar. El objetivo era poderle mostrar las formas en las cuales nuestra compañía le podía ayudar a mejorar su situación financiera, por medio de los programas gubernamentales ofrecidos a personas en situaciones similares a la suya.

Por los comentarios manifestados en la conversación telefónica entre el centro de llamadas y el agente, después de haber informado que no le permitió entrar a la casa, asumimos que este cliente ya había explorado varias opciones, sin llegar a ningún lugar y posiblemente haber invertido dinero en estos servicios que con mucho afán y esmero, especialmente en estos momentos, había ganado.

Como se había comprometido, el señor llegó exactamente a los quince minutos. Era un señor de mediana edad, un poco sobrepeso, pelo largo agarrado con una colita, jeans azules, camisa blanca y un chaleco de nylon negro. Portaba una mochila negra, en la cual cargaba todos sus documentos importantes. Entró a la oficina, dejó la puerta abierta y lo primero que hizo fue analizar el techo, buscando algo, tal vez juzgando la fachada de nuestra humilde oficina.

Yo lo saludé, y él contestó preguntando por el agente que había llegado tarde a su cita. Le contesté que no se encontraba, pero que yo lo podía asistir en cualquier cosa, a lo cual él se negó y me volvió a exigir verlo a él personalmente. Le pedí que, por favor, me explicara cuál era la necesidad tan urgente de verlo a él cuando me podía explicar a mí su situación y yo le podía orientar en las opciones que tenía actualmente.

Respondió que lo único que él quería era que el agente le dijera en su cara lo que le dijo por teléfono.

Yo le pregunté qué fue exactamente lo que le comentó y él se negó a decírmelo. Entonces tomé la iniciativa de llamar personalmente al agente y le comenté que el señor al cual no había podido ver estaba esperando en la oficina.

El agente me comentó que no tenía ningún interés en conversar con el señor, mucho menos verlo. Le pregunté por qué y me respondió que había tenido un argumento fuerte por teléfono con él, después de haberlo llamado tres veces, y que simplemente no quería saber nada de él.

Al escuchar esto, le solicité que por favor me dijera exactamente lo que le había dicho a este potencial cliente para que estuviera tan molesto, y me respondió que lo había maltratado y se habían dicho de todo, hasta de lo que se iban a morir, y que después le había colgado el teléfono y se había marchado.

Por su racha, asumí que este señor era 99% mexicano y el agente era pocho de hijos salvadoreños, y que durante un intercambio de palabras, por indiferencias culturales, siempre lo que resulta es más corriente que una batería Duracell.

Al haber intercambiado palabras de este nivel un salvadoreño y un mexicano, yo sabía en la situación en que me encontraba y decidí hallar inmediatamente la solución.

Al tener las cosas más claras que el asesinato de la esposa de O. J., yo bajé el teléfono, apreté el conducto excretor y con mucha firmeza me disculpé con el señor y le dije que nunca antes esto había sucedido y que iba personalmente a tomar cartas en el caso para que nunca más se volviera a repetir.

Le pedí que por favor entendiera que, posiblemente debido a la frustración, él había actuado de una forma no profesional y le volví a pedir por tercera vez disculpas.

Él comenzó a manifestar su incomodidad y sus deseos de querer ver al agente para que le dijera en persona lo que le dijo por teléfono. Yo intenté calmarlo y le dije que por favor entendiera que todos reaccionamos diferente ante los problemas y el estrés, pero él me seguía refutando que lo único que quería era verlo a él en persona para poder arreglar las cosas.

Yo le dije que a nada iba a llegar con eso.

Frecuentemente hacía comentarios sobre su nivel de educación, que él era un hombre trabajador, que nunca había robado, nunca había cometido fraude y que actualmente estaba perdiendo su casa, que no tenía trabajo y que si nosotros le habíamos robado su tiempo, entonces éramos capaces de robarle su dinero. Me reafirmó su desconfianza en todas las compañías que nos dedicábamos a estos servicios, ya que todos éramos unas ratas sin escrúpulos.

Yo traté de explicarle que ese no era nuestro interés y que si nosotros no éramos la compañía para merecernos su negocio, que buscara otra. Esperé con inseguridad una inminente y negativa respuesta.

Margarito bajó su bolsa y me dijo en voz alta: «Soy un inmigrante que tiene bien puestos los huevos y que no le importa matar a nadie ni que lo maten». Y en cuestión de segundos sacó de su mochila una pistola, de la cual solamente alcancé a ver la parte de atrás.

No necesité ver más, porque en esos segundos de agonía creí haber podido ver mi vida entera. Las cosas buenas que hice y las que dejé de hacer.

Mi reacción fue verlo directo a los ojos y tratar de razonar en cuanto noté su desesperación y el deseo de una u otra forma liberarse de esos problemas que cargaba en su cabeza, que son el resultado de esta crisis financiera.

Lo irónico del caso fue que ese día por la mañana yo había invitado a uno de mis mejores trabajadores a desayunar para manifestarle mis ganas de no seguir adelante ante esta impotencia de no poder satisfacer las expectativas de nuestros clientes, de no tener un producto que ofrecer que remunerara a mis agentes por el esfuerzo realizado diariamente y, sobre todo, el no ver frutos después de cuatro años de lucha ante esta crisis económica.

Le comenté al señor que en varias ocasiones se me había cruzado la idea de suicidarme; que ya simplemente no le sentía sabor a la vida; que los problemas de mi familia, al tener que cargar también con ellos, me habían abrumado; que ya simplemente no quería vivir.

Estos comentarios venían de la persona más optimista o una de las más optimistas del planeta. Yo para lo único que soy negativo es para el VIH. Lucho y me enfrento ante cualquier situación adversa que me presente la vida, los negocios, la economía, pero después de tanto tiempo y ante esta impotencia de no poder mejorar, como dicen por ahí, no hay caballo, por más bueno que sea, que no tropiece algún día.

Durante los segundos en los cuales vi la cara de ese señor, vi en ella un reflejo de la misma desesperación que yo tenía: inseguridad, duda, incertidumbre, impotencia; pero, sobre todas las cosas, un deseo muy grande de poder salir adelante de una forma digna y no decaer en esta batalla.

Por acto de magia pude hacer que él se retirara de la oficina sin haber cometido ningún disparate del cual se hubiese arrepentido el resto de su vida y que posiblemente hubiese realizado mi deseo de no continuar con esta vida tan ingrata. Sin dudas la vida le da a uno todo lo que se le pide, pues yo pidiendo horas atrás acabar con mi vida y me mandan a mi verdugo, quien sin ninguna otra razón más que su desesperación, me iba a otorgar mi deseo.

Lo único que ese señor y yo teníamos en común era la desesperación ante la impotencia de no poder salir adelante y superar estos problemas económicos causados por la mano negra de aquellos a quienes se les pasó la mano. Que ambos maldecimos pero desconocemos, al simplemente poder especular ya que también muchos de estos perros son los dueños de la mayoría de las fuentes de información que nos dicen lo que supuestamente ocurrió. Lo único que nos queda es culparnos unos a los otros.

Él por un lado, por no tener trabajo y estar a punto de perder su más destacado logro, su casita, y por la falta de opciones para poder remediar su situación actual. Yo por otro lado, por lidiar diariamente con este nivel de desesperación por parte de los clientes, la desmotivación de mis agentes y los problemas financieros de mi familia.

Minutos después del incidente, decido salir a tomar un poco de aire, pues, debido al lugar donde está ubicada mi oficina, a esa hora del día lo único que se toma es un aroma a excremento humano.

Pero da la casualidad que, lo que nunca suelen hacer a la hora que deben, ese día y a esa hora estaba una patrulla de la policía por el área.

Yo asombrado lo frené y le pregunté que cómo supo del incidente tan rápido. Él se sorprendió y me miró a los ojos para poder determinar cuál era mi estado mental.

Yo le comenté sobre el incidente y me pidió que si lo que le comentaba era cierto, que le hiciera el favor de contactar al sospechoso para ver si tenía la tenacidad de regresar otra vez armado.

Yo seguí sus indicaciones y le marqué a Margarito. Le comenté que el agente ya se encontraba en la oficina y que quería reunirme con ambos para poder solucionar el problema. Le supliqué que, por favor, no trajera el arma. Él me confirmó su interés en resolver, de una vez por todas, la situación.

Pasaron quince minutos exactos y ya el oficial tenía cuatro patrullas alrededor de la oficina para montarle una emboscada.

Al llegar mi verdugo y con solo poner los pies en la oficina, lo esposaron. Margarito tuvo más que tenacidad al regresar, ya que venía más armado que Silvester Stallone en *Rambo 2*.

Un incidente que para mi dicha y la de Margarito terminó en un final feliz.

Ahora, considero importante explicar a fondo qué ha llevado a la mayoría de los propietarios a tomar estar medidas extremas para poder manifestar su incomodidad, ya que en ella se encuentra el núcleo de esta crisis financiera.

Los hispanos, que representan 90% de mis clientes, nunca, ante nada, permitirán que los desalojen de la posesión más importante que han podido obtener, el derecho a una propiedad en Estados Unidos.

El simple hecho de que reciban un cobro mensualmente con su nombre en él, les confirma que todo el sacrificio realizado ha tenido sus frutos. Es como recibir mensualmente un diploma de alto rendimiento, y que venga alguien a decir que ya uno no es merecedor del deseado premio.

Trate de convencer a alguien de que entienda la razón para que esto ocurra y verá cómo es más fácil convencer a los palestinos de que los judíos son sus amigos y que todo lo hasta ahora efectuado ha sido simplemente una manifestación de cariño.

Este incidente narrado involucra a la mayoría de los participantes que causamos o aportamos nuestro granito de arena al desplome total de nuestro sistema financiero. Consciente o inconscientemente, la participación de un comprador insensato, un agente optimista, un vendedor de drogas de treinta años, ayudaron a que esta crisis financiera, de la cual todavía no salimos, nos tenga en la situación actual.

No obstante, todos los participantes ya mencionados, aunque aportaron, considero que lo hicieron inconscientemente y reaccionando a un tremendo incentivo.

Los verdaderos responsables, creadores absolutos de esta obra maestra, son los que estoy a punto de describir, ya que merecen un profundo enfoque para poder entender lo que pasó y cómo pasó. Y qué mejor forma de explicarlo que en una forma infantil.

Juguetería: un mundo lleno de ilusión y fantasía. La juguetería que encontró la forma de hacer felices a todos los niños.

En un pequeño pueblo llamado Wall Street, en el estado de Nueva York, se encontraba una juguetería que pasaba por momentos difíciles al haber decaído las ventas de sus productos. Los juguetes ya no tenían la misma aceptación y los precios estaban por encima de lo que la mayoría de sus clientes podía pagar.

Esta caída en sus ventas había provocado que por dos trimestres reportasen números rojos. Sus dueños ya no sabían qué hacer, habían agotado todas sus opciones: promociones, descuentos, publicidad, eventos públicos, todo con el afán de atraer más compradores. Pero todo había fallado.

El problema cada día empeoraba.

Esto, sin dudas, no solamente tenía un impacto a nivel microeconómico, sino también a nivel personal, ya que habían iniciado el proceso de eliminar 15% de su personal.

Inmediatamente ocurrió un impacto negativo a un nivel macroeconómico, al frenar a muchos de estos desempleados que ya no podían consumir o hacer compras fuertes que ayudasen al estímulo económico.

El resultado de todo esto no solamente preocupó a los dueños, sino también a los políticos de la ciudad, al ver la posibilidad de que el lugar cerrara sus puertas, lo cual significaría menos aportación a la campaña que se aproximaba para la reelección y también menos ingresos para que esta ciudad pudiera cubrir sus gastos.

La alarmante situación involucró a todos los afectados y generó el interés de poder encontrar una solución ante la inminente clausura de este negocio. Se plantearon opciones como abrir una fábrica en China y de esa forma ofrecer precios más bajos, o ir a la bolsa para poder recaudar capital y poder sustentar los gastos durante estos momentos difíciles.

Pero sabían que ni una ni otra opción funcionaría.

Primero, ningún inversionista en sus cabales y con sensatez financiera, después de haber revisado los números y de saber la verdadera situación actual de la compañía, invertiría dinero.

Segundo, la opción de China no era factible, ya que la mayoría de los juguetes ya eran importados de allá, lo cual les confirmaba que no era un problema de costo, sino de demanda.

Simplemente los niños que podían comprar estos juguetes no tenían ningún interés por comprarlos o contaban con mejores opciones.

He ahí el dilema: ¿de qué forma se podía crear una demanda sobre un producto que simplemente no tenía aceptación entre sus potenciales compradores?

La respuesta, simple: fabricar nuevos compradores sobre una demanda insostenible que les permitiera a corto plazo sacarle el mayor provecho, con la garantía de que los problemas que cause a largo plazo los trendrá que asumir alguien más.

Una práctica muy común en esta ciudad, que lastimosamente suele atraer a las mejores garrapatas en la industria.

Y eran estos privilegiados los responsables, por fabricar el esquema que debía beneficiar a pocos sin ningún riesgo, y perjudicar a muchos que asumirían luego la responsabilidad de todo.

Entonces decidieron reunir a los que ellos consideraban el equipo más destacado, en busca de la solución del problema.

En él había políticos, académicos, banqueros, reguladores, y por supuesto los directivos de esta compañía que estaba a punto de revolucionar el mundo de los juguetes.

Al explorar a fondo el problema se dieron cuenta de que lo primordial era atraer a nuevos compradores. Esto generaría ventas y consecutivamente aumentaría el valor de la compañía, lo cual les permitiría recaudar capital en la bolsa.

Para poder solucionar el primer problema, estos genios de las finanzas se dieron cuenta de que la verdadera razón por la cual habían decaído las ventas se debía a que habían sido injustos al solamente ofrecerles sus juguetes a niños ricos o con capacidad económica. Sintieron que no era justo que los niños que no tuviesen capacidad económica entrasen a la juguetería y salieran tristes y deprimidos al no poder comprar nada.

Sintieron que todo niño, independientemente de sus posibilidades económicas, debía gozar de la oportunidad de poder comprar el juguete que más le gustase.

Se centraron en la idea de crear un ambiente de igualdad y felicidad eterna para todos, independientemente de si tenían o no la capacidad económica para pagarlo.

Para poder lanzar la nueva campaña de publicidad, decidieron cambiar el emblema de la compañía. De ser Juguetería: un mundo lleno de ilusión y fantasía pasó a ser Juguetería donde el sueño americano y tu derecho a disfrutarlo se convierten en realidad.

Al tratarse de un asunto de igualdad, derecho y sobre todo felicidad, y no de demanda, los magos financieros revolucionaron el mundo con una sobrenatural idea: ofrecerle crédito a todo niño que tuviera deseos de comprar juguetes sin tener que pagar durante los primeros tres años.

Y para poder calificarlos, simplemente tenían que pasar por un proceso donde pudieran mostrar que sabían caminar sin ayuda de sus padres.

Al pasar este riguroso y complejo proceso de calificación, se les otorgaba una tarjeta con el dibujo de su superhéroe favorito. Y un crédito ilimitado en el cual su primer pago debería ser en tres años.

Esta ingeniosa idea eliminaba completamente a los intermediarios, los padres, y llegaba directo a los compradores, a todos estos pobres niños que sobre esta innovación financiera podrían realizar su sueño de comprar lo deseado.

Los genios y los nuevos compradores estaban llenos de alegría.

Ambos sentían que estaban realizando un gran paso en el mundo financiero, al permitirle el derecho de ser feliz a todos los niños, sin importar su capacidad económica.

La única preocupación que tenían era el poder recaudar capital en la bolsa de inversionistas, que posiblemente no creyeran en esta idea innovadora. Para esto decidieron optar por la idea de otro gran mago de las finanzas, Lewis Ranieri y su concepto de titulización, para darle una forma más profesional ante los potenciales inversionistas.

Este concepto celestial manifestaría seguridad a una innovadora idea que podría ser malinterpretada por muchas personas al desconocer su objetivo primordial, y qué mejor forma de presentarla que de manera tan compleja que solamente un mago en finanzas, como sus creadores, pudiera entender.

Sobre este concepto de titulización podrían ocultar esta innovadora idea de ofrecerles crédito a los niños independientemente de su capacidad para poder pagar la deuda.

El concepto trataba de empacar estas deudas, creadas por la innovadora idea de otorgarles igualdad y derecho a todos los niños, con otras con más garantía y menos riesgo; por ejemplo, deudas en las cuales se habían verificado los parámetros de calificación standard: la capacidad financiera para poder cumplir con los pagos.

Una vez empacadas todas estas deudas, se ofrecieron como una inversión total y no como deudas singulares. Esto les permitiría maquillar cualquier remota sospecha sobre la garantía de estas deudas. Y para poder explicarla, se presentaba en una forma extremadamente compleja, para poder evitar alguna mala interpretación.

Este nuevo concepto de titulización les permitiría incrementar sus ventas, lo cual consecutivamente permitiría recaudar capital en la bolsa, ya que el concepto era muy bueno: igualdad, derecho y felicidad para todos los niños. Sin tener que explicar el cómo y por qué o de qué forma estas deudas de niños sin capacidad iban a ser pagadas.

Pero para poder garantizar su convicción ante cualquier sospecha, los directivos pactaron una junta con las tres compañías responsables de calificar estas inversiones complejas sobre una presentación en la cual, aparte de tener como objetivo principal el explicar estos nuevos fenómenos, se trataba de incentivar la avaricia de estas tres compañías a quienes su calificación fomentaría la venta masiva a niveles nunca antes alcanzados.

Y ante una investigación de la credibilidad de esta innovadora idea, tenían tiempo suficiente, tres años.

Por ahora el enfoque era dar felicidad a todos los niños. El concepto de ofrecerles crédito a niños fue un éxito rotundo.

De estar al borde de la quiebra la juguetería pasó a ser visitada por estampidas de niños ilusionados y ahora con el poder de comprar lo que desearan. Obviamente, después de haber cumplido con el estricto proceso de calificación en el cual tenían que demostrar que podían caminar sin la ayuda de sus padres.

Estos ilusionados niños aprovecharon esta tremenda oportunidad que les brindaba esta innovadora juguetería comprando todo lo que se ponía a la venta. Sus padres, al ver la felicidad que esta innovadora idea había producido en sus hijos, decidieron ignorar la legalidad o el riesgo que implicaba que sus hijos no pudieran pagar estas deudas.

¿Quién se atrevería a contradecir una gestión tan linda como la igualdad y el derecho de un niño para poder comprar juguetes?

La juguetería tuvo que extender su horario para poder satisfacer esta abrumadora demanda. Abrió miles de sucursales con personal capacitado para poder orientar a estos niños compradores sofisticados, para cualquier consulta sobre la funcionabilidad de los juguetes que estaban comprando.

Se acondicionaron las tiendas para que los niños pudieran hacer sus tareas allí, tomar siestas allí, y hasta dormir por la noche si estaban muy cansados después de un arduo día de compras.

Para poder complacer a los padres se abrieron supermercados, preparadores de impuestos, zonas de trabajo, inclusive zonas para poder cuidar a los niños durante momentos en los cuales los padres estuvieran ocupados.

Personal bilingüe en quince idiomas diferentes, ya que la mayoría de estos nuevos consumidores necesitaban una persona que dominara su idioma.

Una gama extensa de nuevos servicios agregados para poder alcanzar el compromiso de ofrecer felicidad a todos los niños.

Esta transformación convirtió a esta juguetería en la envidia corporativa en el pequeño pueblo de Wall Street.

Era, sin dudas, la compañía más codiciada por inversionistas con apetito de ganancias que excedieran el convencional porcentaje promedio de retorno en inversión.

Las ventas rompieron récords de ganancias nunca antes vistas o registradas en la historia de este sector, lo cual atrajo, en miles de millones, capital de casas de inversión que al tener materia prima para poderle justificar a sus clientes lo sólida que era la compañía y lo innovador que era este concepto, simplemente ofrecía una oportunidad que no se podía desaprovechar.

El esquema creado por estos magos financieros se pegó como chicle en verano. Los comentarios se enfocaban fundamentalmente en este grupo de privilegiados que representaban las semillas del capitalismo al haber encontrado la fórmula para poder hacer feliz a los niños menos privilegiados y en el proceso engordar las cuentas offshore de la mayoría de estos magos financieros.

No obstante, los mayores beneficiados fueron sus directivos, al poder disfrutar de fortunas creadas por esta transformación, que les elevó sus activos a los niveles nunca antes imaginados.

Y como la mayoría de estos privilegiados magos de las finanzas, y sobre todo archimillonarios, aparte de ser genios, también son caritativos y sobre todo humanitarios, no solamente tuvieron la creatividad para poder hacer feliz a todos los niños, sino que ahora compartían la mayoría de sus fortunas con todas las personas que podían hacer esto posible.

Su primer acto de caridad fue atacar el desempleo contratando un nuevo personal para que pudiera velar sus intereses en Washington. Los llamaban el escuadrón lobista. Eran hombres en su mayoría, con la difícil tarea de sobornar a todo aquel político en la montañita de Washington que contemplara el mínimo atentado de regular o investigar este sector.

Comenzaron a otorgar modestos regalos de agradecimiento a todos aquellos políticos que participaron en la creación de este nuevo esquema. Entre ellos miles de millones de dólares y un empleo garantizado en su directiva al finalizar su periodo de servirle al público.

Inclusive, muchos de los directivos, que estaban ya con fortunas y salarios que excedían millones anuales, se llenaron de compasión al querer también aportar su granito de arena al mejoramiento del país completo.

Porque al haber mostrado lo genial que fueron al mejorar una compañía, ¿por qué no llevar sus talentos a otro nivel? Dejaron sus trabajos para poder servirle al pueblo y se integraron como presidentes del tesoro, vicepresidentes del país, etcétera.

Los directivos también enviaban un porcentaje muy fuerte de sus fortunas a compañías sin fines de lucro, que nunca nadie entendía a qué se dedicaban, ni mucho menos quiénes eran sus dueños; pero el gesto era lo que provocaba que los medios de comunicación los hicieran parte de sus programaciones durante las veinticuatro horas.

Esta publicidad llamaba la atención de otros medios de comunicación, que ahora decidían nombrar a estos personajes como hombres del año.

La verdad es que, sin duda alguna, estos magos de las finanzas sí eran personas de otro mundo, con coeficiente intelectual por encima de los 200 puntos, que tenían una capacidad increíble para poder crear felicidad a los menos afortunados y en el proceso fortunas para sus directivos, fuentes de empleo, aportaciones tributarias al gobierno, miles de millones a obras caritativas.

Dignos de bañarlos y tomarse el agua.

Dignos de embalsamarlos para que perduren por la eternidad como héroes nacionales.

Dignos de guiones para la película merecedora del premio Óscar.

De ser asiáticos, su apellido sería Chin Gon.

Se merecían eso y más, al haber encontrado una situación en la cual todos se beneficiaban proporcionalmente.

Desgraciadamente, algo tan bueno no podía durar tanto tiempo sin despertar envidia por parte de todos aquellos a quienes se les conoce como los tapa hoyos.

A la distancia se escuchaban ciertas voces que proclamaban que esto iba a explotar al tratarse de una demanda insostenible.

Ya para estos momentos se aproximaba el término de los tres años en los cuales todos estos niños deberían realizar su primer pago sobre todo lo comprado.

La deuda promedio excedía los $50 000 por niño, lo que se traducía en un problema de más de un billón de endeudamiento en préstamos tóxicos. Lo suficiente para alarmar a cualquier persona encargada del presupuesto fiscal, ya que, pensando lo inconcebible, que estos niños no pudieran pagar esta deuda, esta morosidad llevaría al país a una depresión económica.

Estas quejas cada vez eran más frecuentes, y esto despertó el interés de los directivos de crear un plan de escape. Se trataba de otra ingeniosa idea en la cual podrían asegurarse una ganancia si estos niños no pagaban las deudas.

Para esto pactaron una reunión con la aseguradora más fuerte de esta ciudad, AIG, con el objetivo de presentarles este esquema que podría significar, aparte de seguridad, una ganancia sobre una apuesta en la cual ya tenían garantizado el resultado. Crearon una apuesta, Credit Default Swap, en la cual ellos podían comprar un seguro que los compensaba si los niños no pagaban. O sea, que si esto ocurría, ellos recibirían una compensación, aparte del seguro que ya tenían sobre estas deudas.

En las casas de estos niños la cantidad de juguetes no permitiría caminar sin tropezarse con unos de ellos. Ya era común que muchos de estos juguetes solamente fueran usados una vez y después se olvidaran en el garaje, pues la libertad de poder comprar cualquier juguete deseado le quitó a estos la magia. La mayoría de estos niños no sentían como antes el deseo de visitar la juguetería, al tener la mayoría de los juguetes que ahí se ofrecían. La oferta simplemente no podía contra la abrumadora demanda.

Los padres no sabían qué hacer con esos niños que tenían todo lo que desearan tener y no hacían tareas ni cumplían con sus deberes del hogar, pues sabían que, independientemente de lo que hicieran o dejaran de hacer, la juguetería siempre les iba a ofrecer el derecho de poder comprar el juguete que más desearan. Sabían que ya no se necesitaba ningún mérito para ser compensados.

Muchos de estos niños iniciaron el proceso de regresar sus juguetes, y en muchos casos la juguetería se los aceptaba, ya que siempre existían más niños que estuvieran dispuestos a comprar.

No obstante, la juguetería empezó a notar que los nuevos juguetes no tenían la misma aceptación que antes. Y no se explicaban el porqué.

Después de una semana se dieron cuenta de que la causa había sido la notificación que se le había enviado a los padres, quienes preocupados porque sus hijos crecerían con mal crédito, decidieron efectuar el pago por ellos.

Por otro lado, surgió un nuevo grupo de padres y niños que decían ser responsables. Aunque tenían las mismas posibilidades de calificar para estos créditos, nunca lo hicieron al tener padres responsables que no les permitieron asumir deudas que ellos no podían pagar.

Este grupo de padres responsables proclamaban una obra maestra en la cual sus creadores habían abusado de la inocencia de estos niños para crear instrumentos financieros que produjeran beneficios, a corto plazo, a todos sus participantes, pero que a largo plazo afectaría a todo habitante, sin discriminar.

Se pedía justicia para que el gobierno investigara a fondo el proceso en el cual estos magos financieros estructuraron esta gestión que amenazaba con empujar al país a una recesión económica, en la cual ellos saldrían con fortunas de proporciones bíblicas, ilesos, y con millones de niños al borde del suicidio y un pueblo en quiebra.

Los padres responsables exigían justicia ante este nivel de irresponsabilidad por parte de los padres de estos niños, que sin tener capacidad económica habían asumido toda esta deuda, y juicios penales ante los creadores de esta gestión por haberla creado.

Mientras tanto, en los humildes hogares de estos niños que habían sido abusados por su inocencia ya no relucía la ilusión y la magia, sino la realidad, y una cruda realidad: no saber de qué forma pagar estas deudas que habían nacido con ilusión y que ahora mostraba su engaño, su verdadero rostro.

Se preguntaban cómo iban a hacer el pago mensual sin tener dinero ni ingreso. Por ser tan niños todavía no podían obtener empleo. Todo era oscuro, sin ninguna forma digna de poder salir de esta situación. Lo que sí tenían claro era que de ninguna forma iban a permitir que la juguetería les quitara sus juguetes, que con tanto esmero y sacrificio habían logrado comprar.

Ya la juguetería había iniciado una campaña amenazando a todos estos niños con quitarles todos los jueguetes si no realizaban pagos sobre la deuda. Y paralelamente, también sabía de qué forma aterrorizar al resto del país para que los ayudaran a cargar con este problema de niveles descomunales.

Los niños reaccionaron solicitándole al gobierno un subsidio para poder realizar estos pagos y de esa forma frenar esta injusta iniciativa que estaba a punto de llevarse a cabo.

Para estos directivos, el exigir pagos sobre estas deudas solamente era uno de los problemas.

El otro era la caída inconcebible de la compra de juguetes. Y la innumerable pérdida que tendrían que asumir los inversionistas alrededor del mundo que habían confiado ciegamente en esta gran idea.

Ya nadie quería comprar juguetes. Al ser evidente la iniciativa de quitarles los juguetes a todos estos niños, por incapacidad de pago sobre la deuda, se creó una imagen negativa y de injusticia de la juguetería ante el resto de los otros niños, y esto condujo a que no compraran más juguetes.

Este impacto provocó que la juguetería perdiera un 99% de su credibilidad ante sus inversionistas y consecutivamente causó un desplome en la bolsa de valores. Los directivos de la compañía no tuvieron otra opción que pactar una reunión con los encargados de estabilizar la economía, que eran viejos colegas, con el afán de solicitar un paquete de estímulo económico para prevenir un desplome de todos los mercados.

El objetivo era crear una campaña para poder, de la misma forma que había conseguido un buen emblema para poder maquillar el riesgo de estas deudas, crear ahora el pánico para poder ser rescatados y salir ilesos de esta apocalíptica trampa.

Ahora la situación sí que estaba más complicada y compleja que la guerra fría.

Por un lado, millones de niños que sufrieron de un engaño en el cual les permitieron asumir deudas que no podrían pagar, esto con la aprobación de sus padres. Por otro, los padres responsables que exigían a todo costo las sanciones a los responsables de tal desgracia.

Por último, los causantes de esta trampa crearon una estrategia de salida en la cual pudieran sacarle todavía más provecho y hacer que alguien asumiera la responsabilidad de esta obra maestra: los directivos pudieron convencer al gobierno de que esto se trató de un abuso por parte de los niños al engañar a la juguetería durante el rígido proceso de calificación al que fueron sometidos, para que la juguetería les aprobara los préstamos. Y ahora, por la cantidad de niños y el nivel de endeudamiento, si el gobierno no les ayudaba con un paquete de estímulo económico para poder estabilizar sus finanzas, todo el país, todo, entraría en una depresión económica más fuerte que la experimentada en 1929.

El gobierno decidió otorgarles este subsidio, imprimiendo dinero artificial y endeudando al país, y con un grupo de padres responsables que exigían justicia al pedir que a los niños insensatos se les quitaran los juguetes, y entonces dejar que la juguetería se fuera a la bancarrota, como se haría en cualquier otra situación similar. O, lo que representa el capitalismo puro, dejar que los mercados se autocorrijan en las buenas y las malas.

Colorín Colorado: este problema continúa.

Supongo que la mayoría de nosotros estemos de acuerdo en que los niños no tenían la capacidad de comprar estos juguetes, y que esto se trató de un engaño por parte de sus directivos para poder incrementar sus ventas e involucrar al gobierno, a costa del pueblo, para que cubriera las pérdidas.

Directivos avaros, políticos corruptos, niños irresponsables, corredores ingratos, todos conscientes e inconscientes aportaron su granito de arena para que los que en realidad no tuvieron nada que ver en este entierro, cargaran con el muerto: los padres responsables y los miles de inversionistas alrededor del mundo que fueron engañados.

Esta obra maestra amerita un análisis más profundo, ya que en esta crisis de las hipotecas radica uno de los más importantes problemas que dio fruto a esta crisis mundial.

En el 2004, durante mis inicios en el mundo de las casas e hipotecas, yo me preguntaba cómo era posible que las propiedades subieran tan rápido de valor.

¿Qué estaba pasando? ¿Qué causaba este efecto de subir de valor sin ningún control? ¿De dónde o qué poder sobrenatural causó que una estampida de personas con ingresos moderados pudieran realizar el sueño americano de poder comprar una casa con un precio que hasta ahora solamente unas personas sobre encima del promedio podría comprar?

No pasó mucho tiempo antes que entendiera con claridad lo que estaba sucediendo y que sin duda, aparte de ofrecer la oportunidad de la vida para los creadores y supuestamente para las víctimas, iba a ser uno de los factores principales que impulsó esta crisis.

En el 2006 confirmé cómo Wall Street o el mundo corporativo, con aprobación absoluta de las compañías que regulan o califican estas inversiones y con el permiso del gobierno, encontraron una forma extravagante de justificar préstamos hipotecarios a personas que no tenían la capacidad financiera para poder pagarlas. Ellos se centraron en el lema de igualdad y derecho para todo aquel que anhelara lograr el nuevo sueño americano.

El viejo truco: un chivo expiatorio para poder justificar un plan macabro, como anteriormente se ha visto con el comunismo o Sadam Husein, ahora con el terrorismo y me imagino que pronto será algo relacionado con el clima ambiental.

En esta ocasión, fueron todos aquellos ilusos que por un momento pensaron que de alguna forma mágica, con un ingreso moderado de $3000, se podría sostener el pago de una hipoteca de $4000.

Decidieron otorgarle créditos hipotecarios a todo aquel que pasara por el rígido proceso de calificación, en el cual se podía mentir sobre los ingresos sin tener que comprobarlos. Esto implicaba, por ejemplo, que un indigente podía solicitar un préstamo hipotecario de $500 000 y solamente tenía que manifestar que trabajaba en la limpieza de casas, o como jardinero, carpintero, pintor... y que percibía un ingreso neto de $20 000 al mes. Lo demás era proveer un número telefónico de alguien que pudiera confirmar estos ingresos.

Para confirmar esta información, del otro lado del teléfono podría estar su amigo, un pariente, o muchas veces los mismos corredores de préstamos. Y era muy fácil, pues no se exigían pruebas, ya que confiaban plenamente en la palabra de estos fiables aplicantes. Los famosos préstamos hipotecarios NINJA. No Income No Job No Assets.

La cruda realidad era que no se trataba de igualdad ni derecho, sino de abusar de la inocencia de todos estos insensatos compradores, al permitirles asumir deudas que nunca iban a poder pagar.

No existía riesgo, ya que sabían que era un juego de tiempo en el cual el objetivo era vender la mayor cantidad posible de estas hipotecas, empacarlas con otras deudas que ofrecían el mismo tipo de colateral, para poderlas desechar en el mercado secundario como una innovadora idea financiera que ofrecía la mayor rentabilidad y con la seguridad de un colateral como una vivienda.

Buenas hipotecas, malas hipotecas, y otras deudas, todas entraban y una vez empacadas se ofrecían a inversionistas como seguras inversiones. Y como estaba corroborado por las agencias más respetadas a nivel mundial (Moodys, Stándard & Poor, y Fitch), dedicadas a calificar el riesgo de estas inversiones, con esta garantía los seducidos inversionistas no exigían mucha más información.

Lo que todos estos inversionistas ignoraban era el riesgo maquillado y la caída inminente en solo unos cuantos años.

CDO, como dije anteriormente Collateralized Debt Obligation, es un mecanismo en el cual se puede maquillar el riesgo de una inversión. Aunque es un poco complejo de explicar se los presento en la forma más simple: es como si usted fuera a comprar una caja de manzanas y la persona que está vendiendo le presenta una superoferta en la cual tienen la opción de comprar una caja completa con un descuento del 50%; pero, al querer revisarlas, el vendedor le dice que este precio preferencial solamente puede ser ofrecido bajo la condición de llevar la caja completa sin poderla verificar.

Después de llegar a casa y abrir la caja, se da cuenta de que solamente las manzanas que están arriba están buenas, pues las de abajo están podridas y las del medio a punto de podrirse. Que la superoferta no fue más que un engaño para poder esconder las manzanas podridas.

Cuando regresa con el responsable de esta venta, se percata de que ha cerrado completamente su puesto de ventas.

Esto fue exactamente lo que realizaron los bancos y actuaron de esta forma ante los inversionistas que invirtieron miles de millones de dólares en estas cajas llenas de hipotecas y otras deudas con garantía que prometían una rentabilidad superior y sin riesgo, pero que terminaron siendo bombas de tiempo.

Si los inversionistas de estas cajas hubiesen tenido la oportunidad de analizar de una forma singular algunos de estos préstamos, ahí hubiesen visto que era imposible que una persona con un ingreso real de

3000 dólares mensuales, pudiera pagar una hipoteca que solamente en los primeros tres años era de $1500, pero que después de ese término subiría a $4000. Es por eso que las grandes casas en Wall Street les dieron luz verde a los bancos para que otorgaran crédito a cualquier persona que deseara comprar casa o acceder a la ganancia de su casa por medio de un refinanciamiento. Lo hacían con la seguridad de que no tenían ningún riesgo e incentivando a los corredores de préstamos a cambio de una comisión promedio por encima de los $10 000.

En resumen, fue una obra maestra que solamente estos genios de Wall Street podían llevar a cabo, en la cual garantizaban miles de millones de ganancia al otorgar estos préstamos, al empacar y revender estas cajas de deudas garantizadas a inversionistas, y con la seguridad de que cuando los compradores no pudieran con el pago, su apuesta sobre los Credit Default Swaps, pagarían y el gobierno tendría que asumir la responsabilidad de todas estas gestiones.

Al mismo tiempo, los corredores de préstamos, los agentes de bienes raíces y todo negocio que estuviera ligado a la vivienda, gozaban de ingresos de proporciones bíblicas.

Y, por supuesto, los ilusos compradores experimentaban un nivel de felicidad al poder lograr el sueño americano, el poder comprar una casa que ni en lo más remoto de sus sueños pensaron que podían comprar, pero que ahora, por un acto de caridad y justicia, se les estaba haciendo realidad.

Por otra parte, el gobierno, que supuestamente tiene que supervisar y regular todas estas actividades, estaba muy enfocado en la búsqueda de Osama Bin Ladin;

una excusa para poder enriquecer a otros directivos y políticos que se beneficiarían de esta guerra prefabricada con este chivo expiatorio.

Las investigaciones o afirmaciones que estaba realizando el FBI sobre estas inversiones tóxicas fueron casi anuladas, ya que la gran mayoría de este personal ahora se dedicaba a buscar terroristas y no fraude. Lo que todos ignoraban era que el resultado de este fraude iba a tener un impacto tan fuerte como el de los aviones que chocaron en las torres de New York.

Todo este permitió que los exdirectivos de estas casas de inversión que ahora estaban supuestamente sirviendo al público, maniobraran esta obra maestra y amortiguaran la caída. En el proceso incrementarían sus riquezas y las de todos sus participantes.

Para poder ilustrar esta situación, usemos a mi verdugo Margarito.

Para poder comprar una casa de $450 000, con un ingreso promedio que me atrevo a asumir de aproximadamente $2500 al mes, solamente tuvo que manifestar en su aplicación que trabajaba por su cuenta y percibía un ingreso mensual de $15 000. Sin tener que comprobarlo más que con una llamada que realizaría el banco a la persona que él eligiera y que por teléfono afirmara que esto era cierto.

Después de este rígido proceso de calificación se le otorgaba una hipoteca por treinta años cobrándole una tasa de interés real del 7%, pero que en los primeros años tenía la opción de solamente pagar 1%, o más o menos un pago de $1400 sin incluir los impuestos ni seguro de incendio.

Un pago real de $3600 que no podría cubrir con sus ingresos reales. Totalmente consciente, pero que nunca cuestionó al estar tan feliz de poder lograr el sueño americano.

Al banco que le estaba otorgando este préstamo a Margarito no le preocupaba en lo absoluto lo riesgoso del acto, ya que ellos usualmente se los vendían a las casas de inversión, y estas casas los empacaban y se los vendían a los inversionistas.

Todo esto con la bendición de las tres compañías de mayor reputación, que monitoreaban el riesgo de toda inversión y el respaldo del gobierno.

Todos estaban felices y conscientes de que al final iban a hacer estos inversionistas los responsables de digerir la torta de extracto humano.

Lo peor del caso era que como tenían tan claro que Margarito no iba a poder con estos pagos, y que su hipoteca representaba una en miles de otras empacadas en este concepto innovador de la titulación, decidieron agregarle un nuevo elemento: Credit Default Swaps; una cláusula que se activaría si estas hipotecas entraban en morosidad, y que advertía que ellos serían compensados.

Es como si se me permitiera a mí sacar un seguro de incendio sobre la casa de otra persona. ¿No creen que existe algo malo con este esquema? Obvio que sí, ya que estuviera apostando a que si se quema cobro mi apuesta.

Esa es la razón por la cual está prohibido que alguien pueda comprar un seguro de incendio sobre una propiedad ajena, para evitar el conflicto de intereses, pues si esto se permitiera, existirían incendios de casas todos los días, provocados por personas que quisieran cobrar este seguro.

Entonces, si no lo permiten con los seguros de casa, ¿por qué lo permiten sobre los préstamos hipotecarios que ofrecen estas casas de inversión?

La respuesta es muy simple: ellos tienen gente en Washington que se dedica a sobornar a los políticos para que aprueben estas gestiones.

Es evidente, después de la explicación ofrecida, que los ingresos reales de Margarito no permitían cumplir con el pago real de un préstamo de $450 000. La única forma en que se ha podido efectuar este pago es con la ayuda de familiares que viven en la casa, con un segundo trabajo o simplemente rentando cuartos a extraños para poder cubrir el paguito mensual.

Todo fue cosa de tiempo para que esto reventara y en el 2007, después de esos cuatro años de fiesta, Margarito, como el resto de estas personas que están en esta situación, dejaron de pagar las hipotecas por incapacidad económica.

El valor de las propiedades paró completamente de subir, los bancos cortaron el crédito, y empezó la bajada al abismo.

En resumidas cuentas, los causantes de estas crisis, las casas de inversión y las agencias que los apoyaron en asociación con algunos políticos, nos hicieron tomar dos pastillas: una para dormir y un laxante al mismo tiempo. Apagaron las luces, cerraron las puertas y nos dieron una patada en el trasero para que nos largáramos.

Muy conscientes los que aceptábamos, sabíamos los defectos de esto y cómo lo planificaron. Al final pasó lo que tenía que pasar.

A los ocho años yo dejé de creer en el Chapulín Colorado, yo no me creo el cuento de que estos bancos, los cuales actualmente les echan la culpa a los pobres compradores de haber mentido en las aplicaciones, no tenían la tecnología suficiente para poder determinar si estas personas calificaban o no.

Por supuesto que sí, pero no les importaba porque estaban garantizados al ganar y al perder.

Se trataba de otro acto más de las extensiones que tenemos en esta gran nación de lo que siempre ocurre en nuestros países natales, y por lo cual nunca dejarán de ser países bananeros, países operados como mercado abierto con el objetivo de obtener ganancias privadas. Sociedades entre gobiernos y algunas compañías donde las ganancias derivadas de la explotación del pueblo y la tierra son privadas, y las deudas asumidas son responsabilidad pública y social.

Privatización de la ganancia y nacionalización del riesgo o pérdidas.

En otras palabras, y usando los casinos de Las Vegas como ejemplo, supongamos que cuando la casa gana, solamente ellos disfrutan de las ganancias, pero al perder fuerzan al gobierno para que cubra sus pérdidas al costo del resto del pueblo. Así fue de ilógica esta gestión.

En el momento nadie entendía qué pasaba. Lo único evidente era ese razonamiento que cae durante una cruda después de haber hecho estupideces en alguna borrachera horrible, en la cual se advierte que todo fue montado, que las personas que nos invitaron a la fiesta y nos brindaron licor gratis, luego nos echaron pastillitas en las bebidas para poder dormirnos el sentido común y de esa forma inducirnos a hacer estupideces. Y una vez pasado el efecto del licor, la mente nos hace lamentar y comenzar a buscar culpables de algo que con prudencia y sentatez hubiese podido ser evitado.

¿Pero cómo iba a ser evitado si ambas partes recibieron lo que querían? Por una parte los bancos alcanzaron ganancias que rompieron récords históricos y por el otro los propietarios pudieron realizar un logro que hasta este momento solamente representaba un sueño inalcanzable.

Y los intermediarios, como nosotros, con millones de millones en ganancias por gestionar esta unión.

Era imposible que durante estos tiempos alguien se quejara. ¿De qué? Si todo era ganancia. Crecimiento. Felicidad.

La única duda parecía ser a quién darle el crédito por esta bendición. O más bien, maldición maquillada por beneficios a corto plazo.

Este incidente, y su relato, solo demuestran la superficie del malestar que está experimentando esta gran nación actualmente y sobre todo nuestra comunidad latina.

Los verdaderos problemas deben ser aislados de la explicación y son dignos de un profundo análisis.

El molino de oro

La primera responsabilidad de todo ciudadano es cuestionar a la autoridad.
BENJAMIN FRANKLIN

Estados Unidos se proclamó como la potencia mundial después de la Segunda Guerra Mundial. Esto lo logró después de haber experimentado uno de los incidentes más trágicos en su historia: la gran depresión económica de 1929.

Un incidente desatado por la avaricia de una especie de genios empresariales que fabricaban con la mano derecha y destruían con la izquierda. Como el arquitecto que fabrica usando productos ecológicos y los desechos los tira directo al océano.

Responsables por construir el sistema ferrocarril, la industria de hierro y la producción masiva de petróleo.

Acreditados con generar ganancias que representaban un porcentaje significativo de la producción total de la economía. Adinerados, poderosos y sedientos por conquistar el mundo a cualquier costo.

Para poder lograr sus objetivos compraron políticos, sacrificaron la fuerza laboral y exigieron, a todo costo, rendimiento a cambio de salarios que no permitían vivir dignamente.

Usaban el capitalismo como emblema para poder justificar sus absurdas prácticas de eliminar la competencia y su vanidad por conquistar el planeta.

Usaban su poder político y sus inmensas fortunas para lograr cualquier capricho deseado. Manipulación del sistema legal, abuso del mercado bursátil, intimidación hacia la competencia, tejemaneje de políticos, engaño psicológico vía medios de comunicación, etcétera.

Mientras tanto el pueblo se moría de hambre y aunque exigía un cambio, nadie estaba dispuesto a enfrentar a estos godzilas financieros: Rockefeller, J. P. Morgan y Carnegie.

Los too big to fail de los 1800. Un grupo de capitalistas que tenían como prioridad el progreso personal a cambio de sacrificar el futuro de una nación.

Durante este episodio oscuro, USA entendió que la malversación por parte del sector privado y la negligencia por parte del sector público al proteger a sus ciudadanos, aseguran el camino al abismo.

La desmoralización de toda una generación ayudó a que sus dirigentes recapacitaran sobre nuevas reglas a ser implementadas para evitar a todo costo un incidente a este nivel.

Reflexiono sobre las malas gestiones que los habían llevado a este nivel: desregulación de mercados, permitirle engordar a estos niveles a estos empresarios, permitirle a estos empresarios colocar títeres en el congreso y la Casa Blanca, y sobre todo, tenerlos a ellos como prioridad y olvidar al pueblo.

Esto hizo que los nuevos dirigentes pactaran objetivos claros y sensatos que protegían a sus ciudadanos y fomentaban el crecimiento económico apoyando al sector privado, pero con el pueblo como prioridad.

Con estos cimientos y mucha dedicación y trabajo, USA alcanzó la cima de la productividad y en el proceso se convirtió en el modelo a seguir.

Impuso su cultura y sobre todo sus ideologías, y en el proceso autocreó una demanda para todos sus productos. Buenos o malos.

¿Quién no recuerda la USA que fabricaba, inventaba, mejoraba, y que apostaba a ser el modelo a seguir y poder transmitir este modelo que funcionaba a nivel global?

Una sociedad que sostenía su nivel de consumo, ya que a todos los niveles: macro, micro y personal, existía la sensatez y se compartían las metas colectivas y se aportaba de igual forma.

La USA que mejoró su infraestructura, apostó en tecnología, educación y sobre todo en fabricar, lo cual nos mantuvo como el mayor exportador del mundo y un importador moderado.

Puso a un hombre en la luna, construyó las mejores universidades del mundo, creó una cinematografía y por ese medio pudo vender su cultura al mundo entero.

Creó la marca Made in the USA como productos de calidad y de moda.

Los mejores científicos del mundo, el país con más inventos registrados, más premios Nobel obtenidos.

Toda una generación de nuevos empresarios que reconocían que no era el crecimiento personal sino el colectivo el secreto de la grandeza.

Capitalistas como Henry Ford y toda una camada de verdaderos líderes que no solamente aportaron al mejoramiento de esta nación, sino a la del mundo. Y en el proceso acumularon más que merecidas fortunas, sin explotar ni olvidar al necesitado.

Esto fue lo que impulsó al mundo entero a querer migrar sobre cualquier costo a esta tierra de oportunidad: las masas de europeos, sobre todo alemanes y holandeses que llegaban a este gran país a explotar sus talentos y vivir el sueño americano.

El sueño americano representaba la libertad de poder vivir en un lugar en donde con dignidad cualquier persona podría disfrutar de las cosas básicas: agua potable, electricidad, servicios públicos, libertad de expresión, libertad de practicar cualquier religión, educación, trabajo sin ser explotado, acceso a salud pública, protección laboral y garantías sobre el día en que ya no pudieran producir.

El capitalismo enamoró al mundo al asegurarle a todo aquel emprendedor que en esta nación el sistema económico no solo le daría apoyo, sino protección y garantía sobre cualquier propiedad intelectual. Que sobre ningún motivo existiría la opción de que esto fuera extraditado, copiado o clausurado a menos que ocurriera por motivos de una violación o fraude.

Durante esos tiempos era seguro el trabajar y dedicarle una vida entera a una compañía, ya que al final del arco iris tus esfuerzos eran premiados.

Las compañías competían abiertamente y el que predominaba lo hacía con méritos, sin ventajas políticas ni mucho menos autocreando demanda artificial.

El estudiar representaba una garantía y el endeudarse para poder obtener una carrerar universitaria era una apuesta segura.

USA representaba una sociedad de progreso, lucha, dedicación, y sobre todo sensatez sobre el sacrificio colectivo necesario para poder mantener el liderazgo global y un mejor lugar para las nuevas generaciones.

Una sociedad consciente de que la única forma de mantener un crecimiento de este nivel, tenía que ser con fuentes de empleo, remuneraciones justas en proporción a las aportaciones prestadas, con leyes que protegieran a los ciudadanos, apostando en avances tecnológicos, innovando, creando servicios y productos que apuntaban a mejorar las vidas cotidianas de sus ciudadanos.

Durante este periodo se formaron sistemas sociales dirigidos a todos aquellos ciudadanos que posiblemente no tenían la destreza de montar un negocio, pero que de la misma forma, aportaban sus talentos y tiempo para ayudar a crecer a aquellos que sí.

El seguro social y Medicare fueron formados con el objetivo de garantizarle a todos una pensión y salud pública durante los años en los cuales ya no pudieran producir ni trabajar.

Se protegía del abuso a los trabajadores y las personas tenían la seguridad de obtener un ingreso justo y nunca ser explotados. El concepto de las uniones revolucionó y protegió a muchas personas.

Los medios de comunicación informaban, educaban y tenían conciencia social para garantizar que sus producciones aportarían al crecimiento social y cultural de sus televidentes.

Los ciudadanos mantenían valores familiares y se preocupaban por la formación de sus hijos.

Las compañías eran formadas sobre sociedades en las cuales sus dueños eran los responsables de cualquier gestión que esta compañía ofreciera. Si la compañía tenía aceptación entre sus potenciales clientes, podía gozar de sus beneficios.

Por otro lado, si la compañía fracasaba, los únicos damnificados eran sus dueños.

Ellos(as) deberían asumir el riesgo y lo hacían garantizando personalmente las gestiones de la compañía.

Los ciudadanos eran la prioridad.

Lastimosamente todo lo bueno llega a un final y este final parece darse en ciclos de aproximadamente cien años, en los cuales surgen nuevos capitalistas con la misma agenda de los 1800: usar el capitalimo como escudo para poder justificar sus abusos, manipular políticos, manipular medios de comunicación, endeudar al país y crecer sus fortunas a niveles bíblicos.

Y esta nueva camada de capitalistas solo tiene mano izquierda, no tiene mano derecha para poder crear o fabricar algo que produzca algún beneficio.

De lo único que se les puede acreditar es de fabricar ilusiones.

Estas nuevas garrapatas no están tan conformes al competir legalmente y sin ventajas competitivas y deciden envenenar el sistema para que solamente les beneficie a ellos.

El génesis del Welfare Corporativo que sucesivamente impulsó el Welfare Personal.

Para ellos es demasiado aburrido y agotador el competir de una forma libre y abierta como lo dicta el capitalismo puro. Se toman muy a pecho el concepto de Adam Smith sobre especializarse, ya que desmantelan completamente la industria productiva y se llevan todos los trabajos al exterior.

En vez de esforzarse en formar sociedades con valores y objetivos claros que fabrique productos o servicios de calidad que mejoren la vida de sus consumidores, deciden implementar una nueva estrategia en la cual no tienen que fabricar nada, solamente ilusiones que les garantizarán ganancias a niveles bíblicos con cero riesgo.

Usan las protecciones de incorporar una sociedad como escudo para eliminar completamente toda responsabilidad, involucran los ahorros y pensiones de los trabajadores y de esta forma comprometen al gobierno.

Un proceso en el cual privatizan la ganancia y nacionalizan las pérdidas.

El procedimiento es simple y lo paso a explicar en una forma infantil que llamaremos:

Chepito y Pepito: dos garrapatas capitalistas

Dos capitalistas modernos con mano negra se unen con el propósito de lanzar un nuevo producto al mercado.

Chepito y Pepito quieren formar una sociedad para poder ofrecer una bebida energética tan fuerte y eficiente que puede brindar cinco días de energía.

El problema es que presienten que pudiera tener efectos secundarios en los cuales pudiese causar cáncer de intestino.

Ellos saben que al formar una sociedad tienen que listar todos sus bienes. Al tener sus bienes respaldando su sociedad saben que en el evento de que este presentimiento sea cierto y sobre este esquema y asumiendo que las personas sufren debido a la potencia de esta bebida energética, todos sus bienes personales estarán en peligro.

Entonces deciden incorporar su sociedad bajo el nombre CHEPE Corp. y de esta forma se libran de exponer sus bienes personales.

Con este nuevo esquema le piden a una casa de inversión que los lleve a la bolsa para poder recaudar fondos, y de esta forma permitirle al resto del mundo tener un pedacito de esta grandiosa compañía que apuesta a dominar el mercado de las bebidas energizantes.

Los Hedge Fund Managers, al trabajar sobre una estructura que les compensa el 2% sobre los fondos administrados y 20% de las ganancias, y 0% de las pérdidas, tienen el incentivo de arriesgar sin clemencia sobre algo que genere ganancias a corto plazo. En este caso invierten todo el dinero que se le permite de todos los maestros del estado de Florida en esta prometedora compañía.

De la misma forma, Chepito y Pepito, al tener una compensación similar a la de los Hedge Managers en la cual el valor de sus acciones es lo que determina su fortuna, cogen este dinero para poder invertir y ofrecer productos que generen ganancias a corto plazo.

Lanzan una campaña publicitaria para dar a conocer su revolucionaria bebida energética y para garantizar la eficiencia de su campaña deciden contratar al corredor más rápido del mundo. Su representante hace una visita a Jamaica y le ofrecen un millón de dólares a este correcaminos para que simplemente se deje firmar antes de una carrera tomando esta bebida energética y de esa forma poder promocionarla como la bebida de los campeones.

El representante del campeón pregunta que cómo es posible que tome esta bebida si sus contenidos darían doping seguro y no sería una realidad el tomar esto antes de una competencia olímpica, pero al ver el cheque de un millón de dólares y lo que representa su comisión, decide callar y preparar al correcaminos para el cortometraje.

Ya con el cortometraje listo, contactan a los medios de comunicación para apartar espacios en los cuales se pueda anunciar. Invierten millones de dólares para que los vendedores de aire reserven los mejores espacios, donde tendrán mejores posibilidades de ser presentados a sus potenciales presas.

Los vendedores de aire cuestionan los posibles efectos secundarios que pudiera tener esta bebida energizante tan poderosa; pero al estar al término del último trimestre y con presión de sus accionistas, aceptan el dinero y se protegen con un simple aviso en la pantalla, en letras que son imposibles de leer y en el cual se liberan de cualquier responsabilidad sobre esta bebida energética.

La campaña promocional tiene una aceptación fenomenal y las ventas explotan.

Chepito y Pepito, los Hedge Fund Managers, los accionistas, los correcaminos y los vendedores de aire, todos disfrutaban de una felicidad inigualable que solo puede sentir un perro con dos colas.

Pero no solamente ellos disfrutaban de esta felicidad, sino también el estado de California y el IRS al saber que esto implicaba fuentes de empleo y trimestralmente una tajadita de estas ventas.

Los únicos que no compartían esta felicidad eran los de la competencia y algunos consumidores que ya empezaban a notar ciertos efectos secundarios. La competencia manifestaba su incomodidad al saber que CHEPE Corp. estaba utilizando ingredientes que habían sido prohibidos por la agencia de alimentos y salud pública. Y al poder utilizar estos ingredientes, les daba una ventaja competitiva que no debería ser permitida.

Los consumidores que empezaron a mostrar signos de hinchazón en sus intestinos quisieron hacer pública esta noticia, pero no existía ningún vendedor de aire que estuviera dispuesto a publicar esta noticia que afectaría a su principal cliente. Por eso exigían pruebas médicas que sabían tomaría años comprobar. Chepe y Pepito sabían que debían reaccionar ante esta amenaza. Entonces iniciaron la eliminación de toda su competencia y una agresiva financiación de todos aquellos políticos que regulan esta industria, con sobornos a cambio de favores políticos.

Con los políticos que regulan la industria en el bolsillo, las nuevas reglas le impiden al resto de la competencia seguir ofreciendo sus productos. Ahora con menos parcipantes en la industria, CHEPE Corp. crece a niveles megagrandes y con este poder tiene capacidad de adquirir más competidores y con esto llegar a un nivel de too big to fail.

Con este dominio total del mercado, protección política, manipulación de medios de comunicación, cero competencia, miles de millones de dólares en pensiones invertidas en su compañía, con una compensación que premia los esfuerzos a corto plazo y renuncia de las consecuencias a largo plazo, el camino está libre para ejecutar cualquier gestión que incremente el valor de sus acciones.

El enfoque cambia de proteger los intereses de sus trabajadores y consumidores a proteger a todo costo los intereses de sus inversionistas.

Todo les pinta de maravilla, excepto que el país está en vísperas de elegir al nuevo presidente. Y uno de los contrincantes amenaza con regularlos y reformar la industria de bebidas energizantes. Esto les roba el sueño y toman la decisión de hacer lo que mejor hacen: financiar títeres para que bailen al son de su conveniencia. Invierten, por medio de compañías maquilladas sin fines de lucro, miles de millones en la campaña del candidato que promete servirles mejor aflojándoles el mercado.

A este nivel, en el cual dominaban completamente la industria de bebidas energizantes, todas las garrapatas que se beneficiaban a corto plazo estaban de acuerdo con cualquier gestión que Chepito y Pepito decidieran tomar y a cualquier costo.

Su apuesta sobre el candidato a la presidencia acertó y ahora se les vino una ingeniosa idea para poder seguir con el dominio de esta industria y con miras mundiales. Pepito, el más honesto de ambos, decidió dejar su posición y en el proceso más de 500 millones en compensación para ahora ser parte del sector público y ayudar al país como presidente del Tesoro.

Esta gestión es un acto celestial en el cual un empresario, de este nivel y esta compensación, renuncia a su carrera empresarial y a este megasalario para poder servir al pueblo a cambio de un salario que no representa ni 10% de su ingreso actual. Bueno, por lo menos esto es lo que pretende que creamos, ya que aparte de evadir millones en responsabilidad tributaria con este cambio, esto significa que tendrá la llave del Tesoro para poder apoyar a la corporación que con tanto esmero fundó.

Una vez al mando, y con un títere en la Casa Blanca a su disposición, empezaron a solicitar subsidios megagigantes para poder financiar la producción de todos los ingredientes que llevaba esta bebida energizante y de esta forma incrementar los márgenes de ganancias.

Pepito también ayudó a reformar el marco tributario para que CHEPE Corp. solamente pagara un porcentaje nominal sobre las ganancias reportadas. A esto le agregó complicadas gestiones tributarias que le permitían a CHEPE Corp. evadir más impuestos sobre sus ganancias.

Pepito, con su destreza para poder convencer, hizo que también el títere desregulara completamente la industria de bebidas energizantes, lo que le permitió incrementar la dosis de ese ingrediente que causa cáncer.

Chepito, por su lado y ante la presión de seguir reportando ganancias, decide incorporar a CHEPE Corp. en Luxemburgo para poder evadir impuestos y mantener la mayor parte de las ganancias fuera de la zona americana, en donde pudiera ser expuesta.

Chepito, como gran líder y para mostrarles a sus subordinados su compromiso, decide solamente pagarse un dólar de salario al año. Justifica esta gestión haciendo el comentario de que su remuneración es en proporción al valor que presten sobre la compañía y en retorno sobre el aumento en el valor de sus acciones.

Un cuento en la amplia imaginación de Chepito, ya que la razón principal de esta gestión es para poder canalizar toda compensación como ganancia sobre capital y de esta forma solamente pagar 15% sobre los miles de millones de dólares en compensación.

El evadir impuestos y manipular todo lo que está al alcance de lo que el dinero puede comprar les genera más ganancias, las cuales se representan en miles de millones de ganancia para todo el que está involucrado en promover y vender estas bebidas, excepto los que ayudan a fabricarlas. A estos, los trabajadores, cada vez se les exige trabajar y producir más sin ningún aumento salarial, y se sienten frustrados al ver a la compañía y sus directivos disfrutando de los beneficios del nivel histórico en ventas, pero ellos no.

Muchos de ellos ven cómo la bolsa de valores, la economía y sobre todo las compañías están aprovechando a lo grande todas las ganancias reportadas en su último trimestre. Ellos no se pueden explicar cómo es posible que esto esté pasando cuando ellos no tienen ni un 20% de enganche ahorrado para poder comprar casa. No poseen ahorros, no se pueden dar un viaje y solamente tienen quince días de vacaciones al año.

Muchos de ellos se han visto forzados a divociarse para que la esposa pueda obtener asistencia alimenticia y seguro de salud.

Por otro lado, con el pasar del tiempo, la cantidad de quejas por parte de consumidores de estas bebidas energizantes ha aumentado en proporciones bíblicas. Y al no tener ningún vendedor de aire que esté dispuesto a divulgar algo real que afectaría a unos de los principales clientes, los consumidores deciden hacer uso del Internet para poder divulgar lo que los medios de comunicación convencionales eligen ignorar.

Al parecer tienen presión al intentar subir estos videos a Internet, ya que un jovencito de nombre Aaron Swarts está perdiendo una batalla que significaría no tener medios para poder divulgar esta noticia.

En estos videos, que están por toda la red social y en diferentes idiomas, se muestra a consumidores de esta bebida energizante perdiendo más piel que los adictos a la droga rusa Cocodrilo. Esto llama la atención de Chepito, ya que debido a estos videos muchos de sus consumidores han parado completamente de comprar y esto ha tenido un impacto en las ventas trimestrales de la compañía, y ha impactado negativamente el precio de su acción.

Las gestiones siguen y Chepito y Pepito mueven por ambos sectores, público y privado, los hilos para que el calor de CHEPE Corp. no baje. A Chepito se le ocurre una brillante idea. Como sabe que para poder incrementar el valor una compañía se pueden gestionar dos cosas fundamentales, que son incrementar sus ventas o ahorrar, y que la primera no es factible, decide optar por la segunda: ahorrar en todo lo que incremente su margen de ganancia.

Decide contactar a un alto funcionario en Bogotá para poder explorar la posibilidad de exportar todos estos trabajos a Colombia sobre el nuevo Tratado de Libre Comercio. Para llevar esto a cabo, se le ofrece un incentivo que el funcionario no puede rechazar, a cambio de abrirles el camino para que el costo de trabajadores ronde entre los $250 al mes y puedan trabajar quince horas al día.

Al ser una economía emergente y este incentivo imposible de rechazar, el funcionario decide organizar una ronda de prensa para informarles lo brillante que ha sido al gestionar una sociedad de más de 2000 fuentes de empleo con una compañía americana. Pero ignorará comentar sobre las leyes laborales que él ayudará a eliminar a cambio de unos cuantos millones de dólares en su cuenta en Islas Caimán.

Una vez concretado este acuerdo, Chepito envía un correo a la directiva de CHEPE Corp. en el cual se les informa a los trabajadores que debido al bajo nivel de ventas efectuadas en el último trimestre y al agobiante ambiente hostil que el gobierno está presentando, la directiva se ha visto forzada a despedir al 90% del personal. Se les orienta que por favor retiren todas sus pertenencias personales y se les agrecede por su colaboración y esfuerzo.

Luego realiza una llamada a su exsocio Pepito, para informarle sobre lo acontecido y para que ambos analicen la posible ayuda que CHEPE Corp. tendrá que solicitar para rescatar los ahorros de todas las personas que han creído en la magia empresarial de estos dos capitalistas. Pepito sabe que tendrá que darle la cara al congreso y ganarse el voto de ambos partidos para que el títere... perdón, el presidente, apruebe este rescate económico que vendrá de la misma gente a la cual acaban de despedir.

Chepito regresa a USA y encuentra una compañía al borde de la quiebra al haber descubierto que los efectos secundarios de los cuales temían al lanzar esta bebida energizante, son una realidad. Y con ella un inminente desplome en la bolsa. Por un lado, lo llena la preocupación al saber que esto puede significar el fin, pero por el otro lado está más que satisfecho ya que durante su viaje a Bogotá, Colombia, pasó a realizar unos depósitos a sus cuentas de Barbados y a visitar a su amante, una modelo de diecinueve años de edad y de procedencia checa.

La tensión cada vez aumenta más y las preocupaciones crecen con las protestas encabezadas por los más de 2000 trabajadores que sin clemencia fueron despedidos y ahora exigen al gobierno que por ninguna razón rescate a CHEPE Corp. Exigen que dejen correr el destino de los mercados, ya que en el capitalismo puro el sistema se corrige a sí mismo.

Chepito y Pepito tienen control absoluto de ambos sectores y no pretenden bajar la guardia ante la oportunidad de doblar sus fortunas.

Ambos se encargan de crear miedo y exigirle al gobierno un rescate para poder salvar el ahorro de toda una vida productiva de estos maestros y un desplome en la bolsa. Pero muy dentro saben que lo único que les importa es poder doblar sus apuestas.

El presidente y el congreso aprueban el paquete de rescate, lo cual asegura financiamiento por parte de CHEPE Corp. para las próximas elecciones. El resto del país está enfurecido al saber que esta ayuda agrega a la deuda nacional y no tiene otro fin que enriquecer más a estos capitalistas despiadados, promotores de la mano negra del capitalismo.

La destreza para poder manipular el sistema y la poca decencia de todos sus participantes les da una ventaja competitiva a estos magos empresariales que, a costo del esfuerzo de sus trabajadores y el consumo por parte de las ovejitas que han sido acondicionadas y manipuladas para poder incrementar su adición por algo que tiene efectos secundarios, son las que al final solamente les dan gratificación inmediata a los que ayudan a que esto tome lugar y perjudica la vida de muchos y endeuda al país, hasta darle una mala imagen al sistema.

Esta es la cruda realidad sobre lo que nos ha hecho retroceder. Y se pudieran acreditar los inicios de estas gestiones en el año 1980, el año en el cual arribó a la Casa Blanca el títere corporativo que iniciaría esta bonanza de aflojamiento, que consecutivamente cambiaría completamente el destino de esta gran nación.

Los primeros cambios los notamos en el sector financiero.

Hasta el año 1970, los bancos eran formados por sociedades, y sus miembros cargaban con la inversión y sobre todo con la responsabilidad de cometer un error y fracasar.

En esos tiempos, si por alguna razón la persona encargada tomaba una decisión sobre algo que representaba mucho riesgo, esta era profundamente analizada. Una pérdida representaba una responsabilidad que todos los socios debían asumir.

Esto podía implicar que en una inversión riesgosa, como la que efectuaron durante esta crisis, en vez de acudir al gobierno tendrían que acudir a sus cuentas de banco, sus casas, sus carros; todos aquellos activos que se pudieran rematar para poder cubrir las pérdidas.

Una manifestación pura del verdadero sistema económico en el que creemos: capitalismo.

Pero en 1980 eso cambió. Sobre el nuevo esquema, a los bancos se les permitió ir a la bolsa, ya no eran privados sino públicos, con el afán de poder privatizar las ganancias y socializar el riesgo.

Sobre este nuevo esquema, los bancos podían asumir cualquier nivel de riesgo, ya que lo que se pretendía era sacar un provecho a corto plazo para todos los directivos que estuvieran al mando de la compañía, y hacer cargar a sus accionistas, pero sobre todo al pueblo, con las consecuencias si estas apuestas no funcionaban.

Ahí comenzó esa bonanza de treinta años de desregulación del mercado en la cual emergieron diferentes alianzas entre corporaciones y políticos, en diferentes manifestaciones pero con un solo fin: los intereses propios.

La primera alianza, entre el títere de los ochenta y el CEO de una de las compañías más poderosas y ambiciosas de esos momentos, Merril Lynch y Don Regan.

La primera vez que vimos que un directivo de una compañía de este nivel dejaba su puesto para poder servir al público y sacrificaba millones de dólares en compensación por un salario mediocre en el sector público.

Por lo menos eso pretendían que creyéramos, pero la realidad era que no tenía otro interés que maniobrar al títere para que aflojara su industria.

Este samaritano fue el responsable de promover el concepto de Trickle Down Economics o, como se conoce en español, la economía del goteo. Una teoría en la cual se promueve el dirigir toda ayuda gubernamental o beneficios tributarios a los negocios o las personas que tienen mucho dinero y que, en respuesta, estos negocios y personas adineradas creen empleos para las personas de abajo.

Una teoría que suena muy bien en papel, como el pensar que es justo pagarles menos del mínimo a los meseros, ya que justificarán un buen salario al recibir 20% de la propina dejada por los clientes satisfechos. Como esto nunca ha sucedido, hasta esta administración tuvieron que aumentar el salario de los pobres meseros.

De la misma forma, esta doctrina ha beneficiado durante muchos años a un grupo limitado y exclusivo que en vez de reinvertir todas estas ganancias para que llegue el goteo a las personas de abajo, prefieren aprovechar el bajo costo de mano de obra en otros países, para llevarse con ellos la oportunidad de empleo a todos aquellos que con mucha sed esperan el goteo.

El gran problema con estas doctrinas es que asumen que el ser humano reaccionará de una forma y en la vida real siempre es lo opuesto.

El enfoque primordial bajo esta nueva teoría económica fue modificar el marco tributario para que los dueños de compañías, en vez de reinvertir el capital que hasta este momento invertían en sus compañías, maquinaria, innovación y recurso humano, ahora tuvieran la opción de dirigir todo su capital a la bolsa y de esa forma desviar sus ingresos personales a ingresos que obtenían un trato preferencial y a un porcentaje menor al 20%.

El segundo enfoque fue desregular los impedimentos que hasta este momento le imposibilitaban a una compañía, como la que dejó atrás, invertir a niveles riesgosos con capital prestado sin tener ninguna responsabilidad por las consecuencias.

Con estas dos modificaciones Wall Street liberó al toro para que arrasara cualquier cosa que se le metiera en el camino. Por un lado se beneficiaban de todo el capital al que ahora tendrían acceso, y por el otro cero preocupación sobre los niveles altos de riesgos en los cuales invertirían este capital.

Sobre este nuevo giro el que se vería afectado directamente sería el trabajador, al exigírsele más productividad con el mismo sueldo y la amenaza de que, al no cumplir, su trabajo sería exportado.

La segunda alianza fue en el año 1995. Con el segundo títere que arribaba a la Casa Blanca, sucedió el mismo acto celestial por medio de un banquero: decidió servir al sector público. Robert Rubin sirvió como secretario del Tesoro y años después se integró a la compañía que más se benefició de los aflojamientos que realizó durante su estadía en la Casa Blanca.

Su principal gestión fue que el títere modificara el acta de reinversión comunitaria, o como se le conoce en inglés, Community Reinvestment Act, una prohibición del año 1977 en la cual se les impedía a los bancos utilizar la línea de demarcación o discriminación al ofrecer sus servicios en áreas consideradas de mayor peligro.

Sobre esta prohibición los bancos tenían la libertad de cobrar tarifas más altas en lugares predeterminados como áreas de mayor peligro, que usualmente solían ser altamente pobladas por minorías étnicas.

Los banqueros se agarraron de esta prohibición promoviendo igualdad de derecho sobre el logro del sueño americano. Usaron los medios de comunicación para que revelaran la injusticia que existía por parte del gobierno al tolerar esta discriminación ante personas que tenían el derecho de comprar una casa. No obstante, debajo de la máscara se encontraba la cruda realidad, y esa era luz verde para poderle ofrecer préstamos hipotecarios asegurados por el gobierno a personas que no tenían la capacidad de pagarlas.

El derecho es una libertad, mas nunca representa una obligación.

El aflojamiento de esta prohibición les permitió a estos banqueros ofrecerles hipotecas a personas que no tenían la capacidad de pagarlas sin tener que asumir ningún riesgo. Al final sabemos lo que pasó, las personas perdieron casas que nunca debieron haber comprado y el gobierno tuvo que rescatar a todas estas instituciones a las que se les permitió gestionar estos préstamos.

La tercera alianza ocurrió en 1998, durante la presidencia del mismo títere corporativo que permitió a Citicorp unirse con Travelers para formar el nuevo Citigroup, a pesar de que estuviera prohibido ascender el tamaño de un banco para poder evitar lo que ahora conocemos como el too big to fail. ¿Cómo lo hizo? Cancelando esta prohibición que se conoce como Glass Steagall Act.

Esta prohibición no solamente pretendía evitar el crecimiento de una compañía a este nivel, sino que también le prohibía a instituciones financieras invertir los ahorros de sus clientes en inversiones riesgosas. Con esta excepción, Citigroup tenía el camino libre para engordar su cartelera de clientes y de esta forma involucrar al gobierno en el evento de un error y también podía invertir los ahorros de sus clientes sin clemencia.

La excepción fue pactada por un año, pero para el 1999 estos capitalistas manipularon al títere en la Casa Blanca para que su administración convirtiera esta excepción en ley permanente, sobre lo que se conoce como el Gram-Leach-Bliley Act para reforzar el poder de Citigroup que ahora ya era un godzila, formado por CitiBank, Smith Barney, Primerica and Travelers.

Como si esto no fuera suficiente, en el 2000 la administración del títere en la Casa Blanca aprobó la Commodity Futures Modernization Act, una ley aprobada en el año 1936 que impuso límites a los inversores especuladores para impedirles manipular los precios futuros de las mercancías. Bajo esta nueva ley de modernización de futuros de productos básicos, se les permitía a todos estos inversionistas especular bajo el acuerdo de que ellos sí son lo suficientemente sofisticados para poder intercambiar estas transacciones.

Y, como es de esperar, estos compadres usaron su creatividad e imaginación para crear los famosos seguros contra impago de deudas o, como se les conoce en inglés, Credit Default Swaps. O, como en algún momento los nombró el mejor inversionista de todos los tiempos, Warrent Buffet, armas de destrucción masiva.

Ya para el año 2001 llegó a la Casa Blanca el rey de los Muppets. Y con él se trae un equipo de samaritanos que como acto celestial querían servir al sector público. Dick Cheney, director ejecutivo de una de las compañías transnacionales de yacimientos petroleros más importantes de todo el país, decide abandonar su compañía Halliburton para convertirse en el vicepresidente de la nación. A él se le suma Henry Paulson, el distiguido exdirector de la compañía más grande de inversiones en el mundo, Goldman Sachs, que asume la posición de secretario del Tesoro. Como dicen por ahí: «Junta de lobos, muerte de ovejas».

Solamente pasaron ocho meses antes que se gestionara el primer acto en el cual autocrearon una demanda para sus productos.

Después del incidente del 9/11 esta compañía, como por acto de magia, recibió el derecho de un contrato de más de mil millones USD en Irak. Muy sensato el permitirle a ocho locos suicidarse y en el proceso terminar la vida de 3000 inocentes, y después usar esto como justificación para poder crear una demanda descomunal para todas las compañías de armamento en USA y asegurarle un contrato multimillonario y exclusivo a la excompañía del señor vicepresidente.

La culminación fue en el 2004, cuando el CEO de la firma Golman Sachs, Henry Paulson, le solicitó al SEC una excepción sobre el apalancamiento de los fondos que podían invertir, su compañía y todas las demás de su nivel, que para ese entonces ya eran considerados too big to fail. La famosa concesión más grande que se había otorgado hasta este momento, The Bearn Sterns excepción. Una concesión en la cual se le permitía a esta casa de inversión, Bearn Sterns y las otras cuatro a su nivel, poder apalancar el dinero en reservas de 12:1 a 40:1.

Hasta este momento, estas casas de inversión solamente podían apalancar doce veces por cada dólar en su poder. Por ejemplo, para poder efectuar con apalancamiento una inversión en la cual se requerían 12 millones, necesitaban tener aproximadamente 1 millón en reservas.

Sobre este nuevo esquema, les permitiría hacer inversiones de hasta 40 millones con solamente tener el mismo millón en reservas.

El gran problema con esto es que no deja margen de error. Un simple mal cálculo y todo el dinero apalancado estaba en riesgo y muy difícil de repagar.

Después de esta excepción y de haber involucrado a su equipo de ventas en toda aquella inversión tóxica que representara ganancias inmediatas con consecuencias a largo plazo, decidió integrarse al equipo del rey de los Muppets para tener acceso total al dinero del gobierno y empujar el rescate económico más grande de la historia en la cual su compañía recibió el mayor beneficio.

A estas sociedades corpolíticas les podemos agregar las compañías tabacaleras, las de armamento, las farmacéuticas, NAFTA, las de cultivo, las productoras de alimentos, las de tecnología durante la burbuja tecnológica, todas con el mismo esquema de manipular a los políticos para que maniobren y sacrifiquen a sus ciudadanos para poder beneficiarlos a ellos solamente y garantizarles cero riesgo.

Treinta años de aflojamiento, alianzas y sobre todo corrupción en El molino de oro.

Estas garrapatas nos hacen pensar que estas alianzas son necesarias para el mejoramiento del país. Pero muy adentro de ellos saben que el único mejoramiento que estas alianzas representan es el incrementar las riquezas personales de sus socios y nadie más.

Su único afán es apoderarse completamente del poder político para poder maniobrar a su mejor conveniencia toda aquella gestión que les permita incrementar sus ventas y protegerlos ante una pérdida en la cual el gobierno los tendría que salvar.

Estas gestiones no son nuevas, pero nunca antes habían escalado a tal nivel ni mucho menos estaban dispuestas a destruir completamente a la nación. En estas ocasiones sí.

Y como se debe anticipar, estas alianzas siempre culminan en pérdidas y echándole la culpa a otros. Pero con miles de millones de ganancias para sus directivos y para las personas que, me imagino, asignan estos políticos como beneficiarios de la tajada que les toca a ellos.

La primera crisis causada por estas alianzas ocurrió en el año 1991, durante la famosa crisis de los Savings and Loans S&L. Una crisis en la cual les bajaron los requisitos a los bancos para que pudieran usar dinero de sus clientes para realizar inversiones riesgosas.

Al final reventó esto y el gobierno salvó a estos bancos e hizo que el pueblo se comiera las pérdidas, que fueron de aproximadamente 124 mil millones.[12]

Tengo muchos clientes que vivieron esta crisis en carne propia, y les suelo preguntar qué fue lo que pasó. La respuesta siempre es la misma: recuerdan cómo en esos momentos las casas también bajaron de precio como ahora en el 2008.

La respuesta nunca está respaldada por una explicación de cuál fue la razón que llevó a esta crisis. La persona promedio no entiende de estas cosas, y aunque le afecte el bolsillo, la única explicación que suele recibir

---

12   http://www.fdic.gov/bank/analytical/banking/2000dec/brv13n2_2.pdf

es por los medios de comunicación, que en la mayoría de los casos están manipulados por los mismos que causan las crisis.

Después de estas crisis y de la reacción del gobierno, estas garrapatas se dan cuenta de que este esquema funciona a la perfección: encontrar un sector para especular, en el cual se pueda ganar mucho dinero a corto plazo, con la garantía de que las consecuencias a largo plazo las asumirá el gobierno al estar totalmente involucrado por las fuentes de empleo que se pueden perder, o las pérdidas que los inversionistas puedan sufrir, o el impacto que pueda tener en la bolsa; todo esto les da una garantía al simplemente amenazar al gobierno de que el rechazar un rescate significa un Armagedón.

Un rescate económico por parte del gobierno solamente debería ser aprobado una vez que hayan sido meticulosamente analizadas sus consecuencias y después de haber confirmado que la compañía actuó con responsabilidad.

En el capitalismo puro, sucede que si una compañía falla no existe rescate económico. Solamente la seguridad de que el sistema le dará a uno la oportunidad de poder reiniciar.

Yo no tengo ningún respaldo sobre ninguna gestión en la cual tome decisiones empresariales y me lleven a la quiebra. Y el único rescate que puedo esperar es de otro inversionista u otra compañía que vea beneficio en invertir en mi compañía.

Por ejemplo, como ha ocurrido en el sector privado y debería ser el modelo a seguir: si una compañía privada está en problemas, el mercado debería ser el único que la pudiera rescatar, ya que el mercado nunca estaría dispuesto a salvar algo que no tuviera potencial.

1987: Warren Buffet rescata a Salomon Brothers con una inversión de 700 millones en la cual ambos recibieron beneficios sin involucrar al gobierno.[13]

1997: Microsoft inyecta más de 150 millones en la compañía Apple para poder rescatarla. Este es un buen rescate que trajo beneficios para ambas compañías y no involucró al gobierno.[14]

En estos dos rescates el capitalismo puro se manifestó al involucrar solamente a sus participantes, sin esperar ningún apoyo por parte del gobierno, conscientes de que el estar en esta situación fue un producto de sus decisiones y no culpa del pueblo.

Por otra parte existen rescates económicos en los cuales el gobierno se ve forzado a participar, pero existe campo para poder justificar su participación, que en la mayoría de los casos es pérdida de empleos.

1980: el gobierno rescata una compañía automovilística, Chrysler, con más de 2 mil millones tratando de prevenir miles de empleos, que se perderían con el cierre operativo de esta compañía. Aquí también considero que aunque fue culpa de los directivos al no saber maniobrar el destino de su compañía, la pérdida de estos empleos ameritaba esta nominal inversión.[15]

1995: cuando el gobierno americano rescató a México con una inversión de más de 40 mil millones para prevenir un impacto en las más de 700 mil fuentes de trabajo que serían afectadas por esta caída.[16]

Septiembre 2001: después del ataque terrorista en New York, el gobierno rescata a la compañía US Airlines con una inversión de más de 15 mil millones a

---

13   www.businessweek.com/ss/07/12/1217_bailouts/index_01.htm

14   idem

15   idem

16   idem.

costo del pueblo. En este caso, aunque se critica que independientemente de la ayuda la compañía no pudo seguir operando, considero que fue justificado por los actos terroristas que causaron pánico e impactaron las ganancias de esta aerolínea.[17]

Por otra parte existen los rescates, que deberían ser prohibidos ya que rescatan a los culpables a costo de inocentes y en el proceso hipotecan el futuro de nuevas generaciones; como recientemente experimentamos durante esta crisis del 2008.

2008: AIG, la mega aseguradora de Credit Default Swaps sabía o debió saber lo que implicaba el asegurar las apuestas de estas casas de inversión. Por estar tan interconectado el sistema financiero, el gobierno no vio otra salida más que rescatarlos. No obstante, los directivos de esta compañía debieron por lo menos ser juzgados para dejarle claro a las futuras generaciones de capitalistas despiadados las consecuencias. Lastimosamente no fue así.

2008: Bear Stearns, la casa de inversión que apostó sin medida en CDO subprime. Esta compañía y sus encargados apostaron sin clemencia todo capital que tuvieron a su alcance en estas cajitas de inversión, que en su mayoría traían hipotecas subprime. De la misma forma que AIG, se le tuvo que rescatar y juzgar a sus encargados, pero no fue así.

2008: TARP, el paquete de rescate económico más grande de la historia. 700 mil millones para poder estabilizar a las instituciones financieras que prefabricaron esta crisis y responsabilizaron al pueblo de sus errores. Lastimosamente, esta fue la única forma de estabilizar al sector financiero y de no hacerlo el país hubiese entrado en pánico a niveles de 1929. El

---

[17]   idem.

problema es que a las personas que causaron la crisis les benefició en mayor proporción este paquete de estímulo económico, ya que les garantizó el seguro sobre las inversiones tóxicas que realizaron, aparte de sus bonos, y sobre todo les permitió salir ilesos y con miles de millones en sus cuentas offshores.

En cada una de estas ocasiones el mismo concepto prevaleció: un sector a explotar sobre unas apuestas riesgosas, en la cual a corto plazo se generaron muchas ganancias, pero a largo plazo se sabía que las pérdidas las tenía que asumir el gobierno. El rescate en sí fue necesario para poder estabilizar la economía. No obstante, ninguno de los directivos al mando de estas compañías fue juzgado ante la ley para poderle dar un escarmiento a esta camada de capitalistas con mano negra y de esta forma establecer una plataforma para que todo aquel que así actuase supiera las consecuencias. Pero no fue así y cada uno de estos capitalistas con mano negra salió ileso y con miles de millones como compensación.

Todas estas gestiones dan un cambio drástico al rumbo de la nación.

La nueva economía se redefine bajo este nuevo esquema en el cual estos magos empresariales y financieros determinaron la naturaleza. Establecieron que los ciudadanos no eran humanos, sino ganado. Ante sus ojos, y para que su plan se pudiera ejecutar, las corporaciones eran los verdaderos humanos.

De esta forma no solo cambiaban las prioridades sobre a quién se le debería proteger, sino que les daba la oportunidad de administrar al país como si fuese una megacorporación.

Sobre este nuevo esquema se elimina completamente el sentimiento de la ecuación, y el enfoque se centra completamente en el resultado final de toda compañía: ganancias.

Y sobre este nuevo esquema es que los magos empresariales están dispuestos a destruir cualquier cosa que tenga sentido, con el único afán de incrementar el valor de las acciones de sus compañías.

Esto da margen para que la nación migre de sus esfuerzos de sensatez a estupidez, de lógica a fantasía, de fabricar a vender, de producir a consumir.

Se reemplazan las fábricas por los centros comerciales. El enfoque cambia de largo plazo a corto plazo. Se tiene al accionista como prioridad y no al trabajador que ayuda a producir y que verdaderamente estimula la economía, ya que se gasta todo el dinero que gana.

Al permitirle a estas compañías alcanzar estos niveles de control, en los cuales se apoderan completamente de cualquier mercado, protegiéndose bajo las faldas de las corporaciones, recibiendo favores de los títeres que tienen en el gobierno, involucrando miles de millones de pensiones, y sobre este nuevo esquema en el cual no ven a los humanos como tal sino como ganado, tienen la disposición de vender u ofrecer cualquier basura. No tienen la mínima preocupación de que las cosas funcionen, sino que generen ventas rápido con la seguridad de que al final, y debido a que tienen a muchos consumidores atrapados, el gobierno está más que involucrado y para frenar una caída o desplome deberá rescatarlos.

Ahora solamente es un asunto de optimizar la producción de esta megacorporación.

El objetivo final de esta megacorporación es triturar el ganado.

Y para el logro de este objetivo tienen como necesidades:

Descubrir un producto o servicio que satisfaga las necesidades o avaricias de sus potenciales clientes. Comida para el ganado.

Establecer un proceso que incremente la eficiencia de la producción. Un sistema para poder arrear la mayor cantidad posible de ganado.

Contratar personal que tenga la destreza de ejecutar los objetivos de la compañía. Vaqueros con la capacidad de arrear al ganado.

Producto: El gran reto es encontrar comida que le guste a este ganado, que lo engorde y que voluntariamente se lo quiera comer.

Consumo conspicuo: Obtener cosas materiales con el afán de establecer un status ante la sociedad, pensando que de esta forma alcanzaremos una felicidad completa.

La sociedad nos dice que para poder ser felices debemos lograr el estilo de vida de las personas que ellos denominan felices: artistas, actores, animadores; toda aquella persona rica en posesiones materiales.

Sobre su propuesta, la única manera de alcanzar la felicidad verdadera es teniendo cada una de esas posesiones materiales de que ellos presumen: mansiones, aviones, yates, carros exóticos, cuerpos perfectos, las celebraciones estelares, lo último en moda, salarios excesivos y, sobre todo, poder.

El ganado acepta esta propuesta y voluntariamente entra a lo que se denomina la carrera de la rata, the rat race, keeping up with the joneses. Todos están dispuestos a realizar cualquier gestión con tal de poder alcanzar la felicidad que lo material pueda traer.

Un arte dominado a la perfección por las compañías de multinivel. ¿Alguna vez han asistido a una presentación de estas compañías en las cuales el presentador es un supuesto millonario que relata su experiencia, en la cual de la nada y por medio de la oportunidad que le brindó esta compañía de vender aire y convencer a miles más a vender aire, llegó a la cima del éxito?

Esto impulsa a miles de burros a seguir este sendero y en el proceso vender a su madre con el único afán de poder alcanzar los mismos logros. Lo primero que se les exige a estos burros es asimilar la buena vestimenta, comprarse un carro del año, y siempre mantener el optimismo ya que la imagen, no los productos que ofrecen, son la clave del éxito.

La mayoría de estas personas aceptan esta doctrina y se endeudan sin temor a las consecuencias. Una vez endeudados, los responsables reaccionan bien trabajando y capacitándose para hacer bien las cosas.

La mayoría solo aplica la primera doctrina e ignora la segunda. Se endeudan y piensan que al lucir bien el dinero les caerá del cielo. Una vez que se dan cuenta de que no es así, inicia el proceso de hacer cualquier cosa para poder mantener este estilo de vida. Sin misericordia de lo que esto implique para el cliente al que le están vendiendo algo.

Yo me comí esta doctrina del consumo conspicuo y fui una de sus fieles presas por unos cuantos años, hasta que desperté. Mi exsocio es un genio en el multinivel y durante nuestra sociedad trató de implementar uno de los factores fundamentales en el multinivel: aparentar.

Mi experiencia personal en la carrera de la rata:

Un año después de haber sobrevivido a las adversidades que presenta una escuela tan mal administrada como lo fue Inglewood High School, decidí integrarme a la fuerza laboral con el afán de poder comprar un carro y tener suficiente dinero para poder cubrir mis necesidades, que en ese momento no excedían los $200 al mes.

Por medio de mi entrenador de fútbol, al cual le convenía que yo tuviera los fines de semanas libres para poder participar en los juegos, conseguí mi primer trabajo en una compañía que se encargaba de reproducir todos aquellos documentos legales de los bufetes más importantes en Los Ángeles.

Situada en el corazón del downtown Los Angeles, 2da. calle y Hill, la compañía ofrecía tres turnos, uno matutino, otro por la tarde y el tercero de noche. Yo, por ser nuevo, fui asignado al segundo turno de horario, en el cual se trabajaba de una de la tarde a diez de la noche.

Para poder llegar a este lugar tenía que tomar el bus antes de las once, en el centro de Inglewood y quedarme en la calle Broadway aproximadamente a las doce y treinta, lo cual me permitía llegar a tiempo ya que la oficina estaba solamente a tres cuadras de la parada del bus.

El gran problema era el regreso, ya que el último bus pasaba a las once de la noche y me dejaba a las doce y treinta en la calle Brea. De aquí a mi casa me tomaba casi cuarenta y cinco minutos caminando.

El llegar frecuentemente a la una de la mañana y tener que levantarme con el constante ruido de mis tres hermanos pequeños, en una apartamento de una recámara, era horrible.

Pero más horrible era el hecho de tener que regresar del centro de Los Ángeles los viernes y los sábados por las noches.

Estar parado en la calle Broadway y 2da. a las once de la noche y ver pasar a todos los jóvenes en sus carros con sonidos y los aros de moda, gozando y gritando antes de entrar a uno de los múltiples centros de entretenimiento, era muy difícil de digerir al pensar que esa oportunidad no existía para mí.

Frecuentemente, me sentaba en la parte de atrás de la banca para evadir los líquidos y basura que usualmente nos arrojaban a los desdichados que esperábamos miserablemente el bus en esa esquina.

Durante esos momentos siempre solía estar de mal humor, consideraba imposible el poder ser feliz en esta situación y lo corroboraba con el resto de los que ahí me acompañaban en mi desdicha, al ver sus gestos que manifestaban fracaso.

Yo sentía que los que pasaban en sus automóviles de lujo con música y un destino, eran felices, y que la única forma de poder alcanzar esta felicidad era con los mismos logros.

Pensaba que esos logros materiales me traerían mucha satisfacción y una felicidad completa. Y sobre esto enfoqué todas mis energías en los años posteriores.

Diez años más tarde, ya una vez en la cima de lo que anteriormente consideré la cima del éxito, con más de 10 millones en ventas anuales, nueve oficinas en todo el país, más de 300 personas a mi cargo, más de diez propiedades alrededor del mundo y disfrutando de todo lujo que el dinero podría comprar, salgo de mi oficina en la ciudad del Monte con destino a mi loft, ubicado al cruzar la calle del Stapples Center.

Para poder evitar el tráfico congestionado de todos los viernes en la ciudad, decido tomar una vereda y me bajo en la calle Alameda, subo hasta la calle Brodway y giro a la izquierda. Noto un congestionamiento infernal, pero ya no tengo muchas opciones así que decido quedarme en esta calle.

Al llegar a la calle 2da., giro hacia mi derecha y me doy cuenta de que ahí está la banca que hace diez años alojaba mi desdicha de ser pobre e infeliz.

No obstante, me doy cuenta de que la gente que está sentada ahí son en su mayoría jóvenes y están saltando y bailando. Noto que empiezan a tomarme fotos.

En dos segundos me doy cuenta de que no es a mí, sino al Ferrari 430 rojo que tienen a su lado y que lleva adentro al joven que soy yo, en la cima del éxito pero con una cara de cansancio y fastidio al tener tanta obligación sobre mis hombros.

Con todo logro material que el dinero pueda comprar, pero sin disposición ni ganas de querer disfrutarlo por culpa de este sueño americano que cargo encima: un gran sueño y cansancio al tener que trabajar día y noche para poder pagar todas mis deudas y responsabilidades.

Al instante comprendo que debe haber algo malo en esta situación.

¿Cómo puede ser posible que los jóvenes que están sentados en el lugar que en algún momento de mi vida consideré un infierno, estuvieran disfrutando al máximo, y yo, ahora en lo que antes había considerado la felicidad me encontrara con fastidio y repugnancia al tenerlo todo, menos la felicidad?

Me doy cuenta de que algo está mal con esto. ¿Supuestamente yo no debería estar superfeliz? ¿Saltando de alegría? ¿Con una sonrisa de oreja a oreja? Pero no, las cosas no son así.

Me siento cansado, y sobre todo descubro a una edad corta que todo lo que la sociedad nos ha vendido sobre lo que debemos ser o tener es una mentira.

Al haber crecido con muchas limitaciones y después alcanzar logros económicos significativos, yo estuve expuesto al lado oscuro de este sistema que permite y acondiciona a pensar que la única forma de comprobarle al resto del mundo es sobre logros materiales, la única forma de demostrarlo era con todas aquellas cosas materiales que consideré dignas de respeto.

Y no se los voy a negar, el conducir un Ferrari, portar un Rolex presidencial, unos Ferragamos y un saco Zegna, y más de $5000 en efectivo en el bolsillo, dan un nivel de respeto ante mucha gente. Lastimosamente, vivimos en una sociedad consumista que te juzga no por tus valores sino por tus logros materiales.

Como dicen por ahí, Dios es tan lindo que ve el interior de las personas; el resto, solamente ve su exterior. Y en esos momentos y al ignorar muchas cosas, yo también consideré que todos estos logros materiales me iban a traer la felicidad absoluta y más mujeres.

Pensé que el tener un loft en la ciudad, carros exóticos, ropa de marca, una casa en las montañas y dinero a mi disposición me traería mucha felicidad. Pero todo parecía indicar lo opuesto. En un carro de este nivel lo único que se me pegaban eran las strippers. Los amigos que tenía eran plásticos con un interés económico.

Al final del día solía pasar solo en mi loft o en la casa de siete cuartos. Solo. Sin deseo de querer ver a nadie ni mucho menos querer compartir con nadie. Las únicas personas con las que me interesaba convivir eran aquellas a las cuales consideraba más inteligentes o ricas que yo. Con el único afán de obtener un beneficio.

Todo en mi vida era medido en términos de costo de oportunidad.

Me di cuenta de que tenía cosas en exceso, que nunca usaba. Usualmente solía salir de compras cuando me encontraba aburrido y las realizaba en tiendas exclusivas. Era muy común ir, por ejemplo, a la zapatería Ferragamo y buscar un modelo de mi agrado y escoger cinco o más de estos modelos, en todos los colores. Lo mismo ocurría con los sacos de vestir, jeans y camisas, etcétera.

Lo curioso es que nunca me los ponía porque usualmente no tenía deseos de salir. Siempre me encontraba cansado. Y cuando me los quería poner, ya habían pasado de moda y tenía que comprar nuevos.

Me di cuenta de que las personas a quienes quería impresionar ahora con los logros materiales, se asombraban, pero no dejaban de pensar lo que en algún momento pensaron de mí: mojado o indio, solo que con dinero.

Tenía todo lo material, menos una paz interna al no poder parar de trabajar para poder sostener este presupuesto de $50 000 en gastos al mes.

Con el pasar de los tiempos empecé a conocer a personas que en realidad tenían mucho dinero y descubrí que su secreto era el ser sencillos, ahorrativos, o «frugales», como comúnmente se le denomina.

Vestían normal, conducían automóviles normales, nunca seguían ninguna tendencia, y sobre todo no estaban tan preocupados de ser o no aceptados ya que lo que importaba era su paz interna.

No obstante, sus prioridades sí las tenían bien definidas y usualmente invertían mucho en la formación de sus hijos, vivían en casas modestas pero siempre en buenas áreas y esto con el afán de que sus hijos se relacionaran con personas de su mismo intelecto. Invertían, ahorraban, pero sobre todo planificaban. Nunca compraban algo innecesario. En sus casas solamente tenían uno o dos televisores, y apoyaban mucho a sus hijos en los deportes y en la formación.

Por ejemplo, el papá de mi compañero de juego era dueño de la marca de zapatos para niños, Brooks. Una casa inmensa en Beverly Hills con cancha de fútbol, tenis y basketball en su yarda. Él vestía normal y conducía un carro viejo que le había regalado su papá. Usualmente solía comprar zapatos de fútbol de 30 dólares.

El padre de otro amigo que vivía en Pacific Palisades, era un tycoon en bienes raíces. En su casa tenía más de cinco sirvientes, pero mi amigo usualmente llegaba a las prácticas con camisas rotas y zapatos de no más de 30 dólares.

Al visitar su casa, yo me deslumbraba por el diseño de sus interiores y la extensa área verde. Gente que conducía carros promedios, no exóticos.

Mi amigo peruano, Raúl Diez Canseco, hijo del exvicepresidente de Perú, tenía más de 100 millones en el banco y vivía en un pequeño departamento en Lima, vestía sencillo y se transportaba en una pequeña motocicleta.

Después de hacer un tour con este compadre por toda Lima y de saber que tenía ese dinero en su cuenta de banco al ser el dueño de toda la franquicia KFC en Lima y dueño de la mejor universidad de toda Lima, San Isidro, me asombró su método de transportación, su moderado apartamento y su forma sencilla de vestir, pues era lo opuesto a la imagen que tenía de ser rico. Este asombro me impulsó a preguntarle por qué no manejaba algo mejor, y también le pregunté si vivía en un mejor apartamento o si vestía de acuerdo a su estatus social. Él me respondió: «En este país, con el nivel de desigualdad que existe, el que yo luzca algo que la gran mayoría de los ciudadanos nunca tendrán la oportunidad de obtener es una escupida a la pobreza. A este nivel ya no tengo a nadie a quien demostrarle lo que tengo».

Los verdaderos millonarios no muestran lo que tienen, porque no quieren que nadie lo sepa.

En Latinoamérica para que no los rapten y los roben; en USA para que no les caiga el IRS.

Somos los que no tenemos los que deseamos a los cinco vientos que la gente sepa de lo que carecemos. Una dama nocturna salvadoreña me comentó en los años noventa: «Dime de qué presumes y te diré de qué careces».

Y es precisamente esta avaricia por los logros materiales la que nos ha impulsado a vivir sobre nuestras posibilidades a todo costo y sin tenerle miedo a las consecuencias.

Como dicen por ahí: compramos cosas que no necesitamos, con dinero que no tenemos, para impresionar a personas que no nos agradan. Comprar una casa que no podemos pagar. Un carro que no podemos pagar. Asumir deudas que nunca podremos pagar. Todo con el afán de poder mantener nuestro status ante la sociedad.

El problema con esta situación en la que una persona desea vivir una vida insostenible es que el día en que las cosas se complican o que no entra el suficiente dinero, estas personas están dispuestas a realizar cualquier cosa con el afán de poder sostener esa vida lunática.

Es también el dilema de la gran mayoría de strippers. Al inicio de su carrera, con una edad promedio de diecinueve años, entran a esta carrera que promete dinero rápido y fácil. Después de obtener este dinero rápido y fácil y sin tener que hacer muchas cosas indebidas, deciden asumir una vida insostenible para poder justificar el sacrificio.

El problema se da cuando los ingresos no son suficientes para poder sustentar esta vida y esto las impulsa a hacer cosas indeseables y peligrosas.

Una vez que se cruza esta línea, se pierde la dignidad y sobre todo el alma. Entonces tienen que adormecer el consciente y seguir haciendo cosas que les den suficientes ingresos para sostener su vida insostenible, con la única esperanza de que llegue un príncipe azul o que se mantengan en forma para que las nuevas integrantes no las saquen.

Este es el mismo impacto que tiene en la mayoría de estas personas que desean vivir por encima de sus posibilidades.

De la misma manera, esto tiene un impacto económico. Alguien tiene que salir herido por las cosas que estas personas están dispuestas a hacer para poder cubrir estas vidas insostenibles. ¡Pregúntenles a los inversionistas que se dejaron vender porquerías de estos hedge managers! ¡O a las personas que asumieron préstamos en los cuales los Mortgage Brokers sabían que no podrían pagar! ¡O a los inversionistas que se dejaron persuadir por Stock Brokers sobre una nueva compañía que apostaba a un crecimiento explosivo, pero al final solamente explotaron sus pérdidas!

O a los primeros compradores, a quienes llenaron de optimismo sobre el potencial crecimiento en valor de una casa cuando los Real Estate Brokers sabían que no era así.

O a los consumidores que compraron todo lo que salió de moda con tarjetas de crédito y sin tener el suficiente ingreso para poder repagar estas deudas.

En cada una de estas posibles ocasiones me atrevo a comentar que las personas sintieron un nivel de culpabilidad, pero al recordar que de estas decisiones dependía el poder sostener este nivel de vida insostenible, tuvieron que tragarse su dignidad.

La mayoría de estas personas rehúsa enfrentar la realidad. Quieren seguir viviendo en un mundo de ilusión, a costa de gestiones que perjudican a largo plazo. Viven en un mundo gratificante a corto plazo a cambio de algo que los hundirá a largo plazo.

Yo, gracias a Dios, hoy puedo acreditar esta sensatez a la fortuna de haber nacido pobre, no me costó ningún esfuerzo el poder ajustar mis pretensiones de acuerdo a mis ingresos actuales. Y en mi caso, a diferencia de muchas personas, todo logro material que pude alcanzar lo realicé porque mis ingresos en ese momento me lo permitían. No tuve que endeudarme o prestar o cualquier cosa que lastimosamente otras personas actualmente tienen que hacer para poder mantener este estilo de vida.

No todos tienen la misma dicha de despertar y darse cuenta de que este alimento que nos venden no es bueno para la salud.

Y aquí es donde las compañías salen y ofrecen sus servicios sin clemencia:

Reporte de crédito: $25

Costo de aplicación: $125

Costos de financiamiento: $4000

Diarrea y vómito al confirmar, tras el primer cobro de pago, que fue uno de los errores más grandes de la vida asumir una deuda que no se podrá pagar: no tiene madre.

Para todo lo demás existe el crédito.

La gran mayoría de las compañías que se benefician de esta nueva plataforma aprovechan la oportunidad sin clemencia y nos ayudan a saciar la sed de nuestra avaricia.

Emisores de tarjetas de crédito:

Las compañías de tarjetas de crédito ahora aprovechan esto, y con el apoyo de Ginnie Mae dan créditos sin medida.

Y a todos, sin discriminar, porque cuando se trata de dinero no hay por qué discriminar. Todos somos del mismo color: verde.

Le dan crédito a cualquier persona sin verificar su capacidad de pago.

¿Zapatos que no pueden pagar? No hay problema. ¿Un viaje que no puedes pagar? No hay problema. ¿Una cena en uno de los mejores restaurantes para presumirles a tus amigos? No hay problema.

Atacan los nidos: los colegios comunitarios, las universidades y lugares de las personas que consideran ignoran el uso del crédito y les gusta gastar. El candidato ideal.

Para poder confirmar su autenticidad, les otorgan un monto inicial con términos favorables durante los primeros meses de prueba. Ya una vez confirmados, les sueltan más crédito, sin medir ni verificar y con la esperanza de que gasten sin clemencia.

En el contrato que nadie lee, se otorga el permiso de poder compartir la información de uno entre compañías, y de esa forma saber si uno es el candidato ideal. En caso de serlo, otras compañías también pueden enviar ofertas. Pero, si por alguna razón se activa una de las múltiples señales de riesgo, todas pueden cortar el crédito. Es lo que comúnmente se conoce como Universal Default.

Si uno gastó más de lo debido, y le cobraron este recargo, para poder evitarlo en el futuro, simplemente incremente su crédito disponible. Lo único que toma es una llamada, y la respuesta a dos preguntas. ¿Su crédito se mantiene bueno? ¿Cuál es su nuevo ingreso anual? Sin tener que verificar ninguna de las dos respuestas.

Y es como para no preocuparse por gastar, pues al recibir el cobro, hasta el año 2010, solamente le mostraron el pago mínimo. Nunca el tiempo que tomaría pagar esta deuda ni mucho menos la deuda real.

Con esta facilidad de aprobación y de repago, las presas usan el plástico más frecuentemente que los trabajadores de los centros de reciclaje. Tienen más tarjetas de crédito que tarjetas de presentación. Y la usan como pastillas de chiquitolina ante el estrés, el aburrimiento y, sobre todo, la avaricia.

El que no las usa es considerado como un Dead Bee, o una persona que nos les representa ningún beneficio, ya que solamente usa lo necesario, paga a tiempo y siempre cancela al final del mes lo que gastó. Como debe ser.

Bancos hipotecarios:

Con este proceso de titulización en el cual les permite esconder el riesgo de estas hipotecas a los inversionistas, los bancos tienen la oportunidad de ofrecer préstamos hipotecarios a personas que desean comprar o personas que desean sacarle dinero a sus casitas, sin tener que asumir el riesgo de las consecuencias.

Esto implica que a una persona que gana $1200 al mes, le otorguen un préstamo de $500 000 en el cual el pago mensual le quedará de $4000 sin incluir impuestos y seguro de incendio. Lo único que necesitan para aprobarlo es que tenga pulso. Si no tiene seguro, se le consigue. Crédito no importa. Y para poder verificar el ingreso necesario solamente lo tiene que confirmar por teléfono un amigo o su hijo.

Las presas reaccionan como se espera: compran casas que están por encima de sus posibilidades financieras y los que ya tienen casa la usan como si fuera un ATM para poder pagar sus deudas de tarjetas de crédito o cualquier deuda no asegurada, ignorando que cada vez que realiza esto se vaporiza la posibilidad de poder pagar esta casa. Y, como es un círculo vicioso, cada vez que tienen la oportunidad le vuelven a sacar dinero sin clemencia para poder pagar otras deudas. Le prestan a Peter para pagarle a Paul.

Préstamos estudiantiles:

Qué fácil es engañar a alguien garantizándole el éxito y el futuro sobre algo que es incierto.

Estas For Profit Schools, que le ofrecen financiamiento al matricular sin antes verificar su capacidad económica para poder pagar estos préstamos estudiantiles, no tienen otro afán que hacer ventas a personas que tienen el deseo de estudiar. Y aunque no lo tengan se los venden, ya que contratan a vendedores, no consejeros, con la estructura de compensación de un vendedor, a obligar sobre este derecho que les garantiza algo que es incierto. Para que se comprenda mejor, analicen la actual situación: ¿Ustedes consideran que la mayoría de estos pobres recién graduados tienen la oportunidad de integrar la fuerza laboral durante una recesión tan profunda como la que hemos experimentado? Las cifras actuales de las deudas de los préstamos ya alcanzaron más de 1 billón.[18] Con más del 14% de estos préstamos en morosidad. Se viene otra crisis.[19]

Salud:

Antes que entre en efecto total el Obamacare, la mayoría de las personas con necesidades médicas prefieren ir a Tijuana y esperan no regresar con tres ojos o con el sobador de barrio. Esto surge ya que independientemente de que aquí están los mejores médicos y cirujanos del mundo, equipados con lo más avanzado en tecnología, es uno de los lugares más pobres en asuntos de seguros médicos.

Es temeroso enfermarnos en USA, ya que sabemos que nos van a curar, pero también nos van a vacunar y el tamaño de esa vacuna es lo que nos va a quebrar.

Sobre este esquema en el cual los costos médicos son excesivos, las compañías han encontrado la forma de poder calificar a la mayoría de las personas a seguros respaldados por el gobierno. Es por eso que, como acto de magia, existen clínicas médicas tan numerosas como las licorerías en áreas pobladas principalmente por personas consideradas de bajos recursos.

Y de la misma forma que la mayoría de las instituciones previamente mencionadas, estas clínicas tienen una estructura similar en la cual están equipadas con un equipo fuerte de ventas y de facturación, para po-

---

18   http://www.federalreserve.gov/releases/g19/current/)

19   http://www.ed.gov/news/press-releases/default-rates-continue-rise-federal-student-loans

der triturar a los pobres pacientes con cobros de nivel cósmico con fondos del gobierno.

Existen numerosas instituciones con similares estructuras que no vale la pena mencionar, pero me atrevo a comentar que somos muchos los que sabemos que existen.

Si estas instituciones no se beneficiaran de los aflojamientos y favores que se han efectuado para que tengan este nivel de agresividad al ofrecer servicios que ellos saben sus presas nunca podrán pagar, yo me atrevo a afirmar que cambiarían la forma en la que ofrecen sus servicios. Sabrían que nadie más que ellos se verían afectados por las consecuencias que sus prácticas pudiera ocasionar.

Pero no es así. Tienen un ganado inmenso y todas las reglas a su favor.

Entonces, al tener el alimento deseado por sus presas, el siguiente paso es encontrar el proceso para poder optimizar la producción y de esta forma ser más eficientes al atraer al ganado.

Proceso: Creación de corrales.

Un corral, por definición, es un espacio en el cual se agrupan varios animales para poder ser triturados. Este proceso le permite a los trituradores organizarse y tener en montos significativos a sus presas antes de triturarlos.

En el caso de las compañías, ya habían tenido éxito al encontrar un alimento que satisficiera la necesidad de su ganado. Ahora solamente era asunto de encontrar un proceso en el cual pudieran reunir en cantidades significativas a sus presas o potenciales clientes.

El tener que buscar una por una era un proceso obsoleto, entonces crearon una forma más eficiente de poder reunir cantidades significativas en un solo lugar.

Primero comenzaron aprovechándose de ciertos días significativos en el año para podernos ofrecer o persuadir a todos los potenciales consumidores.

Días en los cuales salen con todo para podernos vacunar:

Día de las madres
Día de los padres
Día del enamorado
Día de las brujas
Día de acción de gracias
Navidad y año nuevo
4 de julio
El famoso Black Friday

Pero no solamente se agarran de estos días, también aprovechan temporadas del año para poder vacunar más:

El verano
El invierno
La entrada a clases de los niños
La semana santa o spring break de los universitarios

Y si esto no fuera suficiente, para poder aprovechar al máximo posible los 365 días del año, tienen una gama extensa de programación para no soltarnos a ninguna hora:

NBA
NHS
MLB
MLS
NFL
NASCAR
TENNIS
GPA
UFC
Liga española de fútbol
Liga mexicana de fútbol

La champions
Y para nunca soltarnos:
Las novelas
Los reality shows
Los shows de interés personal
Es impresionante el esfuerzo que se realiza para podernos vacunar a toda hora.

Pero como esto solamente les permite aprovechar parte de los 365 días que les gustaría vender, mejoraron el proceso en el cual nos pueden vender casi las veinticuatro horas del día.

Dividieron las veinticuatro horas en tres turnos que aprovechan al máximo para poder implementar su proceso de reunirnos en sus corrales.

Ellos saben que durante el horario nocturno no han encontrado forma de podernos acorralar. Este horario es muerto.

Saben que durante el horario laboral deberíamos estar enfocados en nuestras gestiones laborales. Pero el Internet les ayudó a encontrar la forma.

Solamente queda el tercer horario, el recreativo, todas aquellas horas libres para dedicarnos a algún pasatiempo.

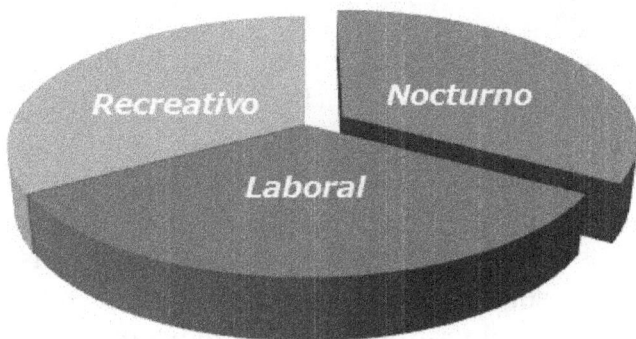

Al dividir el día en tres horarios y con el afán de poder crear un proceso en el cual nos puedan acorralar, todo esfuerzo en este país recae sobre dos cosas: atención e información. Con el objetivo de poder exprimir el dinero que recibimos mensualmente.

Información y atención; dos asuntos por los cuales cualquier persona que pueda mejorar el proceso de colectarlas o captar ambas será siempre valorada, en tiempos actuales y a niveles heroicos a la altura de Abraham Lincoln, George Washington o Neil Armstrong. Ellas facilitan una entrada a lo más deseado en este país, y representa 75% de importancia a nivel nacional. Venta = Consumo.

Atención: es ahí donde los medios de comunicación brillan para poder captar nuestra atención durante el horario recreativo.

Estas horas sagradas en las cuales invierten miles de millones de dólares en producir, contratar y emplear lo mejor en talento para poder capturar nuestra atención y de esa forma podernos acorralar.

Con la excepción de los programas sin fines de lucro, como por ejemplo NPR y PBS, toda la programación de radio, televisión e Internet, vive de auspicios. Todos.

Pero no solamente la radio y la televisión aprovechan estas horas sagradas. A esta lista se les pueden agregar las revistas, periódicos, direct mail y telemarketing.

Ellos saben que deben aprovechar las horas antes de entrar al horario laboral y después antes de llegar a casa. Es por eso que los programas de radio más importantes son aquellos que están en horas pico de tráfico, cuando la gran mayoría del ganado se dirige o sale de este horario laboral.

Una vez que llegan a casa, de las siete a las once de la noche ponen la mejor programación para poder captar la atención de sus presas y no permitirles dirigir su atención a nada más que sus producciones.

Vamos a ilustrar este proceso de creación de corrales. Comencemos con el corral de ATENCIÓN.

Nuestra historia se llamará: Elton Tito y su soñado carrito.

El señor Elton Tito se levanta al tono de su alarma a las seis de la mañana. Está un poco cansado y no tiene muchos deseos de ir a trabajar, pero no tiene otra opción ya que tiene demasiadas obligaciones por las cuales responder.

Su esposa ya está en la cocina preparando el desayuno para sus hijos y el almuerzo de su esposo y el de ella, ya que ambos necesitan trabajar para poder cubrir los gastos mensuales.

El señor Elton Tito hace un esfuerzo para entrar al baño, prende la ducha y antes de meterse al agua enciende la radio para escuchar un poco de estupideces durante esta ducha que no puede durar más de quince minutos. En este tiempo escucha más anuncios que estupideces en la radio.

Los anuncios le recuerdan que este mes es el mes de cero por ciento financiamiento en todo carro del año Honda y que existen varias opciones de compra. Ya lleva tiempo con la espinita de poderse comprar un carro nuevo, pero no ha podido ya que sabe que no tiene el dinero suficiente para poder dar un entre significativo que le deje un pago cómodo y que no le desbalancee su presupuesto mensual.

Al salir del baño, se viste y ahora se dirige a la cocina para poder desayunar y posteriormente salir al trabajo.

Su esposa le tiene preparado unos chilaquiles picosos, que son sus favoritos. Esto le produce una intriga sobre el porqué el buen trato de su esposa. Al sentarse y deleitarse con estos riquísimos chilaquiles, dirige su atención al noticiero, donde están mostrando a un jugador famoso de las Chivas, el equipo favorito del señor Elton Tito, y su relato de lo satisfecho que está al haber efectuado la compra de un nuevo modelo Honda.

Al terminar le da un beso a su esposa y le desea un lindo día en el trabajo y le recuerda sobre el pago de las tarjetas de crédito, que se debe efectuar ese día, sin falta.

Sube a su carrito y lo primero que hace es sintonizar su programa favorito para que le ayuden a olvidar un poco sus problemas. Las estupideces lo hacen reír y cada cinco minutos, sin darse cuenta, sale un anuncio en el cual el gerente general del concesionario más grande de carros Honda habla con el payaso de su programa favorito en radio y le comenta las superofertas que tienen para el fin de semana.

En el camino a su trabajo y debido a este tráfico infernal que está de vuelta de rueda, ve varios carteles gigantes que promueven la seguridad y lo económico que son estos carros Honda.

Finalmente llega a su trabajo y se da cuenta de que hoy es día de descargar el inventario y tendrá que trabajar en la bodega todo el tiempo. No le parece grata la idea, ya que es verano y en la bodega no hay aire acondicionado.

Después de una hora de estar descargando, alguien decide cambiar la estación de radio de su show favorito a la estación que toca canciones del recuerdo. Pasan cinco minutos y sale al aire un anuncio de personas que han comprado carros Honda y su alto nivel de satisfacción sobre esta compra. Esto le hace preguntarles a sus compañeros sobre estos automóviles y su rendimiento.

El 90% de los más de cuarenta compañeros recitan los beneficios y pros de estos automóviles como si ellos fueran también representantes. Pero no lo son, simplemente lo agobiante de estos anuncios los tienen a todos más mamados que informados.

Pasa una hora y alguien decide cambiar la estación a la que toca pura norteña pesada. Después de tres canciones sale una reconocida actriz confirmando su satisfacción sobre la compra de su nuevo Honda del año, y el buen trato que recibió y lo fácil que fue el proceso de aprobación.

A los quince minutos llega la hora del almuerzo y decide ir a comer y conversar con sus compañeros mientras encienden la televisión y sintonizan el canal de deportes en inglés, para ver los resultados de los juegos de baseball. Aunque no dominan bien el inglés, los canales han optimizado su producción de anuncios para que no se hable mucho y simplemente se muestre más el producto. Solamente pasan dos minutos y aparece el primer anuncio, en el cual se muestra la nueva generación de Hondas en diferentes colores y con todas sus características en acción.

Termina su almuerzo y decide dedicarle un tiempito a leer su periódico favorito, pues quiere saber sobre los acontecimientos más recientes en la reforma migratoria.

Al abrir el periódico, la segunda página está dedicada a un anuncio de la megaoferta sobre automóviles del concesionario Honda.

Después de leer un poco el periódico se dirige a su área de trabajo y parece ser que ya les van a permitir escuchar la radio, pues deben descargar y están un poco atrasados.

Antes de entrar decide verificar sus mensajes de voz y se da cuenta de que recibió un sms de una compañía de Honda y le dejaron un mensaje sobre las oportunidades de compra.

Se integra al trabajo y después de cuatro horas y un día agotador, recoge sus pertenencias y se sube a su carro. Enciende la radio y sintoniza una estación de románticas para poder absorber el abrumador tráfico que le espera camino a casa.

Para poder evitar el tráfico decide tomar la calle y no el freeway. En el camino ve un bus que lleva la foto del carro que trae en mente y que ha sido por lo menos recordado unas veinte veces en todo el día por diferentes medios y diferentes presentadores.

Felizmente esta nueva estación es nueva en el aire, y, como suele ocurrir para poder atrapar audiencia, en los primeros meses de programación no sacan muchos anuncios. Él nota que no solamente en los buses sino también en las bancas de los buses están las fotos de este nuevo automóvil.

Finalmente llega a su casa y lo primero que hace es verificar el correo. En él se encuentra con una cantidad de pampletas en las cuales se muestran diferentes fotos de este automóvil. Ya su subconsciente no necesita confirmación de que es lo que más ha deseado en la vida; está más que confirmado por las diferentes fuentes que se lo han recordado.

Se cambia y ahora decide compartir un momento antes de cenar con la familia. Enciende la televisión y

sintonizan la novela de las ocho de la noche. Una novela que tiene una hora de duración, pero que debido
a los anuncios solamente se ven veinticinco minutos.
De los anuncios que salen durante la novela, cuatro
son sobre el carro que tanto ha soñado. Esto lo comenta con la familia y la familia no necesita tanta explicación, ya que todos están más que informados sobre los
beneficios y características de este nuevo automóvil.
Después de la novela deciden cenar y todos se dirigen
a la mesa cuando alguien les toca a la puerta. No esperan a nadie, y al abrir la puerta reciben a un vendedor
de automóviles que les está invitando para que los vi-
siten en el concesionario el fin de semana.

Ya una vez sentados deciden desconectar el teléfono para esquivar el alto nivel de llamadas que reciben
después de las ocho. Pasados veinte minutos empiezan a sonar los celulares, la esposa contesta uno y se
trata de otro vendedor que le está ofreciendo un plan
de aprobación sobre la compra de un carro.

Después de la cena los hombres deciden ver el partido de baseball entre los gigantes de San Franciso y
los Dodgers. El juego está siendo patrocinado por sus
concesionarios Honda del sur de California.

Finalmente, al terminar el partido, todos deciden
acostarse y ya en la intimidad el esposo empieza a darle cariñitos a su esposa y por accidente la llama Honda. La esposa se enoja y lo manda a dormir en el sillón.

Como pueden apreciar, al pobre señor Elton Tito lo
acorralaron en cada ocasión en que tuvieron la oportunidad de robarse su atención para intentar vender
el carro Honda.

Es increíble el nivel de perfección que han alcanzado
con las producciones de shows y novelas, promovien-

do una gratificación instantánea sobre el trabajo duro. Todos los medios de comunicación sobreviven de auspicios. Todos.

Desafortunadamente para ellos, todavía no han podido encontrar la forma de poder metérsele a Elton Tito durante las horas laborales. Es aquí donde entra la segunda forma de acorralar al ganado y lastimosamente afectar la productividad de los trabajadores.

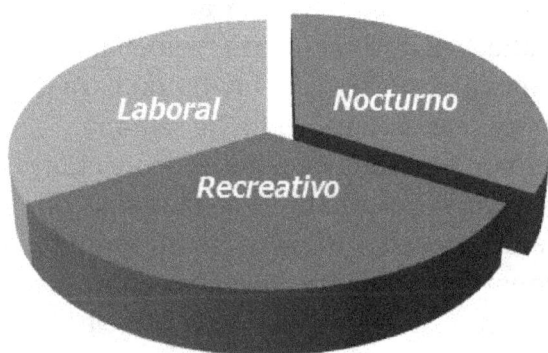

La segunda, el corral de la INFORMACIÓN: ahora el enfoque es meterse en las horas laborales para poder seguir vendiendo.

A mi compañía usualmente viene una trituradora de documentación que se llama Cintas. Esta compañía tiene como función colectar toda la documentación de compañías en la cual exista información personal de clientes.

Muchas personas en Los Ángeles han escuchado de la compañía NACA, que supuestamente ayuda a los propietarios a que salven su casa sin cobrar ni un centavo.

Usualmente, cada vez que ellos vienen a Los Ángeles reúnen a más de cuarenta mil personas que están buscando la ayuda de modificar su préstamo. Yo estimo que esta compañía tiene aproximadamente más de un millón de propietarios en su base de datos.

Y de cada uno de ellos tienen el nombre, la dirección de la casa, el teléfono, información personal, información sobre sus ingresos, información sobre su hipoteca, y en este caso al haber ya solicitado una Modificación de préstamo, se asume que la persona está teniendo problemas con el pago de su casa.

Esto representa un Lead, como se le conoce en inglés, o un potencial cliente.

Si esta compañía Cintas fuera a NACA y en una tanda sacara todos los documentos de todas estas personas, para mí, tuviera más sentido económico asaltar este carro que uno blindado que posiblemente lleve un millón de dólares en efectivo.

La razón es simple, vamos a asumir que del millón de personas que ya sabemos necesitan la ayuda y se tiene toda la información básica, yo le puedo sacar negocio solamente a un 10% o $100 000 a las cuales les puedo ofrecer:

modificación: $3000

Sería: $100 000 x $3000 = $300 000 000

bancarrota: $1000 todo aquel que aparte de no poder pagar su casa, no pueda pagar sus deudas no aseguradas. $100 000 x $1000 = $100 000 000

Después les limpio el crédito por $1500.

O sea, $100 000 x $1500 = $150 000 000

A esta información ya le saqué más de 550 000 000 en ventas. Vamos a suponer que me quede un 20% de rentabilidad: son más de $100 000 000. Obviamente existen otros factores que se deben considerar, pero para efectos de poder ilustrar el potencial que existe en la información, creo que el ejemplo es suficientemente simple de comprender.

La razón principal por la cual Wall Street le ha dado un precio inflado a Facebook, haciendo a su fundador el joven más rico del mundo, es por su audacia de poderles mejorar a las compañías el proceso de recolectar información personal de potenciales clientes. La información que sacan cada diez años es limitada, y en este mercado hipercompetitivo necesitamos la información en tiempo real, lo cual este ingenioso joven fabricó a la perfección y le otorgó a su compañía un precio que está por encima de compañías que fabrican y venden productos que en realidad necesitamos. Ahí radica el peso de dónde se pone el valor aquí en USA.

Facebook es una plataforma que les permite a sus usuarios gratuitamente estar en comunicación con sus amigos, a cambio de su información.

Estamos hablando de más de 500 millones de potenciales clientes que ya manifestaron toda información sobre las cosas que se les pueden vender. Y esta información le da una valoración que hasta este momento solo tenían las compañías que en realidad fabricaban algo que producía valor.

Cada usuario ya manifestó qué música le gusta, qué películas le gustan, qué shows de tv le gustan, qué deportes le gustan, cuándo es su cumpleaños, en dónde vive, qué hobbies prefiere, todos nuestros familiares y, por si esto no fuera suficiente, todos los días les manifestamos nuestro estado de ánimo para que nos puedan vender una solución.

En otras palabras, tenemos el pecho abierto al usar este servicio adictivo y por el cual este compadre es digno y compensado al nivel que es compensado.

Pero regresemos a nuestro amigo el señor Elton Tito, con el propósito de poder ilustrar el otro lado en el cual por medio de la información nos siguen persuadiendo.

Al siguiente día se levanta bajo la misma rutina. Solo que ahora es un día en el cual deberá trabajar adentro, en la oficina, haciendo el control de todas las encomiendas que tendrán que ser despachadas.

Al llegar a la oficina coge una taza de café, enciende su computador y lo primero que hace es abrir su correo electrónico en espera de un correo de un amigo de la infancia. Pero en vez de eso la cantidad de correos que ha recibido de concesionarios de carros es pesada, y entonces decide abrir su página de Facebook para chismear un poco y ver en qué andan sus amistades.

Después de navegar por unos segundos, se da cuenta de que los anuncios en la parte derecha de la pantalla son todos de concesionarios de automóviles Honda. Además, nota que en su muro cada tres noticias sale un anuncio de concesionarios de automóviles Honda. No entiende el porqué lo siguen hasta en el Facebook estos anuncios y ya duda si Facebook tiene poderes mágicos para adivinar sus pensamientos.

Lo que ignora es que en varias ocasiones ha subido fotos de ese Honda que tanto desea y por lo menos una vez al mes hace un comentario sobre su hijo deseado, como lo ha comentado en su muro al referirse a este carro Honda.

Decide salirse de Facebook y entra a su cuenta de Gmail, en la cual nota que alrededor de su inbox aparecen anuncios de financiamiento para automóviles Honda.

Al salirse decide navegar por Internet y se da cuenta de que a cada sitio nuevo que entra los anuncios suelen ser los mismos y ya para este momento empieza a ver a su alrededor para verificar si esto se trata de una broma.

Pero no lo es, simplemente se trata de la plataforma que todas estas compañías, Facebook, Google y todo aquel portal de noticias y entretenimiento, nos ofrece a cambio de poder vender nuestra información a compañías que nos puedan vender algo.

Cada vez que entramos a Internet y buscamos algo o comentamos que algo nos gusta, esa información se queda registrada y la cargamos a cualquier otro sitio que visitamos. Esta información es sumamente importante para las compañías, ya que con precisión saben exactamente qué vendernos.

Además de compañías como Facebook y Google existen otras que, sin nuestro consentimiento, monitorean todo movimiento y tendencia que realizamos en Internet para poder revender esta información al mundo corporativo. Compañías como Epson, que son más agresivas que NSA para poder recolectar nuestra información.

Este es el gran poder de captar nuestra atención e información en tiempos actuales. Y el que mejor destreza tenga para poder fabricar corrales de uno o ambos, toma todo.

Lo último que resta es el personal encargado de ejecutar las metas de las compañías, con la capacidad de poder atraer al ganado a estos corrales de información y atención.

Personal:

Solo para poder comprobar lo interconectadas que están estas tres gestiones, yo personalmente hubiera podido pedirle un auspicio a Honda basado en la cantidad de veces que mencioné su nombre en mi relato anterior.

Ellos hubieran analizado mi propuesta, la calidad del libro y el potencial que ellos consideren que tenga para llegar a las masas. Determinarían la cantidad que esto pudiera representar para ellos en ganancias, a partir de la cantidad de ganado que mi libro tenga la capacidad de acorralar.

Eso me haría a mí uno de sus perfiles ideales para arrear el ganado.

Y ese precisamente es el afán: encontrar al personal indicado, con la destreza de poder arrear a esta nueva nación de ganado. Tendría que tener sangre fría, tenacidad, y sobre todo destreza para poder amaestrar a millones de ganado. Su función principal es orientar al ganado en la dirección deseada para que pueda ser triturado.

Y qué mejor persona para poder ejercer esta función que un verdadero cowboy americano. La palabra cowboy se origina de la palabra reckless; o sea, un vaquero es considerado un temerario. Una persona que no tiene miedo a las consecuencias y que apuesta todo por nada.

Lo bueno es que tienen una amplia selección de talento de donde escoger. Como dicen por ahí: «Con dinero baila el perro».

Y para poder llenar esta posición, aparte de lo ya descrito, se necesita que la persona ofrezca algún don de poder atraer a miles de miles de ganado para robarles o la atención o su información.

Actores, músicos, conductores, deportistas, políticos, celebridades... Cualquier persona que estuviera dispuesto a arrear ganado por dinero calificaba.

Esto basado en el hecho de que para Estados Unidos el consumidor es fuertemente más valorado que el trabajador. Ignorando que sin el segundo no existe el primero.

Pero esta inclinación de valorar más al consumidor produce una cadena viciosa que fomenta y retribuye a los títeres corporativos, comediantes, conductores de programas, actores, deportistas, y sobre todo como lo experimentamos en esta crisis, los creadores de instrumentos financieros tóxicos, por encima de aquellos que en realidad producen, fabrican, crean, forman, a una sociedad sostenible como lo hacen los ingenieros, doctores, arquitectos, científicos, y sobre todo los maestros.

¿Cómo es posible que a un payaso que lo usan como títere para vendernos todos los sábados, le paguen, y estimo, $1 000 000 al mes y a un maestro $3000 al mes?

¿Cómo es posible que un payaso que por cuatro horas en la mañana nos tiene pegados a la radio escuchando estupideces, tenga un ingreso mensual por encima de los $100 000 y un arquitecto después de quince años de experiencia solamente gane $6000 al mes?

¿Cómo es posible que un jugador de basketball gane al mes más de 1 millón de dólares y un científico en busca de la cura para el cáncer no gane ni 5% de lo que gana el deportista?

¿Cómo es posible que un títere, el CEO de uno de estos bancos que causaron esta crisis, pueda ganar al mes 450 veces más que la persona que nos atiende en su sucursal?

¿Cómo es posible que la ganancia de un vendedor de real estate sea mayor que la suma de los salarios de un cartero, un bombero, un policía y un albañil?

La respuesta es simple: el valor de la sociedad es sobre los que ayudan a vender, no los que ayudan a fabricar. Aquí se origina el problema.

Es por eso que las nuevas generaciones ya no creen en el mito del trabajo y dedicación. Porque cuando ven lo que estas personas son valoradas no les interesa.

Los modelos a seguir son aquellos que ganan y no hacen mucho.

Mejor imitar al Chapo, Escobar, Maradona, Kobe Bryant, Tupac, un trader en Wall Street, un cholo que hustles para ganarse la vida. Sin quitarle mérito al obvio talento que caracteriza a estas personas, pues el problema no son ellos, sino el peso sobre lo que valoramos importante como sociedad.

Esta vía es mucho más divertida y mejor remunerada. Mil veces mejor aspirar a ser narco, deportista, rapero, cholo, o vendedor en Wall Street.

Todo el peso sobre el valor que representan los payasos nos hunden cada vez más.

Y bien que nos hunden, y cada vez nos convierten en burros que solamente vemos el valor de una persona basados en sus logros económicos y olvidamos el resto que compone a un ser humano.

Ahí tienen la razón principal por la cual esta gran nación está retrocediendo en vez de avanzar. Todas estas gestiones y giros drásticos sobre lo equivocado y dar la importancia a las cosas equivocadas han causado que este país esté hoy en la situación que está.

Y quién mejor para identificar el problema, más de treinta años atrás, que el controversial conductor, ganador de dos premios Emmy, activista, y sobre todo un ejemplo puro de lo fácil que es llegar a la cima en este país independientemente de las cincunstancias, el señor Petey Greene. El Dj que su vida inspiró la película *Talk to Me.*

En uno de sus numerosos programas durante los años ochenta, sale a relucir el problema que hoy nos está ahogando en la crisis, bajo el nombre de hustling backwards. En español sería: estamos ganándonos la vida al revés de como debería ser.

Y esta aclamación la hace después de haber sido encarcelado por robo a mano armada y haberse reintegrado luego a la sociedad, cuando nota que para todo trabajo le solicitaban información sobre su historial criminal. Sin embargo, le causó asombro que para poder aplicar para crédito, ninguna compañía se interesaba en ese dato.

¿Cómo puede ser posible que exista desprecio hacia una persona que quiera ganarse la vida dignamente buscando trabajo, pero no ante otra persona que quiera endeudarse?

A lo que él resumió, desde su punto de vista, que en vez de estar progresando estamos retrocediendo. Esta revelación se realizó hace más de treinta años, y durante la génesis de esta bonanza en la cual se comenzaron a formar alianzas entre corporaciones y políticos.

Es increíble como ciertas garrapatas con la protección que reciben de las faldas corporativas han tomado el control de las riendas de esta gran nación.

El pobre ganado está acorralado y está en desventaja ante el abrumador control de las compañías que a todo costo y sin clemencia los engordan para después triturarlos.

No obstante, recientemente, y ante una ausencia por parte del gobierno para protegerlos, decidieron ellos también actuar de la misma manera que las garrapatas de arriba. Ambos lastimosamente aportando al desplome de nuestro molino de oro.

El siguiente relato demuestra que el sistema financiero no premia al honesto sino al astuto.

Por naturaleza, las personas que migramos a este país siempre tenemos un nivel alto de responsabilidad al querer ganarnos con mérito la aceptación de esta nación. Por consiguiente, al elegir entre ser honesto o astuto, la gran mayoría se inclinaría por ser honesto.

Y esto lo compruebo al ver presupuestos mensuales diariamente, lo cual me comprueba que tiene mucho más peso el ser honesto que ser astuto.

Para poder ilustrar esta realidad relataré dos casos de dos personas que en el mismo sistema experimentaron resultados diferentes y que yo tengo la dicha de conocer personalmente.

Ambos viven en la misma ciudad: El molino de oro. Uno en la calle Responsabilidad y el otro en la calle Astucia.

Ambos viven en una casa con características similares: tres cuartos, dos baños, 2000 pies de construcción en un lote de 8000 pies cuadrados.

Es el año 1999. Uno de ellos renta y el otro compró su casita con 3% de enganche, un préstamo respaldado por la agencia FHA, por $200 000 pues eran esos los precios de las casas con esas características.

El señor de la calle Astucia no califica para un préstamo, ya que el número de seguro social chueco que usa para trabajar tiene demasiadas cosas negativas en el crédito y no le permite todavía comprar. Tiene todo el deseo, y el dueño, el señor Smith, se la quiere vender ya que se quiere ir del estado. Pero al saber que posiblemente nunca le van a permitir comprar, prefiere gastar su dinero en otras cosas.

Tiene un troconon Ford 150 con rines, sonido y de color verde brillante, y su vaquita respectiva en cada una de las puertas de enfrente. Todos los sábados sale al Parral, con sus botas de avestruz y su sombrero pintadito, a gastarse lo que le sobra después de enviarles un dinerito a sus familiares en Michoacán. Durante la semana madruga todos los días, sale de su casa a las cuatro rumbo a San Diego, y regresa por la noche. Su ingreso semanal es de $1200.

Además de su carro, sus botas y su sombrero, y por supuesto la cadena que deslumbra en su pecho, no tiene más lujos adentro de su casa y mucho menos es pretencioso. Pero sí le gusta salir de parranda todos los días, y lo hace con los otros cuatro a los cuales les renta los dos cuartos de la casa, por $500 cada cuarto.

Su renta es de $1500, pero él solamente paga $500, el resto lo cubre con las rentas que colecta de sus renteros.

Por otro lado, su vecino, o con el que comparte la barda del jardín de atrás de la casa, que por cierto se está cayendo de vieja, es el señor que vive en la calle Responsabilidad.

Feliz y muy responsable con las deudas, que por naturaleza detesta.

Graduado de ITT tech, es técnico de computación en HP, una compañía en un sector que difícilmente cierre por el crecimiento tan fuerte de Internet. Procediente de Chalatenango, casado con una gringa de padres holandeses y que fácilmente sobrepasa las 300 libras. Un amor producto de lo que inició como negocio para poder obtener la residencia en este país.

Para poder estudiar, tuvo que endeudarse, con el afán de poder eventualmente pagar ese préstamo, con los nuevos ingresos en esta nueva carrera. Su profesión anterior fue la mecánica, de la que nunca más quiere saber. Padre de familia, recién casado y con dos niñas, una recién nacida y la otra de tres añitos. Hombre que les dedica tiempo a sus hijos y familia.

No le gustan los préstamos, y lo primero que desea es poder pagar su préstamo estudiantil y sobre todo su casa. Cada vez que puede, envía más dinero al principal.

Su préstamo hipotecario tiene una tasa de interés al 8%, con un pago mensual de aproximadamente $1500. Lo único que le incomoda un poco es que la persona que le ayudó con el préstamo, olvidó incluir los impuestos y el seguro de casa bajo una cuenta en custodia.

Tiene un Nissan Sentra totalmente pagado. Después de haber comprado la casa le enviaron dos tarjetas de crédito con un límite de $7000 cada una, y antes de aceptarlas duró más de tres horas en el teléfono para que le explicaran los términos. Nunca las ha usado ni piensa usarlas a menos que sea una emergencia.

A su casa, cada vez que puede le hace arreglos, ya que cuando la compró necesitaba remodelaciones.

Después de dos años, notan cómo varios agentes de bienes raíces empiezan a enviar folletos ofreciendo servicios de real estate. En los medios de comunicación se comenta el desplome de varias compañías de tecnología, y parece ser grave, ya que se habla de que no solamente se trata de una, sino de muchas que colectivamente han impactado el sector y la bolsa negativamente; pero ellos no hacen mucho caso de esta noticia.

La noticia que sí les interesa, por la cantidad de personas que lo comentan, es informarse con uno de los muchos agentes de bienes raíces que diariamente les tocan a la puerta sobre el valor de su casa. El hecho de verlos vestidos de corbata les hace sentir confianza y, sobre todo, admiración por su profesión.

Frecuentemente les comentan que las casas han subido de precio. Que en El molino de oro están por los $230 000. Y que el alza también permite mejorar la tasa de interés por medio de un refinanciamiento.

El señor de la calle Astucia ya para este entonces está ganando más, ya que la compañía de construcción para la que trabaja tiene cada día más y más proyectos. La nueva política monetaria de alguna forma benefició mucho a su industria.

Y qué bueno, ya que un día, durante una carne asada, se agarró a madrazos con dos de sus renteros y los echó a todos. Lleva más de cinco meses viviendo solo, lo cual le gusta ya que tiene más privacidad para traer a su enamorada, una mujer blanca y alta que nació aquí, pero de padres de Sonsonate.

Los agentes le informan que este es el mejor tiempo para comprar casa, ya que nunca antes los requisitos y las tasas habían estado tan favorables.

La novia, que domina mejor el inglés que el español, le sugiere que debería comprar la casa, que ella sabe, por sus papás, que las casas son la inversión más segura que existe. Él acuerda ver cómo está el crédito y ahora se dan cuenta que sí llena los requisitos para poder ser aprobados para el préstamo como primeros compradores.

Está más que convencido y habla con el señor Smith, el cual le afirma que se la vende si le gusta. Pero que ahora se la va dar más cara ya que le han llegado folletos de casas en la misma ciudad y más pequeñas que se venden por encima de los $230 000.

Él acuerda, pero decide postergar la compra ya que tiene deseos de ir a visitar a su familia y tiene que tener suficiente dinero para cruzar la frontera y también para comprar unas tierras que se las venden cerca del Aguaje, un pueblito afuera de Michoacán.

Mientras tanto nuestro amigo de la calle Responsabilidad empieza a notar cómo a mucho personal de su compañía los están descansando después de ese desplome en el sector tecnológico.

Está preocupado por el futuro, pero sabe que tiene más que suficiente ahorrado para poder apalancar más de un año en gastos en el caso de que lo despidieran.

Pasan los meses y a finales del mismo año ocurre un incidente que paraliza totalmente al país y lo llena de incertidumbre.

Dos actos de terror. El primero, el arribo del Anticristo a la Casa Blanca como vicepresidente de la nación. Con una compañía que dejó atrás, con hambre de autocrear una demanda para sus productos y la segunda pasaría ocho meses después del arribo del Anticristo.

Después de permitirle a un terrorista tomar las riendas de la nación al tener a un títere como presidente, este ángel de las tinieblas se las ingenia para poder crear una demanda prefabricada, con el viejo truco de político de nuestros países bananeros: encontrar un cucuy. Y el que está de moda es el terrorismo.

Qué mejor excusa para permitirle a doce ignorantes sicópatas dar sus vidas hipócritamente, en nombre de la fe, y en el proceso terminar las vidas de más de 3000 vidas inocentes.

Este incidente causa pánico y de este pánico se agarran para poder justificar sus actos tenebrosos, que los beneficiarían a ellos en proporciones bíblicas.

Mientras tanto, en la ciudad El molino de oro sus residentes están alarmados, confundidos, y sobre todo, con mucha incertidumbre sobre el futuro. El señor de la calle Astucia decide cancelar su viaje a Michoacán al tener preocupación de que posiblemente se agarren de esto para poder implementar una ley antiimigrante que le pueda impedir el poder regresar al único lugar que le permite sustentar los gastos de su extensa familia.

Al ser nativo de Michoacán está consciente de que en su tierra tiene la opción de hacer mucho dinero, como muchos de sus amigos en su pueblo, pero a un costo que él no está dispuesto a pagar.

Lo que sí hace es enviar el dinero para poder asegurar la tierrita que les venden a sus padres.

Manda 30%, y el resto lo cancela en pagos que realiza mensualmente.

Su novia ya para estos momentos vive con él, y le pide que por favor le permita a su prima vivir unos meses ahí, ya que se peleó con su novio y no tiene dónde estar con sus dos niñas.

Por otro lado, el señor que vive en la calle Responsabilidad ya está cansado de ver el polvo entrar a su casa y de tener que escuchar las fiestas que son frecuentes en la casa del señor que vive en la calle Astucia.

Le ha propuesto en varias ocasiones que ambos pongan la mitad del dinero para poder construir un muro y de esa forma tener más privacidad. Pero el señor de la calle Astucia se niega rotundamente, ya que no es su casa y no quiere invertirle ni un centavo a algo que no es de él.

En el trabajo, el señor de la calle Responsabilidad empieza a ver ajustes, y él, para poderlos evitar, decide hablar con su jefe para poder tomar un descuento voluntario y de esa forma evitar un inminente despido.

Ya ha dejado de enviar más dinero al principal y debido a que las tasas de interés bajaron después de este incidente, finalmente decide refinanciar.

Después de cotizar con cinco compañías, de haberse reunido con el banco directamente, decide darle su negocio a una compañía en Internet que promete gestionar la transacción en menos de treinta días y sin ningún costo para el cliente.

Le envían todo por correo, y él meticulosamente lo revisa. Su objetivo es cortar los años de amortización para poder pagar esta casa en menos tiempo, ya que al ver los masivos ajustes que se están viendo en el trabajo, esto le produce miedo.

Su esposa, la holandesa, le pregunta si es posible que pueda pagar el préstamo estudiantil con este refinanciamiento, lo cual él rechaza a todo costo. No es posible, ya que la casa no tiene mucha ganancia. Para este momento, las casas rondan por los $250 000 en la ciudad El molino de oro.

Después de haber pasado por todo lo que se requiere en un refinanciamiento: su verificación de crédito, ingresos, deudas, condiciones actuales de la propiedad, un reporte del valor actual de la casa, y todas las formas que el banco exige para poder tener todos los respaldos del gobierno, finalmente le envían la aprobación con un notario. En ella le dicen que su pago subió unos 300 dólares, pero ahora es solamente por 180 meses, o quince años.

Él le hace varias preguntas al notario, pero la respuesta siempre es la misma. Que solamente está ahí para certificar los documentos, que si tiene alguna pregunta se la debe hacer a la persona que le está ayudando pero que es muy difícil de encontrar pues solamente responde a correos electrónicos.

Lo único que nota es que sus gastos no exceden más de 4000 dólares, pero ve un monto que excede los $7000 y no sabe para qué son ni de dónde vienen ni quién los pagará.

Por fin, después de haber firmado más de cien documentos, culminó el calvario.

Y ahora tiene la emoción de saber que por lo menos su casa la va a pagar en menos de quince años, ya que tiene como meta mandar más dinero al mes, cuando su presupuesto se lo permita.

Aunque continúa su preocupación sobre la situación en el trabajo, sabe que tiene en ahorros todo su presupuesto mensual por más de un año. La esposa ya le ha pedido en varias ocasiones que lo use para comprar nuevos muebles y un carro más grande para poder llevar con más comodidad a la familia. Él se rehúsa rotundamente. No quiere más deudas, no quiere usar sus tarjetas, a menos que sea una emergencia, y sobre todo, no quiere comprar nada que no necesiten con urgencia.

Los años pasan y ya estamos en el 2003, los agentes de bienes raíces ahora son más y frecuentan más seguido la ciudad El molino de oro. Pero ahora ya es agobiante la noticia de las casas, en la radio y en la televisión es lo que está de moda. Todos están hablando de eso.

Nuestro amigo de la calle Astucia, aprovechando que su novia tiene crédito y papeles, decide darle uso a las tarjetas y compran todo nuevo en la casa para poder vivir más cómodos.

Muebles nuevos, televisores, juego de recámara, etcétera.

Él tuvo que declararse BK. Ya no podía con el pago del lote en Michoacán; la renta, que ahora solamente él carga con el pago; varias deudas que nunca más pagó la persona que le prestó el crédito; y, sobre todo, el estilo de vida que goza.

Se limpió totalmente las deudas y esto le permitió realizar el pago de lo que para él representaba algo seguro y una buena inversión: su lote en Michoacán.

Al principio no lo quería hacer, ya que sabe que la bancarrota es el fracaso total. Pero como no es su seguro y no ve la forma en la cual lo pueda arreglar, especialmente ahora con la nueva ley antiinmigrante, fue fácil tomar la decisión.

No obstante, tiene un real estate encima de él que le garantiza que puede comprar con ese seguro chueco, lo cual ahora después de la BK descarta firmemente. Pero este vato de real estate no solamente le garantiza que se puede con seguro chueco, sino con la bancarrota, y sin tener forma de comprobar sus ingresos, que para este entonces están por encima de los $1500 a la semana pues la compañía de construcción para la que trabaja le ha preguntado si también quiere trabajar los domingos.

Un sábado por la mañana, y con la espinita de saber si esto es posible o no, decide llamar al señor Smith y le pregunta que si todavía le quiere vender la casa. El señor Smith le afirma que sí, y que por ser él se la va a dar al mismo precio que le había comentado dos años atrás, aunque la casa ya esté sobre los $250 000.

Él se sorprende al saber que esta casa destruida esté al mismo precio de la de su vecino que vive en la calle Responsabilidad, cuando él la ha pintado, arreglado y sobre todo sembrado un nuevo jardín.

Pero en vista de que todo pinta bien y ante la presión que le pone su novia al asegurarle que en casas nunca se pierde, finalmente decide aventurarse, sabiendo que él no corre el mínimo riesgo.

Firman el contrato de compra por $220 000 y el real estate, con el prestamista, se dedica a hacer su magia.

Como la compañía le paga al cash, le hace talones de cheque, le paga a un preparador de impuestos para que le haga un set de impuestos sin que los envíe al IRS, y le corre el crédito, el cual tiene una BK fresca de solamente meses, inicia el proceso, en el cual le verifican toda su información financiera, sus ingresos, la inspección de un evaluador, y ya todo parece estar en orden.

El valor manifestado por el inspector es de $275 000 y al verificar el banco, por medio de una llamada que le hicieron a un amigo de él, que ya estaba preparado para decir que él era el dueño de la compañía de construcción para la cual trabajaba y para afirmar que ganaba $16 000 al mes, también es exitosamente confirmada.

Al final le otorgan un préstamo al 7,5%, sobre un monto de $232 000 sin tener que poner ni un cinco de entre.

Lo único que hace es firmar los 100 documentos, sin cuestionar, ya que lo único que a él le interesa es saber el pago mensual. El real estate le confirma que es de solamente $1600 dólares, lo cual le agrada mucho al saber que serán solamente 100 dólares más de lo que pagaba en renta.

No cuestiona nada, lo único que advierte es que el monto está por encima, $12 000, de lo que él había acordado, pero no se queja ya que está muy feliz con su nueva casa y su paguito mensual.

Deciden hacer una fiesta como celebración de dicho logro, el sueño americano. Al estar un poco apretados ahora con el pago de su trokita de 800 dólares, el pago del lote en Michoacán de $2000, y sobre todo el estilo de vida del cual goza, al final del mes no le queda ni para los chetos y para financiar esta fiesta se ven forzados a utilizar las tarjetas de crédito, que ya claman auxilio.

El día de la fiesta, su vecino está molesto por tener que escuchar esa música a todo volumen y también por no comprender cómo un albañil, sin poder hablar inglés y sin papeles ha podido lograr lo que, para él, solamente una persona con su educación puede alcanzar.

Y más que molestia, son celos al ver las numerosas adquisiciones que una persona, con menos posibilidades, está obteniendo. Aunque sabe que solamente es asunto de tiempo antes que el vecino tenga que entregar todas esas cosas.

Su convicción sobre el fin de las personas que gastan más de lo que pueden sostener es firme, y sobre esa convicción administra su dinero.

Ya es el 2004 y las casas en venta en El molino de oro no duran ni una semana en el mercado. Se venden por encima de lo pactado, con ofertas múltiples. Esta demanda causa un alza en el precio de las propiedades. Ya para este momento, la propiedad de estos vecinos ronda por los $350 000. Y las llamadas de compañías solicitando servicios de refinanciamiento y real estate, rondan por la misma cifra, diariamente.

El señor de la calle Astucia, después de haber ignorado varios avisos de la ciudad en la que le exigían pagar dos años de impuestos, le pide a una de estas miles de compañías que lo visite para analizar este problema.

El representante de la compañía de refinanciamiento llega al siguiente día a las siete de la noche. Después de revisar los documentos se da cuenta del atropello que le han hecho sobre los cobros del préstamo, que exceden los $25 000. Y además, le advierte que le han mentido, pues su pago no incluye impuestos y seguro de fuego.

Ya nuestro amigo está como agua para chocolate de lo furioso, al saber que el agente de bienes raíces le ha robado todo ese dinero y que le ha mentido sobre los taxes de la casa. Pero con mucha esperanza, ya que este nuevo representante le promete una solución en la cual le incluiría los impuestos, le daría suficiente dinero para poder pagar el préstamo que tenía de su trokita, le pagaba una tarjeta de crédito de la novia y le daba aproximadamente $7000 en efectivo. Y como la tasa de interés ahora es más baja, el paguito mensual le queda de $1700.

Firma otra vez los 100 documentos después de haber pasado por el proceso, al cual ya se está acostumbrando. Y otra vez nota, después de sumar lo que ha pagado y recibido, que tiene como $30 000 por encima de lo acordado.

Como el beneficio es tan grande, no pregunta y decide celebrar otra vez a lo grande, con un fiestón que sería tormento para sus vecinos. Especialmente para uno, el señor de la calle Responsabilidad, el cual está teniendo problemas conyugales ya que su esposa, sin consultarle, se reunió con una compañía para averiguar sobre las opciones de sacar dinero para poderle hacer mejoras a la casa y comprar un carro nuevo y muebles.

Y aunque la opción es muy buena, el señor rehúsa a cualquier asunto que tenga que ver con endeudarse más, ya que lo que está haciendo, aparte de enviarle más dinero al pago de la casa y no usar tarjetas de crédito, que ya para este momento le habían extendido el límite a $100 000 cada una, es retacarle todo el dinero que le queda libre después de cubrir sus gastos mensuales en la opción que le da su compañía de invertir, 401k.

Sobre esta estrategia, piensa solamente trabajar hasta los sesenta y dos años para jubilarse, solamente le quedan quince años.

Mientras tanto, nuestro amigo de la calle Astucia sigue gastando las tarjetas y ahora tiene el gusanito de cambiar su trokita por una Escalade del 2005.

Después de una visita a una agencia de automóviles, el vendedor le propone cambiar su trokita por este nuevo SUV. En el cambio, él recibiría un crédito de más de $12 000 por su trokita y una rebaja sobre el precio del nuevo modelo.

Le ofrecen un financiamiento, que no le explican, pero solamente le va a quedar un paguito de $1400 al mes.

Sin analizar mucho la opción, firma y llega a casa con su nueva trokita cero millas. Y decide entrar por la calle Responsabilidad para que su vecino pueda apreciar su nueva adquisición.

Estaban ambos vecinos afuera, el hombre y la esposa, quien lleva más de un año exigiéndole un mejor auto para la familia.

Ambos paralizados, sin saber cómo este compadre, con el trabajo que tiene, los ingresos y sobre todo sin poder hablar inglés, puede disfrutar de todas estas compras excesivas que solamente un millonario tiene la capacidad de obtener.

En sus mentes solo ronda la posibilidad de que su vecino, por ser de Michoacán, esté en el negocio de las drogas.

Y sí lo está, pero no de las que se inhalan, sino de las que duran treinta años.

Llega el 2006 y ya está ardiendo el mercado de real estate. Las propiedades son lo más deseado en USA. Y está dando tantas oportunidades que la mayoría de los compañeros de nuestro amigo de la calle Astucia, que trabajan en la construcción, deciden dejar este trabajo para dedicarse a vender casas o hacer refinanciamientos.

No pasa mucho tiempo antes que uno de ellos lo llame y le ofrezca algo que es digno por lo menos de ser escuchado. Ya este vato se está ahogando otra vez en deudas, con el pago de la Escalade, el nuevo pago de la casa, el pago de la tierra en Michoacán, las tarjetas de crédito de la novia.

Además, ahora tiene que cargar con los gastos de la prima y sus hijas ya que está embarazada por cuarta vez, y le han cortado los servicios sociales por mala conducta en la crianza de las niñas.

La propuesta de su excompañero de la construcción es un nuevo préstamo mágico ofrecido por un banco llamado World Savings.

Este nuevo programa de refinanciamiento promete pagarle toda la Escalade, pagarle el préstamo de la tierra en Michoacán, pagarle las deudas de la novia y darle aproximadamente $50 000, todo por el mismo pago mensual.

Sin hacer muchas preguntas acuerda hacerlo, con tal de que no le cobren nada como los dos anteriores.

Ya para este entonces sabe cómo cobran los representantes: en puntos de originación, que simplemente es un por ciento del monto total.

Y dicho y hecho, le pagan completamente su Escalade de $70 000, le pagan el préstamo de la tierra en Michoacán de $120 000, le pagan las tarjetas de crédito, y le dan $50 000 en efectivo, y lo mejor de todo, el pago le queda igual, exactamente igual. Lo que más le gusta es que no le cobran puntos de originación esta vez, aunque se da cuenta de que la deuda ahora es de $530 000.

Y como siempre, a reventar la tambora, en vivo y a todo volumen.

Su pobre vecino, ardiendo de la envidia, y ahora superestresado, ya que su esposa lo quiere matar por no tener los huevos bien puestos para asumir un poco de deuda, responde que solamente es asunto de tiempo antes que pierda todo, y que para ese entonces ellos ya estarían en su camino a la jubilación.

Entramos al 2007 y la economía en USA es envidiable. Los niveles de ahorro más bajos en los últimos diez años. ¿Por qué ahorrar si esta fiesta va para largo? China beneficiándose de esta fiesta de consumo sin medida.

Algunos locos empiezan a hacer comentarios relacionados con la economía en rumbo de una corrección masiva, debido a ciertos instrumentos tóxicos a los cuales se les había calificado como seguros, pero que eran bombas de tiempo a punto de estallar.

Mientras tanto, en la ciudad El molino de oro nuestros amigos continúan con sus vidas cotidianas. Ambos con diferentes estilos de vida, y sin la menor idea sobre lo que está a punto de reventar.

Ya para este momento, nuestro amigo de la calle Astucia empieza a notar que no lo necesitan los fines de semana. Que todo el tiempo extra que por muchos años había podido disfrutar, ya es cosa del pasado.

Su amigo de construcción, que ahora se dedica a procesar préstamos, le empieza a aconsejar que venda su casa, que en El molino de oro ronda por los $620 000.

A él se le hace una locura el saber que alguien está dispuesto a pagar tanto dinero por una casa que se está cayendo de vieja y que por falta de tiempo nunca se ha preocupado en reparar.

A este compadre en realidad no le interesa tanto la casa, como a su vecino de la calle Responsabilidad. Sabe que su situación migratoria no le permite tener una estabilidad en la cual pueda demostrar un nivel más alto de responsabilidad y agradecimiento ante esta gran nación, que le ha permitido alcanzar muchas cosas que nunca hubiese podido en su país.

Su vecino, por el contrario, sigue con problemas conyugales y con una esposa que está a punto de separarse de él por ser tan miedoso y no complacerla en las cosas necesarias para la familia.

Pero él sigue firme en su plan de no malgastar a menos que sea necesario.

Su estrategia es inquebrantable: enviar más dinero al principal, de lo cual ya solo le faltan como $160 000 para pagar la casa, o aproximadamente once años; invertir lo máximo permitido a su 401k; pagar los seguros de vida en el evento de una pérdida familiar; no usar las tarjetas de crédito; y solamente comprar las cosas necesarias y en efectivo.

Con los meses, nuestro amigo de la calle Astucia decide vender la casa, ya que está cansado de ver a los trabajadores sociales que frecuentemente visitan su casa para entrevistar a la prima de su novia, pues sus cuatro hijos son mantenidos por el gobierno.

Frecuentemente le reprocha a su novia el tener que cargar con su prima y no uno de los cuatros muñecos que la han premiado, pero la novia siempre defiende a su prima diciendo que es una persona muy noble que se deja convencer muy fácil por los hombres. Entonces él le contesta que por los hombres y también por la mota, ya que todo el día se lo pasa alucinando frente al televisor. «No lava ni un pinche vaso sucio, no limpia y tiene la casa como un corral de puercos». Le arde la sangre al saber que la prima de su novia tiene papeles, habla inglés, y puede lograr más cosas en este país que las que él ha logrado, pero su desinterés, ya que todo se lo da el gobierno, la induce solamente a estudiar las formas de poder calificar para toda aquella ayuda que pueda recibir y no tener que hacer nada más que seguir subiendo de peso y esperar a ver quién le hace el favor de bajarles las calenturas, que son frecuentes.

Al mes firma el contrato de venta y la casa es ofrecida por $650 000, esperando que se venda por más ya que sabe que en ese momento las casas no duran más que una semana en verderse.

Su vecino de la calle Responsabilidad está más contento que un perro con dos colas. Ha corroborado su convicción sobre que todo irresponsable en este sistema, tarde o temprano, es castigado y devorado.

Su esposa, asombrada, ahora también se convence de que su esposo ha acertado y le da gracias por haber sido responsable.

Ambos sienten una seguridad eterna y certeza sobre su planificación y disciplina.

Lastimosamente, a nivel macroeconómico se desamarra una avalancha de proporciones cósmicas que confirmaría la verdadera justicia de nuestro sistema y también quién sería premiado, si el responsable o el astuto.

La casa de nuestro amigo de la calle Astucia ya tiene más de un mes en venta y no se paran ni las moscas.

El agente está cansado de estar ahí todos los fines de semana, y culpa al desorden y mal olor que la prima y sus hijas tienen en la casa como razón principal por la cual no tienen una oferta aún.

Pasan otros tres meses y finalmente deciden bajar el precio a $629 000 para ver si atraen a potenciales compradores. Pero no, así se mantiene hasta que deciden también acreditar dinero del precio de venta para poder cubrir los costos en que un comprador incurre en la compra de una casa, que ascienden al 3% del precio de venta.

De esta forma aparece una persona interesada, con buenos ingresos y no muchas deudas.

Después de realizar la documentación necesaria y todas las gestiones de una compra, el banco declina el préstamo basado en que no gana lo suficiente para poder pagar la casa. Entre estos documentos, nuestro amigo de la calle Astucia nota un desglose de gastos, que al final dice que a él solamente le van a entregar $23 000.

Al ver esto le dice a su amigo que mejor cancele la venta, lo cual representa una pérdida en comisión del agente de más de $35 000. El salario casi promedio anual de una persona este compadre se lo iba a ganar en una venta.

Sus vecinos de la calle Responsabilidad notan que la casa no se pudo vender. Y que esto no solamente está pasando en El molino de oro, sino en otras ciudades.

El agente de bienes raíces, al haberle invertido dinero y sobre todo tiempo, ahora decide proponerle un refinanciamiento en el cual le puede sacar hasta 95% del valor actual, lo cual significa un monto en efectivo para él de más de $60 000.

Lo único malo es que el pago ahora le va a subir casi $300 al mes, con el mismo programa, solo que ahora diferente banco, Wachovia.

Decide hacer el refinanciamiento, ya que para este entonces están otra vez ahogados en pagos de tarjetas de crédito, con montos que sobrepasaban los $20 000 en deudas.

Lo que hasta este momento había sido un proceso que duraba menos de un mes, ahora está cada vez más difícil y sobre todo se nota que los bancos verifican con más detalles los ingresos versus las deudas y sobre todo el valor de la propiedad.

Tres veces es revisado el caso y, cuando casi es declinado completamente, como por acto de magia el préstamo se aprueba.

Él recibe sus $60 000 y el agente sus $23 000 en comisiones. Por lo menos recibe algo.

Ahora el nuevo monto es de $590 000 y tiene las mismas cuatro opciones de pago que el préstamo anterior, a lo cual él no le pone mucha atención ya que solamente envía el primer pago, que tiene una tasa al 1%.

Entramos al 2008, y ahora sí la venta de las casas se ha paralizado.

Nuestro amigo de la calle Responsabilidad y su esposa, finalmente toman la decisión de acceder a un poco de dinero de la casa, con el fin de reparar ciertas áreas que debido al desgaste se están carcomiendo.

Se reúnen con un representante del banco, quien después de examinar los números les ofrece dos opciones:

Uno: refinanciar a quince años, con acceso a más de $20 000 para poder realizar los arreglos y con un aumento en el pago mensual de aproximadamente $100.

O una segunda opción: Tomándose el atrevimiento, el representante les comenta que existen pláticas a un nivel directivo que aseguran que el sector hipotecario está a punto de estallar. Que esto hará que el valor de las propiedades baje de valor a precios cercanos a los que se vieron en el 1994, durante la crisis de los Savings and Loans. Su consejo fue sacarle toda la ganancia, que para ese momento es de más de $400 000, a los cuales tiene acceso por medio de este préstamo conocido como pickapay, el de las cuatro opciones que tiene su vecino de la calle Astucia.

Usando este ingenioso préstamo tendría acceso a $400 000 en efectivo, y el pago solamente le iba subir aproximadamente $200 en la opción de pagar 1%.

Nuestro amigo de la calle Responsabilidad solo analiza el nuevo monto de su préstamo, que ahora acendería a $500 000. Y aunque $400 000 está por encima del monto que el 90% de los jubilados llega a tener en ahorros, no está de acuerdo con esta propuesta.

El representante le explica que la ganancia que tiene en su casa es solo una ilusión óptica, creada por los espejos de humo inventados por esta euforia de las casas. Que la corrección es inminente y anulará completamente estas ganancias artificiales.

Su consejo es que saquen lo que puedan y que lo metan debajo del colchón o que lo manden a sus países, antes que la corrección lo desaparezca todo.

Nuestro amigo siente la sinceridad del representante y le pregunta sobre el funcionamiento del programa del pickapay. Él responde que es un programa que le ofrece cuatro opciones de pago, el pago de quince, de treinta, puro interés y la opción de pagar solamente 1% en primer año, 2% el segundo, 3% el tercero, 4% el cuarto y 5% el último año.

A finales del quinto año se elimina esta opción del pago bajo y ahora solamente quedan las otras tres opciones.

Que lo más importante de comprender es que es un préstamo ajustable, compuesto por un margen, o el interés que cobra el banco, siendo esta opción fija, y un índice, que en este caso se usa como referencia el Libor, el cual se reporta trimestralmente, y en dependencia de la dirección de este índice, así se verá impactada la tasa mensual sobre la que le estarán cobrando intereses.

Pero lo más importante es saber que la diferencia de esa tasa real y la opción del pago bajo se agregará al monto de la casa, lo que es conocido como amortización negativa.

En otras palabras, si el pago al 1% es de $1500, pero la tasa de interés real está al 7% (3% margen + 4% Libor index) con un pago real de aproximadamente $3000, la diferencia entre este pago con el interés real ($3000) y el pago al 1% ($1500), que en este caso son $1500, se agregaría al monto total adeudado. Si debía $500 000 ahora este mes se le agrega este monto y debe $501 500. Y así sucesivamente.

Esto le causa pánico a nuestro amigo de la calle Responsabilidad, al pensar que de esa forma nunca, pero nunca, podría pagar su casa. El representante le responde que no importa que se le sume este monto, ya que cuando llegue la corrección, el precio de su propiedad se va a devaluar, y esto causará el mismo impacto que la mortización negativa, solo que inverso.

Al final de tres horas, decide cancelar la reunión y partir a su casa. Necesita un tiempo para poder digerir esta opción, que aunque suena tentadora, como la oportunidad de una vida, iba en contra de sus principios y, sobre todo, en contra de sus creencias.

Pasan unas semanas, y cada vez se habla más sobre esta posible corrección de la que les ha comentado el representante de préstamos.

En adición a esto, es cada vez más notable la cantidad de casas que entran al mercado y no se pueden vender.

Un día, en el trabajo, escucha que dos de sus compañeros han decidido sacarle todo el jugo a sus propiedades ya que parece ser que las casas están bajando de valor. Esto lo alarma, y lo impulsa a tomar la decisión que va contra sus creencias y principios, ya que siente que ha optado por el camino equivocado.

Se reúne con el representante un sábado, en septiembre del 2008.

El representante acuerda visitarlos en su casa, y ahí aprovechar para conducir una inspección física de las condiciones de la casa y poder determinar el valor actual.

Nuestro amigo de la calle Responsabilidad y su esposa tienen un inmenso entusiasmo y felicidad al haber finalmente tomado la decisión.

Para su mala fortuna, el representante de préstamo no comparte esta felicidad, se le nota preocupado y sin mucho ánimo.

Después de llenar los documentos, el representante de préstamos les comenta que en su trabajo han despedido a más del 40% del personal. Y que estos refinanciamientos ahora son casi imposibles de cerrar.

Pero que él intentará lo imposible para que cierre, ya que también está necesitado de dinero para poder pagar las cinco casas que tiene y el paguito de su Mercedes del año. Les pide que tengan paciencia y que él estará en contacto para poder coordinar los siguientes pasos que se deben dar para poder culminar este préstamo.

Al retirarse, nuestro amigo le comenta a su esposa que su compañía ha experimentado el mismo recorte de personal. Que para no preocuparla nunca se lo había comentado, y que la razón principal por la que ha acordado sacar dinero de la casa, es porque sabía que solamente era cosa de tiempo antes que a él también lo despidieran.

Su vecino, el señor de la calle Astucia, lo está llamando para invitarlo a una fiesta que piensa hacer en celebración al embarazo de su novia.

Él acuerda, después de consultarlo con su esposa, hacer acto de presencia, por lo menos un rato para poder compartir la felicidad de esta celebración, pero más que eso poder sacarle toda la información de qué negocios ilícitos está realizando para poder disfrutar de todas esas compras que ha efectuado en los últimos años.

Se arreglan y van al centro comercial por un regalo. Por haber dejado el efectivo en la casa, decide pagar con una de sus tarjetas de crédito, que tiene un límite de $100 000; igual que la otra que ha dejado en la casa.

El regalo no excede los 30 dólares, pero al pasar su tarjeta el crédito le es negado. Él se molesta y le dice que por favor la vuelva a pasar.

La señorita que lo atiende se ve forzada a llamar al emisor para poder corroborar la información. Después de casi treinta minutos en el teléfono, le otorgan la compra. Aparentemente se comentaba que los emisores de tarjetas de crédito y líneas de crédito estaban cortando los límites ante un tsunami que se veía venir. Le piden disculpas y ambos salen de la tienda con rumbo a la casa de su vecino.

Llegan a la casa de su vecino, el señor de la calle Astucia, y se encuentran con toda clase de lujos que solamente se ven en las novelas.

Una casa en la que se dificulta el caminar por la cantidad de muebles y televisiones nuevas y cajas de cosas que han comprado y todavía no han abierto. Notan el desorden y lo sucia que tienen la casa, ya que ambos trabajan y ya sabemos que la prima, a pesar de ser madre de cuatro niños, no hace nada más que ver televisión todo el día.

Entre tragos el señor de la calle Responsabilidad le pregunta a su vecino, con mucha cautela, el secreto de poder tener tanto dinero. Espera una respuesta envuelta de peligro y mucho riesgo, pero no, al contestarle, simplemente le dice: «Las tarjetas, compa, y ATM de ladrillo, la casita. De ahí hemos sacado todo el dinero».

Los señores se retiran, asombrados, sobre el nivel de irresponsabilidad que sus vecinos tienen al endeudarse por encima de sus posibilidades. Pero satisfechos al saber que eventualmente el sistema los castigará por ser irresponsables y los premiará a ellos por ser responsables.

A la semana, todos los medios de comunicación hablan de lo mismo: un fin del mundo financiero. El desplome de la bolsa de valores que excede más del 20% y que pone en pánico a todos. Una corrección económica que paraliza completamente al país y afecta al mundo entero.

Compañías se declaran en quiebra, inician los despidos masivos, la cantidad de desempleados solicitando ayuda asciende a niveles cósmicos, la producción del país empieza a retroceder, el pánico radica en cada hogar, en cada esquina de este país. Y esto causa un impacto inesperado: creer en la posibilidad de que nuestro sistema financiero puede desplomarse completamente.

Y es aquí donde se activa el detonador del pánico y comienza la caída. Y la oportunidad para saber quién de nuestros dos amigos será castigado o compensado.

Nuestro amigo de la calle Astucia ya no puede cargar con tantas deudas. En el trabajo lo han descansado y ahora solamente trabaja por su cuenta haciendo trabajitos pequeños en los que solamente puede cobrar por día, y solamente ¼ de lo que estaba acostumbrado a ganar.

Al no tener el mismo ingreso se ve forzado a ponerle presión a la prima de su novia, la cual ha vivido gratis por más de dos años.

Como nuestro amigo de la calle Astucia no es de muchas palabras, solamente le da dos opciones: o pagar $1 000 en renta o desalojar la casa.

Ella, una experta en abusar del sistema, le monta una queja con la agencia de vivienda reclamando un injusto desalojo a una pobre mujer con cuatro niños. La agencia responde favoreciéndole y dándole no solo la razón sino el derecho de permanecer en la casa hasta que pueda encontrar algo más cómodo.

La ciudad no lo hace tanto por protegerla, sino porque de no hacerlo tendría que cargar con los gastos de vivienda de esta mujer con cuatro niños.

Esto causa que nuestro amigo de la calle Astucia se moleste con su novia y al ver que no existe ninguna reacción ante la injusta y abusiva forma en la que la prima actúa, decide huir antes que nazca su hija.

Se muda y atrás deja todas las cosas que ambos compraron, pero sobre todo, todas las deudas. No tiene mucha preocupación ya que sabe que él legalmente no existe en este país.

Después de tres meses, su novia nota que el pago de la hipoteca empieza a subir. Ella, sin trabajo, sin ayuda de la prima, con muchas deudas y ahora sin la ayuda de nuestro amigo de la calle Astucia, decide hacer algo que es contrario a lo que sus padres le han inculcado desde niña como tabú: decide dejar de pagar la casa.

Ahora solamente se preocupa por la comida y los pagos de las tarjetas de crédito.

Nuestro amigo se lleva su ropa y su trokita a donde un primo que le renta una recámara.

Y aunque deja atrás todas las pertenencias que compraron juntos, es optimista ya que tiene su dinerito bien guardado y un plan de contingencia en el que con este dinero, más lo que tiene en México, lo que recibe de desempleo mensual, fácil se puede regresar a Michoacán y disfrutar de una mejor vida que en este país.

No le preocupan las deudas ni la casa ya que sabe que no puede tener ningún impacto negativo en un seguro chueco.

Pasan los meses y ya el desempleo a nivel nacional sobrepasa el 10%. Más de 12 millones de personas recibiendo desempleo, casi 24 millones de personas sin un empleo adecuado, y todos con la esperanza de que una vez que estos paquetes de estímulo económico se prendan, las cosas vuelvan a la normalidad.

Pero lastimosamente no se ve ninguna ayuda. Solo la que están recibiendo los bancos en forma de rescate y bonificaciones por su alto rendimiento.

Por otro lado, nuestro amigo de la calle Responsabilidad está que se muere de la preocupación pues tiene una reunión pactada con su jefe. Él y muchos de sus compañeros especulan que se trata de un reajuste de salario, que en caso de ser cierto todos estarían dispuestos a asumir.

Pero no, al siguiente día por la mañana, ya en la reunión, se dan cuenta de que no se trata de un ajuste, sino de cerrar complemente la compañía al haber registrado ya una bancarrota para poder llegar a un acuerdo con todos su acreedores.

A los empleados simplemente se les da las gracias por sus aportaciones y se les informa que ya no hay más trabajo.

Debido a la situación económica, la directiva ha decidido llevarse las operaciones a la India, donde un técnico costará 1/5 de los costos en USA.

Nuestro amigo está desconcertado, pero sabe que aunque no tendrá empleo sus ahorros lo sustentarán hasta que pueda conseguir otro.

Llega a casa y le da las malas noticias a su esposa. Ella lo ampara y le da ánimos para poder seguir adelante. Le reitera que gracias a Dios nunca asumieron deudas y que por lo menos podrán sobrellevar esta situación sin ningún problema financiero.

Pasan unos cuantos meses y los ahorros que esperaban podrían cubrir por lo menos un año en gastos, se les evaporan en menos de cinco meses.

Ya sin ahorros, ahora tendrán que acudir a su fondo de jubilación, su 401k. De lo cual se da cuenta que ahora solamente tiene un 30% de lo que llegó a tener en el 2007, y esto descarta completamente la opción de poder jubilarse en quince años. Lo saca asumiendo las penalidades y gastos correspondientes. Al final solamente le queda suficiente para poder cubrir unos ocho meses de gastos.

Mientras tanto, la novia de nuestro amigo de la calle Astucia dio a luz a una preciosa niña.

Nuestro amigo estuvo presente en el parto y gracias a Dios todo salió bien.

Ella ya tiene un nuevo enamorado y ahora le quiere prohibir ver a la niña. Ha amenazado con pedirle manutención por su hija y por ella, ya que dice que no podrá trabajar después del parto. Por supuesto, su conocimiento sobre las leyes y las formas en que puede perjudicar al padre de su hijo son fruto del asesoramiento que le ha dado su querida prima, que vive de la ayuda que recibe por sus hijos.

Él le ofrece regresar a casa con el afán de poder darle una vida digna a su hija y solamente le pone una condición: su prima se tiene que ir.

Ella rechaza su oferta, y lo amenaza con que de ahora en adelante ya no quiere hablar con él, sino que tendrá que hablar con su abogado. Que ella sabe del dinero que tiene en efectivo y las tierras que tiene en Michoacán, y que le va a quitar todo.

Él le dice que en estos momentos no está trabajando, pero que siempre le va a cumplir con su hija. Ella se ríe y le dice que no hace falta, que no quiere miserias, sino todo lo que él tiene.

Ya tiene más de seis meses sin pagar la casa y el banco llamándole todos los días. Ya también dejó de pagar las tarjetas de crédito y todo préstamo que tiene en su crédito.

Sobre esto también lo amenaza, le dice que ella va a hacer que él pague todas las deudas de ambos.

Ya con esto fue suficiente para que nuestro amigo saliera más rápido que trueno.

Y en menos de lo que canta un gallo, agarra su ropa, su dinerito, y monta su trokita con destino a Michoacán. Pero antes de irse, coordina con su primo para que reciba los cheques del desempleo y se los deposite en México.

Nuestro amigo de la calle Responsabilidad ya está con lo último de lo que le dieron del 401k. Sufriendo y casi enfermo del estrés que esta situación le produce.

Si pensaba que las cosas estaban complicadas, ahora con la llegada del nuevo presidente a la Casa Blanca las cosas se iban a poner más complicadas. Al casi no tener fondos disponibles para poder cubrir sus gastos, tiene que acudir a lo que hasta este momento negaba: el uso de tarjetas de crédito.

Decide procesar el pago de la casa con una de las dos tarjetas, cada una con un límite de $100 000.

El pago es de menos de $1000, y la tasa que le cobra la tarjeta es de solamente 3%, o por lo menos lo que él piensa.

Realiza el pago sin ningún problema y se llena de paz al saber que por lo menos tenía $200 000 en crédito para poder sobrevivir esta crisis hasta que las cosas regresaran a su normalidad.

Para su desdicha, a los tres días le llega una carta del banco en la cual, debido a los movimientos irregulares, había decidido cortarle el crédito a solamente $6000.

Al siguiente día le llega una carta similar del otro banco, donde dice que le cancelan completamente el crédito. Él los contacta y le explican que se debe a algo llamado Universal Default, que las compañías de crédito se informan sobre sus clientes.

Él se quiere desmayar de lo asombrado que está sobre la reacción de dos instituciones a las cuales les ha sido ciegamente fiel. No alcanza a comprender cómo es posible que en los momentos más difíciles, cuando él más necesita de ellas, le cierren las puertas sin ninguna clemencia.

Decide usar el máximo de lo que le queda de crédito en estas tarjetas para cubrir gastos de alimentación y utilidades. En lo que al pago de la casa corresponde, decide que antes de enviarlo consultaría sobre un último recurso: solicitar un préstamo sobre la casa. Quiere explorar la posibilidad de poder aceder a algo de lo que tiene en ganancia y estirar los años de amortización para veinte años, y de esa forma tener dinero disponible para sustentar esta crisis.

Llama al banco y solicita que, por favor, le den las opciones disponibles que él tiene. Le hablan de una modificación, la cual desconoce; de un deed in lieu, lo cual también desconoce; y también de regresar a su casa, lo cual no le interesa.

Lo único que le interesa, y sobre lo cual está familiarizado, es un refinanciamiento.

Verifican y tiene un crédito de 750, no tiene muchas deudas y su casa actualmente ronda por los $300 000. Él reclama que, por favor, revisen bien la información, ya que existe un error.

El banco vuelve a confirmar la información y le muestra cómo, hacía un mes, una casa en la ciudad El molino de oro se había vendido en una subasta por ese precio. Lo cual significaba que su casa, de características similares, ronda por el mismo precio.

Lamentablemente, antes de aprobarle el refinanciamiento tienen que verificar su ingreso mensual y al estar desempleado la aplicación es negada.

Le aconsejan que si no puede con los pagos, las primeras tres opciones son las únicas que pueden solucionar su problema. La única que le parece viable es la modificación del préstamo, con la única preocupación de que para eso tiene que estar tarde para poder aplicar, lo cual él rechaza con insistencia.

Pero fue solamente asunto de tiempo antes que las mismas condiciones por su propio peso lo forzaran a fallar con el pago de su casa.

Ahora sabe que con esto ya llena los requisitos para la modificación. Solicita un paquete con la esperanza de que él lo pueda negociar con su banco directamente.

Ya varias compañías le han ofrecido este servicio y le garantizan cerrar en un mes. Lo malo es que le solicitan $3000 por adelantado para poderlo ayudar. Él nota que se trata de las mismas compañías que previamente le habían ofrecido refinanciar y vender y pensaba que cómo era posible que las mismas personas que lo habían metido en este problema ahora lo quisieran ayudar a salir de él.

Pasan tres meses y el banco le envía la notificación de inicio del proceso de embargo al ya haber fallado tres meses el pago.

En California, para que un banco pueda embargar una casa tiene que esperar tres meses para registrar un documento en la ciudad conocido como NOD o registro de incumplimiento. Es aquí donde inicia el proceso de embargo.

Desde este punto, si el propietario vuelve a fallar con otros tres meses, el banco otra vez vuelve a registrar otro documento llamado NOS, registro de venta. Ya en esta situación, al mes, si el banco quisiese puede llevar la casa a una subasta y vendérsela al que más ofrezca.

Cuando el banco verificó que el valor actual de la casa del señor de la calle Responsabilidad rondaba por los $200 000, debido al angustioso número de foreclosures que se estaban efectuando, y que a él solamente le restaba por pagar $70 000, decidió proseguir con el embargo. Matanga dijo la changa.

Él les suplica que, por favor, lo ayuden. Que él nunca falló con un pago mensual y que siempre le enviaba más dinero al principal.

A lo que ellos simplemente responden que el inversionista no está participando en ninguna ayuda, y con otras palabras le dejan claro que si no paga lo echarían como a un perro.

Nuestro amigo, ahora acorralado, no tiene otra opción que rentar dos cuartos de la casa a unos sobrinos de un primo de su esposa. Esto con el afán de poder realizar el pago de la casa y no perder lo último que le queda en la vida.

Ya para este entonces se ha dado cuenta de que nada de lo que él ha respetado se valora en este país. Se siente desconcertado, estafado. Perdido.

Mientras tanto el banco, que ahora ya no se llama ni World Savings ni Wachovia, sino Wellsfargo, tiene otro trato para el préstamo de nuestro amigo de la calle Astucia. Al haber notado que en esa casa la deuda actual es de casi $600 000 y que tiene un valor actual de aproximadamente $200 000 y que esto representa una pérdida de más de $400 000, sin nadie haberlo solicitado envía una oferta en la cual le permite solamente realizar un pago de $1 200 dólares. Pero lastimosamente nunca es aceptada, ya que nuestro amigo está disfrutando la vida en tierra caliente y con tambora.

Su novia, al ya no poder con sus deudas, contrata a un abogado para que le borre todo de su crédito. Aplica para la ley de protección y en menos de tres meses no tiene nada en deudas. Todas se las han perdonado. Todas.

Mientras tanto, nuestro amigo de la calle Responsabilidad tiene que sacar a sus renteros ya que no le pagan la renta.

Al final decide poner la casa a la venta con un agente de bienes raíces, el cual le promete solamente cobrarle 4% de comisión, con tal que la ponga a un precio que se venda rápido.

Y ese precio es $180 000.

Después de casi cinco meses de estar disponible y de no tener a nadie interesado, finalmente aparece un inversionista. Se trata de un extranjero que busca invertir su dinero en bienes raíces en USA. Sin ver la propiedad ofrece $150 000 y pide que le paguen sus costos de papeleo.

Se hace la oferta, el comprador está invirtiendo 30% de entre, con un hard money loan, con duración para tres años, pagando 9% de interés solamente, con un paguito mensual de aproximadamente $800. Sin incluir impuestos y seguro.

Al final nuestro amigo de la calle Responsabilidad solamente puede sacarle, después de pagar lo atrasado y recargos y sus costos de venta, unos $20 000, que usa para ir a rentar un apartamento de dos recámaras con su familia. Ha perdido todos los ahorros de una vida, el desplome en la bolsa de valores le desapareció completamente su dinero invertido, nunca disfrutó de ninguna posesión material, siempre vivió limitado, responsable, comprometido. Y al final se queda sin nada.

El inversionista de su casa aparentemente es un hombre rico de Michoacán. Que al tener un interés especial sobre esta casa, decide comprarla sin antes verla. Lo único que pide es que se trate de la casa que comparte con la barda de su ex.

¡Ooooouch!

Nuestro sistema actual premia al astuto. No al responsable.

Estos dos incidentes nos confirman que al final, de nuestros dos amigos, el más beneficiado es nuestro amigo de la calle Astucia.

El otro fue traicionado por creer en reglas que ya están obsoletas y no funcionan.

En cambio, nuestro amigo de la calle Astucia inconscientemente le sacó el mayor provecho a las oportunidades que el sistema le presentó.

Joven, no habla inglés, nunca tuvo la oportunidad de estudiar, sin papeles, malgastó sobre sus capacidades, nunca cuidó su crédito, abusó todas aquellas tarjetas de crédito hasta el límite otorgado, refinanció su casa las veces que pudo, compró todo aquel capricho que se le antojó, disfrutó y gozó hasta el máximo sin tener ninguna preocupación.

Y al final se quitó de encima toda aquella deuda, después de haberse borrado completamente por medio de la ley del perdón, el capítulo siete de la bancarrota.

Se le afectó su crédito, pero no le importa, ya que sabe que no es la primera vez que teniendo mal crédito, los cazadores vuelven a confiar en él. Es como que el cazador de tigres se preocupe porque el tigre tiene pulgas.

Y sabe que independientemente de que ahora sufra de una mala calificación crediticia y que haya tenido que regresar muchas cosas, al final salió ganando, ya que vivió más de dos años en Michoacán con el dinero de desempleo que recibió. Pagó su tierra en Michoacán, su trokita del año, sus pretenciosas vanidades, todas esas salidas al parral, en la cual nunca bajó de pedir dos botellitas Buchanan´s.

Por otra parte, después de haber comprado la casa de su vecino con 30% de enganche y un préstamo en el cual no le verificaron su crédito ni ingresos, todavía disfruta de más de $100 000 en efectivo, que ya tiene metidos en dos compras de apartamentos, con el mismo préstamo que requiere 30%, en el cual podrá comprar dos complejos de cuatro unidades cada una en el sur centro de L. A., las cuales les generarán más de $4000 al mes, y el pago solamente le quedará por menos de $2000. Este al aprovechar la devaluación que experimentaron las casas en L. A. en el 2010.

Lo anterior implica que estará recibiendo aproximadamente $4000 al mes por el resto de su vida. Una jubilación prematura y por encima del mayor monto que le pueda dar el seguro social después de haber aportado el máximo toda una vida.

Además, al no poder hacer nada con la casa, la exnovia decidió desalojarla y dejar todo atrás. Él, al mudarse a la casa de su exvecino, arregló con el banco una modificación mucho más favorable a la que originalmente le habían ofrecido.

Le perdonaron $400 000 del principal y sobre el nuevo monto, $200 000 solamente le están cobrando 2% por cinco años y después sube al 3,7% por el resto de la vida de este préstamo, lo cual le da un paguito de $1000 al mes. Para no despertar ninguna sospecha de su regreso, nuestro amigo de la calle Astucia decide rentar esta casa por $1800 ya que mucha gente ha perdido sus casas y eso ha creado mucha demanda por casas de renta.

Lo que más resalta de estos dos ejemplos son dos cosas: primera, la compra que pudo hacer sobre la casa de su estimado y responsable vecino, el cual fue más que responsable, triturado por El molino de oro al creer en cuentos infantiles. Segunda, el perdón del principal sobre algo que nuestro amigo disfrutó al máximo y utilizó para poder obtener otros activos y al día de hoy estar arriba en el marcador ante el banco.

Le ganó al banco con sus mismas reglas. No hay nada en este mundo que le pueda quitar las tierras en Michoacán, su trokita, la casa de su vecino, su casa, el dinero en efectivo y ahora los apartamentos que representan su jubilación.

En esta situación posiblemente sí tiene sentido el querer pagar sus casas debido al monto tan bajo que debe en ambas. Lo único que tiene que hacer es meterle los $2000 que le restan de los apartamentos que compró y mandarlo como extra a sus casas y de esta forma las podrá pagar en quince años. No obstante, nuestro amigo ya experimentó en carne propia la estrategia y sabe que a menos que en realidad regulen la industria, esto se podrá volver a hacer otra vez, solamente es asunto de tiempo.

Por otro lado, al final, nuestro amigo de la calle Responsabilidad terminó rentando, con ganas de haber disfrutado de todo aquel dinero que le ofreció el mercado y nunca aprovechó.

Dolido por las pérdidas experimentadas sobre algo que él tenía como extremadamente seguro: su 401k, su trabajo, su ganancia en la casa, esta experiencia le enseñó que nada es seguro, independientemente de que se tenga o no una carrera universitaria, responsabilidad, sensatez para administrar las finanzas. Al final, lo más importante es entender las reglas del juego, ya que constantemente están cambiando.

Pero lo más irónico es que durante estos momentos de crisis, el mismo sistema favorezca al astuto y no al responsable. Al responsable casi lo dejó en la calle y al astuto inconscientemente lo jubiló.

Me recuerda la comentada frase que dice: «Un banquero es aquel que te presta su sombrilla cuando está soleado, pero te la quita una vez que comienza a llover».

A nuestro amigo responsable lo despidieron independientemente de su nivel de educación, le cortaron el crédito cuando más lo necesitaba, perdió todo su dinero ahorrado en la bolsa, y el banco, después de haber sido él extremadamente prudente con sus finanzas, lo castigó y lo echó como a un perro. No le permitió modificar su préstamo, ni refinanciarlo a algo más cómodo.

Al astuto, por el contrario, le perdonaron todas sus deudas, le pagaron durante el tiempo que no trabajó y le perdonaron todo el dinero que le había sacado a su casa y gastado, con una modificación de su préstamo, en la cual le perdonaron todo lo que se devaluó la propiedad y le dieron un 2% fijo en los primeros cinco años y 3.7% por el resto del préstamo.

Tiene dinero en efectivo y apartamentos que le dejan más de lo que potencialmente pudiera recibir del seguro social después de haber trabajado una vida y asumiendo que el seguro social todavía existe.

Todo esto, sin tener papeles ni mucho menos conocimiento de lo que estaba ejecutando. Y aunque no considero que sea digno de ser premiado como fue, yo sí considero que el sistema empuja a uno a reaccionar y no dejarse.

Se puede argumentar que hasta algún nivel abusó del sistema; no obstante, todo lo que realizó lo propició el mismo sistema.

Sucede lo mismo que con el payaso excandidato a la presidencia, Romney, quien con un ingreso de más de

20 millones anuales solamente paga 15% en impuestos. Este señor, como nuestro amigo astuto, se beneficia de lo que El molino de oro le permite.

Ambas gestiones ameritan una revisión; pero hasta que eso no tome lugar, ambas son parte del juego. Lo anterior me permite abordar otro asunto de importancia.

El Welfare Corporativo y Personal promueven irresponsabilidad. Ambos deben ser analizados profundamente, ya que nos están hundiendo como nación.

De la misma forma en que nuestro amigo de la calle Astucia actuó sin clemencia al endeudarse y gastar sobre sus posibilidades sabiendo que no tenía ninguna responsabilidad al no existir en este país, toda compañía que actúa con el mismo nivel de irresponsabilidad disfruta del mismo nivel de preocupación que una persona sin papeles al endeudarse. Ambos saben que no existe consecuencia alguna sobre sus actos al estar protegidos uno por no existir y el otro por transferir su existencia debajo de la falta corporativa. Esto gracias a más de treinta años de gestionamiento sobre una nueva plataforma que solamente premia al astuto y no al responsable.

Y cuando hago mención de Welfare Corporativo y Personal me refiero al que se obtiene sin ningún mérito.

Por ejemplo, existe una gran diferencia entre una compañía como Google y Bern Stearns. Una ha revolucionado nuestras vidas mejorando el acceso que tenemos a información. La otra simplemente aprovecha los gestionamientos que ha financiado para que le permita actuar sin clemencia. Ambas compañías reciben ayuda por parte del gobierno; en mi opinión, la primera justifica hasta algún punto y la segunda simplemente es una garrapata.

De la misma forma, nuestro amigo de la calle Astucia recibió ayuda social por parte del gobierno, como hizo la prima de su novia. No obstante existe una gran diferencia entre ambos.

Por lo menos este compadre trabajó de sol a luna y pagaba impuestos sobre el 25% de sus ingresos, impuestos sobre su casita del 1.25% sobre el precio que compró la casa, impuestos sobre cada compra que realizó que está sobre 7%.

Consumió todo lo que ganó y hasta más. Este es el ciudadano ideal que desea el mundo corporativo y la economía: el que trabaja y gasta más de lo que gana.

Este es el verdadero creador de empleos. Gasta todo lo que gana. Compra todo lo que le venden.

Una de las razones por las cuales el señor Henry Ford remuneraba por encima del promedio a sus trabajadores era por tener presente lo siguiente: «No es la compañía la que paga los salarios. La compañía solamente procesa la transacción. Es el consumidor el que verdaderamente paga los salarios».

Y sobre esto deberíamos ser premiados los hispanos, ya que considero que nuestra comunidad disfruta de millones que llenan este perfil y que de la misma forma aportan de forma significativa a esta gran nación y que ya explicaré a fondo en el próximo capítulo.

La que sí es una pena y debería ser analizada a una escala mayor es la prima de la novia. Y todos los valientes que le hicieron los hijos, que el que quiere vaca que la pague.

A ella por traer al mundo niños que no podrá mantener ni mucho menos formar, y a los otros parásitos por no asumir la responsabilidad de sus calenturas.

Ella por ser experta en manipular al sistema, ella sí que sabe cómo chupar y no solo lo digo por el fruto de tener cuatro niños antes de los treinta sino por los fondos que chupaba para poder recibir todo aquel servicio gubernamental que le permitiera seguir gozando de este estilo de vida sin tener que trabajar ni mucho menos pagar impuestos.

Un problema grave para la sociedad. Sin ningún interés de producir ni de mejorar su entorno. Usan a estas criaturas como excusa para sustentar sus indecentes hábitos.

Y por otra parte, todos esos infelices que dejan hijos regados como si fueran perros de la calle. Con la serenidad de que la madre, o en este caso El molino de oro, asumirá la responsabilidad de la crianza de esos niños.

Imagínense que debido a este esquema existen hombres que se apodan los cazadores de welferas: son hombres dotados o cariñosos que buscan a estas mujeres con múltiples hijos, las cuales son expertas en chupar fondos del gobierno, y ahora estos hombres, a cambio de que los mantengan también a ellos, les dan más para chupar.

Estos compadres que se llenan de hijos para que se los mantenga El molino de oro. No trabajan y lo único que hacen es ver televisión y engordar, hasta el punto de ser inservibles para cualquier trabajo y ahora reciben no solamente ayuda médica sino también asistencia para poder seguir desperdiciando una vida a costo del pueblo.

Chupan todo aquel servicio que esté a su mano: Welfare, Food stamps, Section 8. Sin necesitarlo. Solo sabiendo trabajar el sistema para poder aprovechar esta ayuda y no tener que hacer el mínimo esfuerzo para mejorar sus vidas.

Lastimosamente, tengo la desdicha de conocer a más garrapatas de abajo que de arriba.

Tienen carros del año y siempre tienen dinero. Visten bien, con la excepción de cuando tienen que ir a solicitar esta ayuda o cuando van a recibir a la persona que monitorea su elegibilidad, que en la mayoría de los casos también se presta para fomentar este comportamiento.

¿Quién no ha visto pagar en el supermercado a una persona con EBT, y después salir en su Mercedes del año convertible? ¿O a la expandillera que hoy pesa más de 300 libras, con cuatro niños y viviendo en la casa de sus padres que se rompen la espalda todo el día para poderla mantener mientras ella usa toda esta ayuda para comprarse ropa, carro nuevo, y siempre poder salir a tomar con sus amigas?

La mayoría de estas personas disfrutan de una vida, aunque condenada, ya que se tienen que cuidar y esconder de las agencias que los regulan, por encima de aquellos que con sacrificio trabajan de sol a luna para poder mantener a sus familias.

De la misma forma que estos altos ejecutivos que se convierten en políticos con el afán de chupar lo que puedan del molino de oro.

Yo me pregunto, qué otro interés pueden tener estos exdirectores de compañías al abandonar una posición en la cual ganan millones de dólares a cambio de un salario mediocre en el cual tienen como función servir al pueblo.

¿Es que existe alguien tan iluso que piense que estos compadres son los Robin Hood modernos?

A todos estos políticos les deberían hacer vestir con los trajes de conductores de Fórmula 1, para saber quiénes son sus auspiciadores. Y de esa forma tener más claro el porqué de sus inclinaciones sobre las absurdas políticas que promueven.

Y lo mismo deberían hacer con los títeres corporativos. Con todo aquel personal que contratan las compañías para que les ayuden a arrear el ganado. De esa forma tendremos claro cuánto recibieron en compensación por arrearnos al corral de trituración.

¿Que no fue esto lo fundamental que promovieron con esta reforma al comenzar la crisis: la transparencia?

Me gustaría ver si con esta transparencia tendrían la misma aceptación y si en verdad son dignos de respeto o de lástima. Pero, sobre todas las cosas, confirmar si en realidad son personas talentosas o simplemente títeres que cuando tienen el respaldo económico funcionan, pero sin él no dejan de ser perros olvidados, sin ofender al Cucuy y al Piolín.

Y tal vez de esta forma entenderíamos muchas prácticas que son financiadas con miles de millones de dólares, pero que todavía no podemos comprender a quién defienden o qué en realidad promueven y a quién benefician.

Por ejemplo:

¿Cómo puede ser posible que sea permitido el cabildeo o lobbying? Estos compadres que representan los intereses de las grandes transnacionales, que su trabajo es el entretener, sobornar, y pagar el dinero que tengan que pagar para que el congreso baile al ritmo de sus necesidades.

Actualmente existen cinco de estas garrapatas para cada congresista. Un número alarmante que excede más de 10 000 garrapatas e invierten más de mil millones al año en sobornar a las personas que supuestamente tienen que defendernos.[20]

Las garrapatas conocidas como puertas giratorias o Revolving Doors, en la cual exempleados del gobierno se integran al cabildeo para ahora, con los secretos que tienen sobre la política, defender los derechos de las transnacionales.

Las garrapatas de Comisión de Acción Política o PACs Political Action Committes y ahora las Supercomisiones de acción política, son grupos que invierten miles de millones en apoyar al candidato a la presidencia que mejor baile al ritmo de sus necesidades.

Garrapatas como estas, que manipulan medios de comunicación para controlar nuestras decisiones, manipulan la educación para contrarrestar cualquier posible amenaza a sus planes, manipulan el sistema tributario para evadir de una forma legal la parte que les corresponde pagar al obtener beneficios por ofrecer sus servicios o productos en El molino de oro.

Se llevan sus compañías a esconderlas a la pequeña aldea de Zug al norte de Suiza y de esa forma poder evadir pagar impuestos y, sobre todo, encontrar la forma para poder activar El molino de oro para que siempre sean sus compañías las beneficiadas al conseguir contratos multimillonarios o paquetes de rescates económicos.

¿Y qué me dicen de todas estas compañías que han manipulado el sistema para poder convertir necesidades sociales en ganancia?

Las llamadas FOR PROFIT compañías. Estas compañías que han transformado el cuerpo humano, el sueño americano y la educación en cultivos de miles de millones de ganancias al costo del pueblo.

---

20   www.opensecrets.org

El gobierno es indispensable para cubrir todos aquellos servicios necesarios para el crecimiento de una sociedad que el sector privado no ofrece por no ser lucrativo económicamente.

Por ejemplo la cadena PBS Kids y su programa *Sesame Street*, un programa que sin tener fines de lucro es financiado por el gobierno y televidentes que apoyan estos esfuerzos de fomentar la educación a todos los niveles.

Lo bueno de estos programas es que al no tener auspiciadores privados, el contenido es cuidadosamente seleccionado con el fin de educar y no de manipular los cerebros de estos niños.

Estos programas representan un apoyo inestimable para todos aquellos padres, que al estar siempre trabajando para poder cumplir con sus obligaciones mensuales, carecen de tiempo para poder educar a sus hijos.

Esta es una de las limitadas opciones que tienen de evitar que sus hijos sean triturados o acondicionados desde niños por los programas que sí tienen auspiciadores. Estos programas les dan la serenidad a los padres de que sus hijos por lo menos algo bueno están aprendiendo y que no están siendo manipulados.

Es irónico que el excandidato a la presidencia, Romney, y sus amos, los ultraconservadores de la derecha, como objetivo sobre su plan de mejorar esta gran nación, pretendieran recortar este programa por gastar fondos de El molino de oro.

Su justificación era tan errónea como la mayoría de su desconocido plan para mejorar este país.

Su único argumento era el no tener sentido el dirigir fondos federales para financiar estos programas que no traen ninguna rentabilidad económica. Ignorando que la rentabilidad es superior si tomamos en consideración la educación o formación de todos esos niños, que no tienen la misma oportunidad que sus hijos y que en el futuro serán nuestra fuerza laboral.

Culpar este gasto del presupuesto fiscal o quererlo erradicar para poder reducir el déficit fiscal, es tan erróneo o ignorante como pretender que el problema de espacio en mi disco duro de 60 TB sean diez fotos de mi infancia, y que al borrarlas se solucionará el problema.

Qué bueno que este compadre no fue electo, si no hoy sería común ver a Ronald McDonald y Mickey Mouse ofreciéndoles crédito a los niños.

El erradicar todo aquel servicio que no produce una rentabilidad en aspectos económicos pero sí un aporte social es lo que ha permitido que servicios básicos, como la salud, la educación y el deseo de obtener una vivienda, nos lleven a la bancarrota. Esto debido a que le hemos dado las llaves de la economía y nuestro futuro a ciertas garrapatas que sin clemencia cambiaron el destino de esta gran nación y en el proceso modificaron todo para que solamente les beneficie a un exclusivo grupo de magos empresariales.

Y como dicen por ahí: «Dios los cría y ellos se unen» porque cuando se trata de garrapatas, no importa que sean ricas o pobres. Ambas chupan sin clemencia. Uno arriba y otro abajo. Igual de culpables y ambos contribuyendo al desplome de nuestro Molino de oro.

Ambas garrapatas abusan del sistema welfare, que los apoya aunque de diferente forma, afecta al total y nos hunde cada vez más y más. A uno con subsidios, créditos tributarios, políticas que les favorece, etcétera; al otro con asistencia que lo hace depender más del sistema: comida, vivienda y dinero para poder gastar.

Este comportamiento por más de treinta años y todo cambio erróneo de sensatez a estupidez, eventualmente tenía que tener un impacto en el presupuesto fiscal. Ese impacto ha causado un déficit (gastamos mucho más de lo que colectamos) que sigue creciendo a pasos agigantados a la deuda nacional que excede lo que anualmente producimos como país.

Estas son las cifras estimadas. Omitiendo ocho ceros, y obtenidas de www.usdebtclock.org a finales de septiembre de 2013, que es cuando termina el año fiscal.

Ingreso anual: $26 910

Gasto anual: $35 180

Déficit anual: $8260

Este déficit, que Obama ya ha controlado pues el rey de los Muppets le dejó una bomba de tiempo que era casi el doble de lo que es actualmente, sigue agregando a la deuda nacional.

Deuda Nacional Actual: $160 000.

Esta deuda nacional se puede decir que es un fraude, o como en inglés se le conoce: Panzy Schemes. Una generación malgasta más de lo debido, endeuda al país, y deja las consecuencias de esta deuda a las nuevas generaciones. En otras palabras, es como si el padre y la madre se endeudaran y fueran irresponsables a niveles insostenibles, con la esperanza de que eventualmente sus hijos pagarán esas deudas. Doscientos años nos llevó endeudarnos a cinco billones. Y diez años para siete billones.

Esta deuda nacional sobrepasó la producción nacional anual o, como comúnmente se le conoce en español, el PIB, producto interno bruto o producción de todo el país.

Producción Nacional Anual: $150 904

Esta es la producción más alta en el planeta y, a menos que sigamos cometiendo errores constantemente por los próximos treinta años, se mantendrá entre las primeras tres del mundo. Los que nos siguen son:

China: $90 000

Japón: $50 000

Alemania: $40 000

Francia: $30 000

Brasil: $25 000

Y más abajo, pero para tener más clara la magnitud de este Molino de oro:

México: $1200

Guatemala: $400

El reto es encontrar una forma equitativa de retenciones tributarias en la cual todos aporten en proporción conforme a sus ingresos, sin desmotivar o quebrar la plataforma que ha impulsado a tante gente a querer migrar a este edén. El problema no es tanto en qué se paga, sino la forma irresponsable en la que se gasta.

Se tiene contemplado que 93% de la producción va al 20% de la población. Y solamente el restante 7% al resto del 80% de la población.

En otras palabras: $139 500 son los ingresos del 20% de arriba y $10 500 son los ingresos del 80% de abajo.

Los ingresos para poder cubrir nuestro presupuesto federal provienen fundamentalmente de lo que se recauda en impuesto de estos dos ingresos.

Aquí es donde radica uno de los múltiples problemas:

Al sector que está disfrutando de esta producción de $139 500 se le facilita el esquema para que pueda aprovechar a lo grande y de una forma legal estos descuentos e incentivos, que le permiten solamente aportar un porcentaje insignificante en proporción a los beneficios que obtienen para poder cubrir los gastos federales.

Por otra parte, al sector que disfruta de las sobras, $10 500, se le dificulta y complica intencionalmente el esquema para que no sepan de qué forma pueden reducir sus aportaciones, que tienden a ser altas en proporción a sus beneficios que obtienen para poder cubrir los gastos federales.

Y esto suma los ingresos anuales que no son suficientes para poder cubrir las obligaciones del gobierno y esta diferencia agrega a la deuda nacional.

Veamos estas cifras desde otro ángulo, en una historia que llamaremos: Los hermanos AgaPito.

En la linda ciudad El molino de oro vivían dos hermanos de apellidos AgaPito. Extremadamente conservadores, descendientes de holandeses, al mando del negocio que fue fundado por su padre en los años cuarenta y que para ese momento ya era una transnacional de nombre El Pulpo.

Dos hombres sumamente pobres, que lo único que tenían era dinero.

El más avaro de los dos, Casiano, tenía setenta y siete años y era un hombre soltero. Entregado completamente a la conquista total del mundo, se consideraba un hombre con principios y superior al resto de la población.

Al ser hombre extremadamente ocupado y soltero, tenía a una señora de confianza que se encargaba diariamente de limpiar su casa y cocinarle su delicado menú de platos exóticos.

Más de veinte años trabajando con el señor Aga Pito y un día cayó en cama con una enfermedad crónica. La primera preocupación de esta señora no era su enfermedad, sino a quién podría contactar para sustituirla durante los días en que estaría hospitalizada. Sabía que el señor AgaPito era un hombre muy delicado que solamente les permitía a personas de su color y raza entrar a su casa.

La única persona que llenaba las expectativas sobre ética al trabajar era Primitiva.

Una muchacha del sur de Bolivia. Soltera, baja de estatura, piel morena y con rasgos fuertes de descendencia indígena. Una muchacha muy trabajadora y honrada, que como los abuelos del señor Casiano AgaPito, migró a este país en busca de una mejor oportunidad. Lo único que los diferenciaba, aparte de su país y edad, eran los cincuenta años antes que habían migrado los abuelos del señor Casiano.

Al no tener más opciones, y al no tener excusas sobre sus faltas, la señora decidió comentárselo al señor Casiano AgaPito y le pidió que, por favor, fuera de mente abierta y que solamente la juzgara por su trabajo.

Llegó el lunes y Primitiva se presentó en la casa del señor AgaPito. El señor Casiano le pidió a su hermano que por favor le administrara El Pulpo solamente por este día, ya que tenía que inspeccionar a esta nueva ama de casa. Aparentemente El Pulpo estaba gestionando un contrato sobre un oleoducto que cruzaría todo el país hasta Canadá.

Ella tocó y el señor Casiano abrió la puerta, bajó la mirada y frente a él tenía a una mujer muy joven, tímida y con muchos deseos de trabajar.

Después de casi cinco horas de capacitación y exigencias, finalmente los dos se sentaron a tomarse un café. El silencio se apoderó de la sala y lo único que Primitiva sentía era la mirada imponente de Casiano. Evidentemente esta jovencita no solamente había llenado las expectativas de trabajo sino que al parecer le había producido cosquillas en la panza al señor AgaPito.

En la primera semana de trabajo, Primitiva se ganó el cariño y admiración del señor AgaPito. Primitiva limpió, cocinó, ordenó, y le mostró que el único afán que ella tenía era el de honestamente ganarse un sueldo que le permitiera vivir dignamente.

El señor AgaPito, al tener confianza sobre Primitiva, regresó a sus gestiones laborales. El Pulpo estaba creciendo y ya era la segunda compañía pública más grande de El Molino de oro. Este era un resultado de toda aquella inversión que había efectuado desde los ochenta para poder tener un camino libre para El Pulpo.

Él era un hombre bien vestido, educado en las mejores universidades del mundo, adinerado y sobre todo con mucho poder. Pero muy solo.

Ella era una mujer muy trabajadora, pero muy humilde y noble y sobre todo llena de vida.

Un sábado, después de una junta de trabajo, el señor AgaPito llegó con unas copas encima y Primitiva estaba a punto de salir cuando el señor le ofreció un trago.

Ella, como gesto de respeto ante su jefe, solamente le aceptó una Coca Cola para hacerle un poco de compañía.

Pero después de unas copas y como dijera Ricardo: «Quién diría que el Mink y la mezclilla podrían fundirse un día. Tú caviar y yo tortilla. Quién diría. Parece que el amor no entiende de plusvalías. Tú vas al banco y yo prefiero la alcancía». Ambos dejaron sus diferencias económicas y se hundieron en un enculamiento platónico.

Por acto de magia se involucraron y se casaron. Tuvieron dos hijos y aquí es donde viene lo bueno.

El señor AgaPito, como conocía mucho de leyes, se casó con bienes separados. Hizo que la pobre Primitiva firmara un acuerdo prenupcial más detallado y extenso que el que ha redactado Tiger Wood para su próximo matrimonio.

Mantuvo todos sus bienes separados y una regla que Primitiva debería respetar sobre todas las cosas: la ley del embudo.

Ambos como matrimonio reportaban un ingreso anual de $150 904.

El señor Casiano AgaPito percibía un ingreso anual de $139 500 como empresario.

Y Primitiva percibía un ingreso anual limpiando casas de $10 500.

Sus gastos, que frecuentemente era la única razón por la cual discutían ya que ambos tenían fuertes inclinaciones sobre lo que representaba mayor importancia para el futuro de su familia, eran aproximadamente de $35 180 al año.

Primitiva alegaba que en vez de gastar en tanta seguridad, debería designar un fondo de emergencia en caso de que algo les pasara, un fondo de inversión para poder pagar la universidad de sus hijos, un fondo de inversión para poderles ayudar a comprar casa el día que estuvieran listos para partir.

Casiano gastaba mucho dinero en armas para poder proteger la casa ante un ladrón. Aparte de eso pagaba por el sistema de alarmas más sofisticado para poder monitorear si algún intruso se quería meter en su casa.

Constantemente compraba lo más nuevo en armas y si en pocos meses sacaban el nuevo modelo, destruía la que tenía para poder comprar otra.

Ella frecuentemente le preguntaba que por qué era necesario gastar tanto dinero del presupuesto que tenían si vivían en la ciudad más segura del mundo. La casa estaba situada en una comunidad privada en la cual tenían guardias en la entrada y solamente se les permitía el acceso a los residentes o por medio de un permiso especial.

Ella, por su parte, siempre abogaba por destinar más dinero del presupuesto en la educación de sus hijos, en la salud de sus hijos, en tecnología para que sus hijos tuvieran una excelente formación.

Ella quería dar más pero sus ingresos eran limitados. Ella trabajaba limpiando casas y solamente se le permitía trabajar por las mañanas ya que tenía que cuidar a los niños, limpiar y hacer todos los quehaceres antes que el esposo llegara a casa.

Casiano AgaPito, al considerarse más instruido en el manejo del dinero y sobre todo el futuro de su familia, decidió que para poder pagar los gastos de la casa, era más que justo que se presentasen las siguientes aportaciones:

Casiano AgaPito solamente 15% de sus ingresos.

Primitiva Silvestre 40% de sus ingresos.

Esto lo justificó comentando que él era más inteligente administrando el dinero, y que su extensa experiencia al mando de El Pulpo le daba la razón. Era por eso que él debería siempre mantener más de sus ingresos. Si por alguna razón ella dejaba de trabajar él sería el sustento seguro. Y también la amenaza de que, de no aceptar, él se verá forzado a divorciarse e irse con otra mujer.

La suma de sus aportaciones les daba un total de $25 125.

Sus gastos, $35 180.

Esto significa que les dejaba un déficit de aproximadamente $9000.

Para poder cubrir este déficit, Casiano sugirió que usaran lo que siempre habían usado: línea de crédito, que hizo que ella sacara a su nombre sobre la casa y con su crédito y que ya está en $160 000.

Ella le reprochó y le dijo que cómo podía ser tan injusto y permitir que la promesa de poderle financiar la universidad a sus hijos y la promesa de heredarles un techo y un dinero para que se pudieran defender se estuviera esfumando cada vez más al estar agregando a esta línea de crédito que ya estaba casi al límite.

Primitiva le solicitó que por lo menos aportara el mismo porcentaje que ella.

O que le permitiera trabajar más.

O que contratara a un ama de casa para que hiciera la limpieza y ella pudiera conseguir otro trabajo.

Casiano rechazó todas sus opciones y le dijo que se tenía que seguir respetando la ley del embudo.

Ella le dijo que entonces tendrían que ajustar o cortar gastos innecesarios ya que lo último que ella quería era dejar en herencia esta deuda de $160 000 a sus hijos cuando ellos no habían sido los culpables.

El hermano del señor AgaPito le aconsejó que él debería gastar más en armas y protección ya que había escuchado que los ladrones estaban usando resorteras para asaltar a mano armada. Casiano le respondió que era una buena idea, pero que no sabía de dónde sacaría este dinero ya que llevaban años cargando con déficits y la deuda ya estaba al reventar. El hermano simplemente le aconsejó que la única opción sería subirle el porcentaje de contribución a su esposa y que él debería aportar menos.

Por otro lado, la familia de la señora Primitiva le afirmaba que esto de que su esposo solamente contribuyera con 15% y ella 40% de sus ingresos era una injusticia.

Ellos también compartían la opinión de exigirle a Casiano que aportara más, o que la dejara trabajar a tiempo completo a ella o que, simplemente, ajustara drásticamente los gastos.

Al no ver factibles las dos primeras opciones, la señora Primitiva trató de cortar el presupuesto y él simplemente no se lo permitió.

Al final le siguieron agregando a la deuda y ahora con la preocupación de que el banco perdiera confianza en su capacidad para poder pagar esta deuda y le cortase el crédito.

Colorín Colorado: este asunto continúa.

Aunque todos desearíamos que esta novela terminara con un final feliz, lo cierto es que no es una novela, sino la realidad actual de nuestra nación. Lo único que nos queda es esperar a que termine en un final feliz. O encarar las consecuencias.

El asunto del déficit fiscal es como bajar de peso: o haces ejercicio o dejas de comer.

Pero no usas la tarjeta de crédito para hacerte la banda gástrica y después, cuando ya no puedes con los pagos, te declaras bancarrota.

De la misma forma, para poder contrarrestar este déficit nacional, o cortamos gastos innecesarios o aumentamos los ingresos vía impuestos tributarios. Y he aquí donde radica el problema.

Los títeres actuales que nos gobiernan no llegan a un acuerdo sobre qué cortar y qué aumentar. Ambos siguen con los ojos vendados y no se dan cuenta del problema tan grave que tenemos frente a nosotros.

Los demócratas, por un lado, con su fantasía de seguir ayudando al necesitado, sin analizar el actual sistema que tiene más hoyos que una coladera. Y por otro lado, el partido republicano que está más perdido que chino en un juego de las Chivas contra el Firpo, al no permitir por ningún motivo el aumentar los impuestos equivalentemente.

Entonces la única solución viable hasta que acuerden en algo es tirarle más leña al fuego: imprimir dinero sin control.

Este espejo de humo no durará mucho tiempo. Eventualmente tendremos que enfrentar la cruda realidad que esta recuperación maquillada ha postergado.

Actualmente seguimos viviendo en un mundo de ilusión a todo nivel: macro, micro y personal.

Macro: El país reporta crecimiento de 3%, la bolsa pretende haberse recuperado, el sector inmobiliario en supuesta zona estable.

La cruda realidad es que para poder mantener este nivel de crecimiento y estabilizar la bolsa y el sector inmobiliario han tenido que agresivamente mantener su póliza monetaria en quinta velocidad.

No solamente han mantenido el costo del dinero extremadamente bajo para poder postergar pagos sobre la deuda nacional, sino que también han impreso dinero artificial para poder inyectar optimismo a todos los niveles comprando y comprando sobre su gestionamiento QE.

El gran problema es que no pueden mantener esta táctica por mucho tiempo. Y creo que ya están llegando al punto en el que puede estallar y las consecuencias serán desastrosas. No solo devaluación del dólar, inflación, sino que se perderá el status que hemos mantenido hasta este momento.

Las cifras sobre la vivienda nos dicen que el sector se ha recuperado basado al nivel de ventas que se han efectuado en los últimos dos años.

La realidad es que si bien el valor de la propiedad ha aumentado es debido a dos cosas:

Los bancos mantienen las casas que embargan para de esa forma controlar el inventario y crear un alza artificial. Mientras más suba el valor de las propiedades, menos serán sus pérdidas. Algo es casi seguro, eventualmente tendrán que liberar todo el inventario que tienen ya que ellos están en el negocio de prestar dinero, no de vender casas.

Las personas que tienen acceso a este dinero que está muy barato, están aprovechando para poder comprar toda propiedad que al invertirle unos $30 000 le puedan sacar unos $50 000 en ganancia. De cada cinco casas que se venden en una cuadra aquí en el sur centro de Los Ángeles, me atrevo a afirmar que cuatro son inversionistas y uno de ellos es una familia que en realidad va a vivir en esa casa. Hasta que esto no sea lo inverso, esto sigue en un rumbo a una corrección.

Micro: Las compañías reportando ganancias a niveles bíblicos, bonificaciones para sus directivos y reservas en efectivo nunca antes vistas.

Lo que no reportan es lo que han realizado para poder producir estos resultados, como por ejemplo, despedir al 70% de su fuerza laboral y enviar a todas esas fuentes de empleo a economías emergentes para aprovechar el bajo costo de mano de obra.

Por ejemplo, mi compañía en el año 2013 está mucho mejor que en el año 2009. He tenido un crecimiento en rentabilidad del 30% comparando ambos años. Entonces, al reportar estos resultados, sí se pudiera confirmar un mejoramiento significativo.

No obstante, para poder producir estos resultados tuve que despedir al 40% de mis empleados en USA.

Corté más del 50% de mis gastos fijos en USA. Esto implica que despedí a mi recepcionista, mi departamento de negociación, estructuración y procesamiento. La oficina de más de 15 000 pies cuadrados la mudé a una de 900 pies cuadrados.

Los trabajos los exporté a Lima, pues con el salario de una persona en USA casi puedo contratar cinco. Muchos de los exempleados todavía no pueden conseguir un empleo de tiempo completo. Muchos están todavía viviendo de lo que les da el seguro de desempleo.

Esta es la única forma de poder mantener mis puertas abiertas sobre los servicios que son una necesidad para nuestros clientes.

Con estos ajustes creí en algún momento que tendría más rentabilidad, pero no es así, ya que cada vez más se complica la situación económica para 80% de la población.

En USA solamente tengo el departamento de ventas, para que realicen las ventas necesarias para poder subsistir. Esta es la práctica normal de la gran mayoría de las compañías en USA. Y creo que no hay que ser un economista de renombre para saber que esta vía no pude continuar.

Personal: Nivel de consumo a niveles prerrecesión, shopping center llenos, restaurantes llenos, viajes a nuestros países, y mucho dinero en efectivo debajo del colchón.

Las personas tienen dinero para gastar y lo gastan sin clemencia y esto hace pensar que estamos en mejor estado que hace seis años. La razón principal es porque la gran mayoría de estas personas no pagaron sus deudas no aseguradas, no han pagado la casa y todo el dinero que les está entrando se lo gastan sin pensar que esto puede volver a pasar.

El nivel de registros de bancarrota y el número de registros de personas que ya están en morosidad con el banco también. Ambas nos dicen que las personas tienen dinero disponible no porque hayan tenido un aumento, sino porque no han pagado sus deudas.

Como ven, a todos los niveles estamos maquillando la verdadera realidad.

Y esa realidad es que debemos encarar pensando en el futuro de las nuevas generaciones.

De qué forma les vamos a cumplir a todas estas personas que han estado cargando la carreta de seguro social y Medicare.

Tenemos que modificar varios aspectos a todos los niveles para poder retomar las riendas de un camino sensato.

Macro:

En 1950-1960 por cada $1 que un ciudadano diera en aportaciones tributarias, la compañía aportaba 1,50. Hoy por cada $1 la compañía solamente aporta veinticinco centavos de dólar. Esto tienen que ser modificado.

Crear incentivos para que la mayoría de transnacionales y adinerados puedan traer sus fortunas para inyectarlas en la economía local. Más de 1,2 billones se estima.

Definir bien los objetivos sobre políticas exteriores. Solamente involucrarnos en situaciones en las cuales el aspecto económico de todo el país lo amerite. Actualmente solo son ciertas compañías privadas las que siempre se benefician.

Reformar a todas las agencias GSE's.

Las uniones deben ser apoyadas pero reguladas. El concepto le dio mucha protección a una fuerza laboral que era explotada. Actualmente son las uniones las que han explotado su poder. Ocurre el mismo problema que con la protección de abuso infantil, que es un gran concepto, pero hoy es tergiversado a tal punto de que no puedes castigar a un hijo porque siempre existe la amenaza de que llame a la policía. Ambas gestiones considero que deben ser analizadas.

Si el congreso aprueba una guerra, todos sus hijos y nietos serán reclutados. Y no para que supervisen las operaciones desde un lugar remoto, sino a las filas de infantería.

Se debe prohibir el financiamiento de campañas presidenciales. Dejen que la democracia prevalezca. El candidato que plantee el mejor esquema de trabajo y haga sentir al pueblo que desempeñará de la mejor forma el plan que ayudará a la nación a avanzar y no a retroceder, debería ser el que gane. Actualmente está el que recibe más financiamiento y usualmente ese dinero viene cargado de favores a cambio.

Aumento en el salario mínimo. Mientras esto no suceda, muchas personas responsables abajo seguirán necesitando la ayuda social. Y hasta que esto no se dé, nunca alcanzaremos una recuperación sostenible.

Invertir en infraestructura. Qué mejor forma de mejorar las condiciones actuales que haciendo arreglos en la casa y en el proceso crear fuentes de empleo.

Reactivar el Glass Steagall Act. Esto necesita una modificación inmediata para frenar a estos carteles financieros que siguen apostando sin asumir las consecuencias de sus gestiones.

Micro:

Modificar el marco corporativo para que le dé más responsabilidad a sus dueños sobre los servicios o productos que ofrecen.

Modificar el proceso de evaluación sobre todas las compañías que solicitan un subsidio del gobierno.

Modificar las compensaciones de la mayoría de directivos para que dirijan sus ideas a beneficios de largo plazo.

Instalar un sistema de compensación tributario similar al que existía antes que entrara el títere de los ochenta. Sobre este sistema se les incentivaba a los dueños a que mantuvieran la gran mayoría de los ingresos en sus compañías o que les pagaran mejor a sus empleados.

Personal:

No especuladores. 20% de entre. O implementar un sistema que verifique la capacidad financiera de un comprador antes de que se realice la compra.

Comprobación de recursos Means Test antes de ofrecer cualquier ayuda social, hacer que todos se sometan a procesos de comprobación de elegibilidad más detallados con el objetivo de determinar quién sí necesita la ayuda y quién simplemente está abusando del sistema.

Explorar la política de solamente dos niños para las personas que no tengan la capacidad financiera de mantenerlos. O modificar los incentivos tributarios que se reciben sobre este problema.

Libertad no es lo mismo que derecho. Todas las gestiones que son dirigidas para poder asistir a los más necesitados, deben ser analizadas. El comprar una casa es una libertad que todos tenemos, con tal que tengamos la capacidad financiera de realizarlo por nuestros medios. El darle no solo la libertad, sino hacer una obligación del hecho de que todos puedan comprar una casa fue lo que impulsó a los bancos a otorgarle una hipoteca de $600 000 a una persona con ingresos mensuales de $1500.

Muchas personas confunden el problema que tenemos actualmente con el capitalismo. El capitalimo puro es lo que ha permitido que muchas personas en este país puedan ascender su nivel económico.

En el capitalimos puro, si te la jugaste y no pegó, pierdes. No hay paquete de estímulo económico, financiado por el pueblo, que te auxilie, más que la promesa de que el mismo sistema te permitirá ponerte de pie e intentarlo de nuevo. El capitalismo es lo que permite que hoy disfrutemos de todos estos avances tecnológicos que para el que los sabe aprovechar mejora sus vidas.

El capitalismo no es el problema, el problema es la avaricia corporativa y política.

Es la noción, por la avaricia de unos compadres a quienes se les permite manipular el sistema, de que al ganar pueden disfrutar de las ganancias, pero al perder, alguien más debe pagar por sus errores, lo fatal. Es ese grupo de garrapatas que quiere, a todo costo, implementar un colonialismo corporativo global. El problema es permitirle a estas entidades continuar con estas gestiones que nos han hecho retroceder como nación.

De la misma forma que se le debe implementar una sanción a esa persona que se endeuda y sobregasta al saber que no tiene nada que perder por no tener seguro social ni permiso de estar en este país, debería aplicársele a estas compañías que actúan con el mismo nivel de irresponsabilidad sabiendo que no tienen nada que perder ya que las faldas de la corporación los protegen.

A un nivel personal tenemos que aceptar responsabilidad sobre nuestras acciones y asumir las consecuencias. El malgasto, el sobreendeudamiento, el querer mantener una vida ilusionante que nos pintan los medios de comunicación, el vivir por encima de nuestras posibilidades, todo esto tiene que ser erradicado.

Son cambios necesarios que al principio serán incómodos, pero a largo plazo serán las mejores decisiones para poder mantener este Molino de oro que ha sido tan generoso con todos los que llegamos a este país en busca de un mejor futuro.

Lastimosamente los cambios se deben iniciar desde arriba. Esperemos que las personas que elegimos y asignamos para que supervisen toda actividad sean lo suficientemente sensatos para comprender que esto no puede continuar así.

Es obvio que personalmente no les podemos montar una guerra directa a las garrapatas responsables de estos problemas. Necesitamos ayuda de la gente de arriba.

Aquí al que delata información de las corporaciones lo declaran terrorista: Julian Assange, de Wikileaks, es un ejemplo reciente. Por el contrario, al que delata tu información personal a las corporaciones lo declaran el hombre más importante del año: Mark Zuckerbeng, fundador de Facebook.

En alguna ocasión un íntimo amigo me aconsejó que uno en la vida debe saber elegir sus batallas, con el objetivo claro que es ganar la guerra. Y esta es una batalla que yo personalmente no desearía enfrentar.

Yo prefiero enfrentarlos como Oprah Winfrey, o por qué no, como el tigre, el señor presidente Barack Obama. Y en este país que depende del consumo, controlando nuestras decisiones financieras.

En resumidas cuentas, el tratar de erradicar el capitalismo es como querer prender fuego en la lluvia.

El capitalismo es un sistema, como lo fue la esclavitud. Ambos, de no funcionar, pueden ser erradicados o modificados.

Debemos y tenemos como deber el exigir ciertas modificaciones para poder protegernos ante los depredadores. Y esta protección inicia desde la infancia.

Benjamin Franklin, uno de los fundadores de esta gran nación, siempre enfatizó en que la única forma en que la nueva república podría sobrevivir era si todos sus ciudadanos eran sensatos.

Como nación debemos migrar a un mundo de sensatez. La gente ya está cansada. Espero que la administración actual y las que siguen tomen estas incomodidades en serio y cambien el giro de esta gran nación.

De no ser así, posiblemente en los libros de historia de nuestros hijos encontremos relatada una manifestación de alguien, que de igual manera que hace cincuenta y dos años, encendió una revolución sobre similares problemas que el gobierno en ese momento ignoró, y también su 1%, y que ya sabemos los resultados: «El problema de la tierra, el problema de la industrialización, el problema de la vivienda, el problema del desempleo, el problema de la educación y el problema de la salud del pueblo: he ahí concentrados los seis puntos a cuya solución se hubieran encaminado resueltamente nuestros esfuerzos, junto con la conquista de las libertades públicas y la democracia política».[21]

---

21   Fidel Castro Ruz, *La historia me absolverá.*

De mojado a consumidor

A un perro con dinero se le llama señor perro.
REFRÁN POPULAR

En la actualidad nuestra compañía se dedica a ofrecer servicios de bienes raíces. Ahora, con mayor enfoque en la orientación financiera y conociendo lo difícil que es mantenerse en estos tiempos de crisis financiera, a mis agentes les va muy bien.

Tienen un ingreso promedio de más de $5000 al mes, lo cual les permite disfrutar de una alta calidad de vida en nuestra linda ciudad de Los Ángeles. Con viajes alrededor del mundo, buenos autos, ahorros y una envidiable vida cotidiana: entretenimiento en los mejores establecimientos y restaurantes y, sobre todo, control de sus vidas financieras.

Considero que hemos realizado un excelente y estresante trabajo, que nos ha permitido ofrecer un servicio que tiene mucho sentido para los propietarios que están actualmente en morosidad con el pago de sus hipotecas.

La modificación de préstamos, o, como me comentó un cliente, «la mortificación» ya que en ella se lucha ferozmente ante el cartel de los bancos, que gestionan en todo lo que sus miles de millones pueden comprar para frenar a cualquier persona de obtener estos fondos que el gobierno les subsidió, crea un ambiente desfavorable para todas aquellas compañías que tratan de ayudar a estos propietarios en morosidad. Los que prevalecen, como nosotros, lo hacen con mucho sacrificio y destreza.

Este ambiente hostil produce presión por parte de las agencias que nos regulan y nerviosismo y ansiedad por parte de estos clientes en morosidad que manifiestan su intranquilidad ante las compañías que los tratan de ayudar. Esto ha empujado a la gran mayoría de compañías a parar de ofrecer este servicio.

Y no los juzgo, para poder mantenerse en este negocio hay que tener una destreza increíble, no solo para las ventas, sino para poder consolar y tolerar la presión de los clientes.

Los representantes que se mantienen en este ambiente rígido son, en mi opinión, extraordinarios. La mayoría prefiere optar por los servicios más fáciles de ofrecer, sin preocuparse del beneficio del cliente. Considero que este es el mantra de la mayoría de compañías a nivel mundial, pero no de la nuestra.

Gracias a Dios, como es común en todo ambiente donde existe resistencia existe menos competencia. Menos burros más mazorcas.

La resistencia ante este ambiente hostil ha tenido sus recompensas para mis representantes. Les ha permitido, durante estos momentos desordenados, vivir por encima de la mayoría de sus conocidos.

Es común que cuando se visita un lugar prestigioso o se viaja, se le comente a todos los contactos en las redes sociales. ¿Qué mejor forma de mostrar este fruto que comentándolo con los demás? Con mis agentes no hay excepción, y ha sucedido que al disfrutar de esta alta calidad de vida y comentarla, ha causado curiosidad, por no decir envidia.

Sobre esta curiosidad es que he tenido la oportunidad de entrevistar a muchas personas que desean disfrutar de este estilo de vida, y se han unido a nuestra familia de ventas.

Siempre les doy la oportunidad de aprender a lo que actualmente nos dedicamos, con el propósito de que entiendan a lo que se están comprometiendo.

El 99% de las personas que han intentando no lo logran. Pudieron haber sido magos en ventas durante los años de auge económico, cuando era muy fácil; pero en este mercado se necesita astucia, disciplina, dedicación, y sobre todo cuero de cocodrilo para no tomar nada de manera personal.

Uno de estos prospectos es un chico de veintidós años de edad, muy inteligente, muy pilas y con un gran deseo de poder explotar su potencial.

Después de explicarle la estructura de la compañía y las expectativas y someterlo a un intenso programa de capacitación sobre los servicios que ofrecemos, decido contratarlo.

Siento firmemente que goza de todas las herramientas para poder ser parte de nuestro equipo: joven, soltero, no tiene deudas y un presupuesto moderado con ayuda de familiares para poder sustentar los primeros meses de trabajo al tratarse de un empleo sin salario, solamente comisión.

Lo que más me seduce es su ambición por el dinero y su hambre de superación, características casi imposibles de encontrar en la juventud actual.

Habla perfectamente inglés, ciudadano y con una mente brillante con la capacidad de absorber conceptos nuevos y, más importante, hábitos nuevos.

Solamente tiene un pequeño problema, es pocho y no habla nada de español, lo entiende, pero no lo habla fluido.

Considero prudente que antes de permitirle integrarse a la compañía, me acompañe a varias presentaciones para que observe las reacciones, inquietudes, objeciones y sobre todo obstáculos que un prospecto presenta.

Ahí es que él descubre lo lindo y amigables que son los clientes, pero sobre todo, lo importante y fundamental que es el poderles explicar los procesos con el fin de que le permitan trabajar durante este proceso tedioso.

A menudo me comenta que cómo es posible haber ignorado este mercado. ¿Qué ocurrió? ¿A dónde se fue el jornalero, el que solamente compraba al menudeo?

Al ser pocho, y producto de un matrimonio joven que duró lo que dura la ilusión por algo nuevo, experimentó en carne propia las carencias que produce el tener solamente un sustento en la casa. Esto creó una imagen negativa sobre los hispanos y su poder adquisitivo.

Nunca pensó que existiera tanto dinero al ofrecerles servicios a los latinos en USA.

Su concepto de los latinos es el que predomina a nivel nacional: una comunidad significativa en números, pero no económicamente. Este sentir es basado en las cifras y estadísticas reportadas por las agencias que intentan colectar información de esta comunidad, que rechaza todo formulario que le solicite información personal.

Para nuestra comunidad es casi tabú llenar o proporcionar información ya que en la mayoría de los casos creemos que es para cortarnos alguna ayuda social, incrementarnos los impuestos o asuntos de inmigración.

Después de varias semanas de llevarlo de la mano, le doy la oportunidad de que presente nuestros servicios.

Ya para este entonces domina el concepto, entiende el proceso, y, sobre todo, reconoce el beneficio que un reajuste en el pago más fuerte en el presupuesto puede tener en sus finanzas.

Se asombra al saber que los que supuestamente menos tienen, son los que más gastan, mejor pagan y, sobre todo, menos regatean.

Le parece un mercado virgen y muy atractivo, pero, sobre todo, muy fácil para venderles.

Los clientes, aunque son muy bondadosos y amables, son muy exigentes, más con el patrimonio de sus familias.

Lo escuchan, pero al final nunca le dan el negocio al sospechar que si no habla bien español, posiblemente no podrá con el trabajo.

Similar a lo que piensan los gringos de una persona que no habla inglés.

Ante esto, él ha creado frases para poder rebatir estos obstáculos.

Frecuentemente les dice que el tener un acento no implica que piense con acento. Que lo vean como a sus hijos que prefieren hablar inglés, pero con el deseo de quererlos ayudar a ellos en asuntos que desconocen y necesitan ayuda urgente.

Ha llegado hasta el extremo de comentarles que solamente por el esfuerzo que está realizando en explicarles en español, estando en USA, deberían confiar en él.

Les comenta, con anhelo de que se compadezcan de él, que al ser joven en L. A., pudiera invertir su tiempo en pandillas, fumando mota, jugando videos todo el día, pero prefiere emplear su tiempo en asuntos importantes para la comunidad hispana.

Esta táctica se conoce comúnmente como el cierre de la lástima. En mi opinión y basado en las ventas que ha efectuado, no funciona, pues las personas valoran el esfuerzo que él está realizando y están conscientes de que es un ejemplo ante sus propios hijos, pero en asuntos donde les afecta el dinero los clientes latinos son exigentes y muy atentos.

Ante esta situación, decido comunicarme con su tía, una íntima amiga y experta en el mercado latino, y le envío el siguiente texto:

«Tu sobrino es un genio, está pilas y tiene un gran deseo de poder participar en esto. El único obstáculo que veo es que no habla español. ¿Por qué le hablas inglés? Por favor, ya no le hables en inglés, todos los días solo háblale en español».

Al leer el texto enviado, reflexiono, y envío un segundo texto, diciendo:

«Wow. This isn't right. Shouldn't be the other way around? Is this an accomplishment or are we going backwards?».

Ella me contesta:

«I thought it would help that he speaks English».

A lo que yo le respondo:

«Nope. En este caso no, ya que la mayoría de nuestros clientes son primera generación».

Y esta primera generación de inmigrantes latinos, la cual goza actualmente de un alto nivel de poder adquisitivo. Los hijos, los pochos, a los que él les podrá vender con los ojos cerrados, lo serán en unos cinco o diez años.

Desafortunadamente, aunque tiene un potencial increíble y muchas ganas de trabajar y hacer mucho dinero, se da cuenta de que para poderles vender, aparte de caerles bien, estos clientes exigen que les expliquen y les hablen en su idioma, sin trabas, sin murmullos, especialmente cuando se trata de un asunto tan importante como lo es el dinero.

Tiene todas las ganas y deseos y se siente bien al poder ayudar a tan linda y humilde gente, pero por el simple hecho de no poder hablar bien el español, y no es un error, dije ESPAÑOL, no se puede integrar a la compañía.

Este muchacho y muchos como él experimentaron lo que le pasó al gran rey del Pop.

Michael Jackson durante toda su vida quiso ser blanco. Al final lo logró, pero para su desdicha lo hizo cuando ser negro era lo que estaba de moda. Artistas, modelos, empresarios, deportistas, políticos y hasta un presidente.

De la misma forma, y entiendo el porqué, muchos pochos rechazaron hablar español al tener vergüenza de sus orígenes durante los años en que el ser visto como hispano era muy difícil. Su reacción fue rechazar el idioma, y hoy, cuando se integran a la fuerza laboral y pudieran ganar más si hablaran ambos idiomas, tienen este problema.

Este descubrimiento no solo ha tenido impacto a un nivel personal, sino a un nivel macroeconómico y sobre todo político que promete cambiar la geopolítica de esta gran nación y el futuro de nuestra comunidad en este país.

En cinco o diez años, este joven ambicioso tendrá oportunidad y será, en mi humilde opinión, el vendedor más codiciado y pretendido por las compañías transnacionales que no solamente tratarán de venderles a estos consumidores, sino de penetrar cualquier mercado sur de USA.

Especulo que conforme esta primera generación envejezca y al no tener los medios para poder vivir dignamente en este país con el alto costo de vida, muchos optarán por migrar de regreso a sus países natales.

Entonces los hijos, y asumiendo que serán los herederos de los frutos de toda una vida productiva, pasarán a ser la generación pudiente que tomará las decisiones financieras fuertes como comprar casa, carro, utilizar el crédito, invertir, ahorrar, etcétera.

Actualmente esta generación está pronunciada como el futuro 25% de esta población, pero aún está estudiando o integrándose al sector laboral.

Todavía depende fuertemente de la ayuda de sus padres. Será en cinco o diez años que se convertirá en el mercado a enamorar.

Pero todavía no. Por lo menos en decisiones fuertes como la compra de una casa, seguro de salud, vida, inversión y ahorro, entre otras.

En la actualidad, y en lo que al mercado latino se refiere, el mercado a enamorar es la primera generación.

Esa generación que sufrió fuertemente los abusos al haber migrado a la tierra prometida sin haber sido invitados. Y que resistió toda inmoralidad con el único afán de poderle dar un mejor futuro a sus hijos.

Somos nosotros los que actualmente estamos disfrutando de esos beneficios. Y gracias a ellos, hoy podemos libremente estar orgullosos de ser latinos y mantener nuestras raíces, disfrutando de todos los beneficios de vivir en esta gran nación.

Gente trabajadora, que actualmente ha captado la atención de todas las compañías en USA y muy pronto romperá fronteras, cuando el mundo se dé cuenta de lo lucrativo que puede ser atender a estos consumidores latinos en USA que exceden los 50 millones con un per cápita de más de $40 000 al año.

Gastadores, compradores impulsivos, fáciles de manipular, leales, y con acceso a todo ese dinero... qué más le puede pedir el mundo corporativo a un mercado. Si parece como si los hubiese diseñado a la medida.

Increíble cómo cambian las cosas, de ser el sector menos deseado en sus países natales pasan a ser los más deseados a nivel mundial. De mojado a consumidor.

Según las cifras reportadas por el censo en 2011, estas son las cifras aproximadas sobre la población y crecimiento de los latinos en USA:

Aproximadamente 52 000 000 de latinos.

Se estima que para el 2050 seremos aproximadamente 132 000 000.

A nivel nacional, entre la generación de menor de edad a diecisiete años, los latinos representan 23%, casi 17 000 000.

Y lo más sorprendente es que de toda la población latina, 65% son los denominados Millenials. La generación que nació en los ochenta y noventa, que está en su edad más productiva y lista para cargar las carretas del seguro social y Medicare.

Estas cifras nos confirman que nos reproducimos como gremlins, y que al tener a la mayoría de nuestra población joven, con más oportunidad de educarse y sobre todo vigorosa, tendremos un aporte fuerte en la fuerza laboral, elecciones políticas y, sobre todas las cosas, en el consumo y producción de nuestra economía.

También en este reporte se manifestó que los siguientes estados tienen una población de un millón o más residentes latinos: Arizona, California, Colorado, Florida, Illinois, New Jersey, New York y Texas. De los cuales dos estados para el año 2014 tendrán poblaciones mayoritariamente latinas: Nuevo México y California. Es casi como tener la población de los países nórdicos en USA, solo que representados en latinos.

Toda esta información no es ignorada por el mundo corporativo y el gobierno. Y les ha causado la misma impresión que le causó a mi joven recluta el visitar a las familias latinas.

Según un reporte creado por Selig Center for Economic Growth, en el año 2013 el poder adquisitivo de la comunidad latina es aproximadamente 1087 billones de USD.

Un poco más de lo que produce todo México anualmente.

De este dinero, la mayor parte va dirigida fundamentalmente a necesidades básicas:

Servicios telefónicos
Ropa de hombre y mujer
Zapatos
Comida
Utilidades
Transportación
Y existe un gran potencial en venderles servicios:
Salud
Educación

Seguros

Pensiones

Y esto no pasa desapercibido por las compañías, que dirigen, según el reporte de la compañía Advertising Age and KantarMedia en 2013, más de 7 mil millones en publicidad para poder captar la mayoría de este dinero latino.

No es una casualidad que el programa radial de la mañana sea el número uno a nivel nacional.

No es casualidad que *Sábado Gigante* sea el programa con más duración en todo el mundo.[22] No es casualidad que actualmente las compañías tengan que ajustar su personal para poderle servir mejor a esta comunidad.

No es casualidad que la mayoría de las estaciones de radio en L. A. sean en español.

No es casualidad que los juegos del TRI en L. A. generen más ganancias casi que la final de la Champions.

No es casualidad que los boxeadores y cantantes mexicanos sean los más deseados por los casinos en Las Vegas.

Para el latino actual es el mejor tiempo en la historia para estar en USA. Tenemos todas las cosas que nos gustan de nuestros países: comida, música, comunicación, entretenimiento, todo en nuestro idioma y con la gran ventaja de no tener que vivir con las cosas que odiamos de nuestros países.

Podemos disfrutar de la programación televisiva de nuestros países, estaciones de radio de nuestros países, comunicarnos con nuestra gente por menor precio, viajar a nuestros países por un bajo costo, supermercados con nuestros productos de preferencia,

---

22   http://www.guinnessworldrecords.com/records-3000/longest-running-tv-variety-show/

negocios con personal que habla nuestro idioma, estaciones con todos los géneros, las ligas de fútbol de nuestros países, los Dodgers en español, los Lakers en español, el Galaxy en español, una extensa programación de programas en español (aunque sean una basura), todo gracias al capitalismo puro y a que las compañías se han dado cuenta de lo lucrativo que somos como comunidad.

No obstante, las cosas no siempre fueron así. Y es aquí donde radica lo que nos ha llevado a este nivel y lo que nos llevará al próximo nivel donde consumamos servicios financieros, invirtamos, participemos activamente en las decisiones políticas en este país, nos preocupemos por mantener esta nación en buen estado, y por qué no, poner a un pocho o pocha milleanial a que nos gobierne.

Recuerdo vivamente lo aburrido que era ser hispano en los noventa.

Solamente teníamos dos canales en español, con programación aburrida, y solamente una estación de música en español que iba dirigida a los viejitos: Klove.

La programación de la televisión era aburrida, dirigida a un mercado hispano muy general: hombre de cuarenta y cinco años, padre de familia, primera generación, inmigrante. ¡Se pueden imaginar los programas!, sus productores eran pochos o gringos que asumían conocer al mercado hispano, pero que carecían de creatividad y comprensión de las formas de encantar al hispano para que afloje.

Estos compadres ignoraban la gran diferencia entre Cristina Aguilera, Jenny Rivera y Celia Cruz. Tres latinas. Una cultura y una diferencia tan inmensa entre ellas como la profundidad del océano.

La primera no habla español. Tiene el apellido y posiblemente algunas de las costumbres y comidas latinas que comparte en casa, pero es más gringa que el viejito de Quaker Oats.

La segunda no habla bien ni inglés ni español. En esta categoría creo que entro yo. La difunta diva de la banda, de la misma forma que yo, fue víctima de la misma traición que la gran mayoría de latinos que tuvimos la desdicha de asistir a estas escuelas que son una basura.

En mi casa siempre se hablaba español y la comida era regional mexicana. Aunque manteníamos las raíces latinas, la mayoría de nuestros amigos solamente hablaba el inglés de barrio. Como no llevamos una formación en español, al final no hablamos bien ni el español ni el inglés.

Celia Cruz no hablaba inglés. Esta señora, al igual que la mayoría de nuestros padres, nació y se formó en nuestros países y dominaba perfectamente el español, pero su inglés is not very good looking.

Independientemente de que existe una gran diferencia entre estas tres divas de la música, a las tres las querían encantar de la misma forma.

Es como que un hombre ingenuo trate de enamorar de la misma forma a una mujer virgen, una gay y a otra que tiene cinco hijos con diferente maridos, asumiendo que como todas son mujeres la misma táctica funcionará.

Pero no se puede culpar tanto a los productores, sino a la falta de interés por parte de las compañías que desconocían el potencial de esta comunidad al consumir. Sabían que entre el monte existíamos, pero no sabían la cantidad exacta ni mucho menos nuestro poder adquisitivo.

Los únicos servicios o, mejor dicho, los principales eran servicios migratorios, servicios legales, y algunas compañías que se atrevían a realizar sus comerciales en español.

Qué aburridos eran esos momentos para nosotros los hispanos que estábamos siendo criados en un lugar que asumía que a los dieciséis años escuchábamos a José Luis Perales, o que el programa de don Francisco sería nuestra opción de entretenimiento los sábados por la noche.

En esos tiempos era muy difícil ser hispano, hasta vergüenza daba el que te dijeran hispano o que te hablaran en español tus padres. No existían muchas opciones para poder sentirnos cool y dignamente sentir orgullo por ser latinos. Lo único que la sociedad mostraba era una comunidad de jornaleros que trabajaban de día y de noche en los campos de pizca. Se puede argumentar que esto es digno de orgullo, pero al ser joven esta referencia no es muy atractiva.

No culpo a los pobres pochos, ya que a ellos, independientemente de que eran gringos en alma y corazón, el resto de la nación los trataba como si fueran mojarras como el resto de nosotros, simplemente por su apariencia física.

No había opciones, no teníamos ninguna presencia notable, solo se nos reconocía como la comunidad de mano de obra barata, y nada más.

El vivir en Los Ángeles era muy duro y muy aburrido. Las únicas opciones para divertirse eran los bares de mala muerte o las fiestas de los pandilleros. No existían muchas opciones en las que pudieras disfrutar de la música en español que estaba de moda.

Sobre consumo, al no haber muchas opciones, recuerdo ver a los viajeros guatemaltecos y salvadoreños pasar inmigración en el LAX con las cajas de pollo campero y todo aquel alimento o sazón que les permitieran introducir al país sin problema.

Al no tener muchas opciones en L. A., la mayoría de jóvenes que exigíamos un ambiente adecuado para nuestra edad, nos llevábamos nuestros dólares a gastarlos a México. A Tijuana, y a sus diversos centros de entretenimiento donde acostumbraban a salir los jóvenes locales. Ahí sí encontraba mujeres a las cuales les podía hablar sin que me vieran como César Chávez. Podía entrar a un establecimiento y preguntar sin tener que ofender a un pocho al hablarle en español.

Más de cinco años haciendo nuestra aportación al crecimiento de la economía mexicana. Y mientras tanto las compañías y la economía de USA perdiendo miles de millones de dólares al ignorar el potencial de esta comunidad.

Hasta que en el 2000 ocurrió una cosita que toma lugar cada diez años en USA y como por acto de magia y lo dijera el grupo Camila: «Todo cambió después que te conocí».

USA, o mejor dicho el mundo corporativo, al recibir las estadísticas del censo finalmente se dio cuenta de la cantidad aproximada de personas que estábamos en el monte y, sobre todo, el dinero que teníamos disponible para gastar.

Cómo puede ser que haya pasado desapercibido un consumidor desorientado, que no exigía, que compraba impulsivamente, que necesitaba aceptación en este país y que gastaba más de lo que ganaba si se lo permitían.

Y que para poder obtener nuestra aprobación o mejor dicho nuestro dinero sobre sus servicios, nos tenían que dar algo a cambio. Eso implicaba hacer un esfuerzo en elegir a sus títeres y medios de promoción para que nos hicieran sentir que sus esfuerzos iban dirigidos a nosotros y a cambio les diéramos nuestra atención, información y dinero.

En el 2012 la compañía Nielsen reportó que al 51% de los latinos les gusta más ver los anuncios en español. Y que contratando un títere que domine bien el español para ofrecer sus productos o servicios tiene 30% más de probabilidad que nos arreen a su corral.[23]

Se dieron cuenta de que no todos nos identificábamos con John Secada, que no a todos nos gustaba su música, que necesitábamos más opciones que solo los shows que en ese momento se presentaban: Cristina, don Francisco, Johny Canales. Que si querían vendernos, tenían que desarrollar campañas de mercadeo dirigidas directamente a nosotros y no traducir los comerciales al español.

Tenían que tener presente que no solamente era asunto de ofrecer productos de nuestro agrado, sino también deberían facilitar el proceso de logística y traerlos más cerca a nosotros.

Si exigían que los visitáramos en sus oficinas, deberían tener personal que hablara en nuestro idioma y no con un español a medias.

Y fue ahí donde estalló y se puso de moda el ser hispano. A todos los niveles. Ahora sí que pasamos de ser los trabajadores de campo a moneditas de oro.

Recuerdo como si fuese ayer cuando vi la canción de Ricky Martin «Vive la vida loca» y se me quería salir el corazón del orgullo que sentí de ser hispano. O con la canción «Oye mi canto», donde salen los mejores exponentes de reggaetón.

Como en la conquista de los españoles, las compañías se dieron cuenta de que estos indígenas, además de ser una raza trabajadora, también poseían oro mo-

23   Nielsen Q2, 2012 TV Brand Effect.

lido que estábamos dispuestos a entregar con mucha facilidad a cambio de algo tan estúpido como un espejo. Teníamos nuestro presupuesto abierto para que lo rellenaran.

Los resultados fueron descomunales: nuestro poder adquisitivo creció de 212 mil millones en 1990 a 736 mil millones en 2005. Y de 2005 a 2010 creció a 1 billón 87 mil millones y se tiene contemplado que para el año 2015 aumente a 1,5 billones en el 2015.[24] Un crecimiento del 50% en menos de cinco años y a esta escala representará la oncena economía más fuerte del mundo.

Con esta confirmación salieron con todo lo mejor que podían comprar, con el afán de poder capturar cada dólar que nos pudieran exprimir.

Hoy en día, para el mundo corporativo representamos el cochino de oro. Si no pregúntenle a Procter&Gamble, General Mills, Cocacola, Walmart, Target, Toyota, Verizon, AT&T, McDonald's... que destinan más de mil millones en publicidad.[25]

Si asumimos préstamos que no podemos pagar, compramos carros independientemente de que el pago represente 75% de nuestros ingresos, si somos consumidores que no monitoreamos presupuestos porque no tenemos, si somos compradores impulsivos, fieles seguidores de lo que está de moda y fáciles de influir por los anuncios, ¿por qué se han de quejar?

Ellos entienden muy bien lo que el día de hoy representamos, y aunque el gobierno les ponga obstáculos, ante la presión de los que sí se sienten amenazados por nuestra presencia, siempre encuentran formas de vendernos: Prepaid phones? Prepaid credit cars?

---

24   Selig Center for economic growth, the multicultural economy, 2010.

25   Nielsen 2012 Ad Spend by top 10 Spanish Advertisers.

Centros Nix Checkings? Dirigidas completamente a nuestros compañeros «Paper-less».

Considero prudente el explicar mi punto de vista sobre lo que les incomoda y el porqué.

A la oficina en que estuve por tres años en el centro de Los Ángeles llegó un joven entusiasmado con un nuevo producto que apostaba por revolucionar el mercado. Este joven venía de haber tenido una mala experiencia en el boom que hubo de hipotecas. Al parecer llegó muy tarde y no hizo dinero.

Pero al ya estar aconstumbrado a vender drogas, ahora decidió aprovechar esta nueva ley que permitía ofrecer marihuana por motivos medicinales.

Arrendó una bodega a la par de la mía y la usó para cultivar esta planta que aparentemente tendría más rentabilidad y demanda que las tortillas.

Pasó casi año y medio y después de haber pasado todo el proceso de verificación y licencias, a este joven se le ocurrió la grandiosa idea de no solamente cultivar sino de abrir una clínica para poder despachar medicina a los pacientes.

Solamente pasaron dos semanas y como por acto de magia todos los días de 8: 00 a.m. a 12:00 a.m. tenía cola de pacientes con el deseo de poder adquirir su medicina.

Esto causó un problema serio para el resto de los residentes.

Nunca había espacio de estacionamiento para nuestros clientes, las paredes se llenaron de graffiti y las calles estaban llenas de basura. Aparte de eso frecuentemente existían peleas en las cuales en dos ocasiones escaló a enfrentamientos a mano armada.

Mientras tanto el nivel de clientela crecía y crecía. Y en un 95% pochitos, esa generación pudiente y el futuro de esta nación con una gran enfermedad que ellos todavía no reconocen.

Ante esta incomodidad, varios de los vecinos nos quejamos con el dueño de la propiedad para que tomara cartas en el asunto. Más que incomodidad, sentíamos envidia al ver que este negocio estaba produciendo millones en ganancias durante esta crisis financiera.

Al final, el dueño tuvo que desalojarlo ante la amenaza de que posiblemente más de cinco vecinos estaban dispuestos a irse ante este ambiente incómodo y sin recibir ningún beneficio de este negocio. Los únicos beneficiados eran su dueño, el dueño del edificio, la ciudad y el gobierno. Pero nosotros los residentes solamente recibíamos problemas.

De la misma forma es importante distinguir que independientemente de que seamos una monedita de oro para las corporaciones que se benefician de nuestro consumo y el gobierno al recibir su tajadita de estas compañías sobre nuestro consumo y nuestras aportaciones tributarias, para el resto de la población no representamos en sus ojos más que un grupo de personas que nos estamos robando sus trabajos.

Y son estas personas o entidades las que de tiempo en tiempo tratan de sacarnos sin tener éxito alguno.

Operation Wetback 1953

Pete Wilson 1999 Pro 187

Ampaio Sheriff 2010 SB 1070

Existen más iniciativas que han intentado sacarnos, pero considero que no vale la pena mencionar ya que ninguno ni nadie tendrá suerte en sacar a una comunidad que aporta, consume y sobre todo ya representa en números significativos una parte necesaria de esta nación.

Lo que estas entidades no entienden es el aporte económico que como comunidad le damos a esta gran nación. Que todos aquellos que sí lo entienden, se benefician, y ellos, lastimosamente como los vecinos de la clínica medicinal, no.

Sobre estos dos temas considero que radica el valor intrínseco de los latinos en USA, uno es un aporte económico y el otro el control sobre nuestro poder adquisitivo y de qué forma nosotros mismos aprovechamos todo este dinero para convertir más latinos en millonarios. El dinero significa poder.

Los hispanos somos como los nuevos bombillos de electricidad Led: lo nuevo, te ahorran dinero, pero igual gastan y gastan si los dejas prendidos.

Consumer Surplus y Poder Adquisitivo

Estas dos aportaciones considero que son de las más importantes que la comunidad hispana le da a esta gran nación a cambio de la oportunidad de vivir una vida digna.

Consumer Surplus o Excedente del consumidor: es el beneficio económico generado por precios más bajos.

El 9 de marzo de 2013 *El economista* sacó un artículo en su sección Free Exchange/ Net benefit. En él se explica uno de los beneficios más importantes que no se toman en cuenta en las cifras de producción: Consumer Surplus. Este beneficio que producen ciertas compañías que ofrecen servicios gratuitos o a un bajo precio, pero se les critica por lo que destruyen y no lo que aportan: Google, Wikipedia y Walmart.

Por ejemplo, si una persona está dispuesta a pagar $50 por el nuevo libro de Harry Potter, pero al usar Google Search lo puede conseguir en otro lado por solamente $20, esta diferencia que representa $30, es lo que se denomina Consumer Surplus.

El problema es que las compañías que ahora perdieron esta venta de $50 se quejan al criticar que Google hizo que se perdiera una venta de $50, ignorando que al comprar a este precio, este cliente posiblemente gaste estos $30 en algo más que de igual forma ayudará a la economía en general.

Lastimosamente, en la producción total estos $30 no se toman en consideración, ya que son casi imposibles de contabilizar. No obstante, todos sabemos que el beneficio existe.

A Walmart se le critica por eliminar completamente todo aquel negocio pequeño alrededor de donde abre sus tiendas, de pagarles injustamente a sus empleados y de aportaciones tributarias insuficientes.

Walmart usa este concepto para mostrarle cómo debido a su destreza de poder negociar precios y ofrecer productos por debajo de sus competidores, los consumidores perciben un beneficio económico generado por estos precios más bajos, los cuales producen miles de millones en Consumer Surplus que representa un beneficio económico incontable para la economía.

Como este beneficio es muy difícil de calcular, los que critican sus prácticas ignoran este gran beneficio.

De la misma forma, y solo para poder representarlo, vamos a usar a un trabajador de construcción que usualmente tiene que trabajar de sol a luna para solamente cobrar de $100 a $200 el día.

El trabajo es físico y desgastante, y por ese precio muchos no están dispuestos a trabajar.

Los que sí, lo harían por un precio superior de, supongamos, $500 el día.

El cliente, al tener estas dos opciones, siempre va a optar por la que le va a ahorrar más dinero.

En este caso el hispano, el cual le ahorrará esta diferencia de $300 a la persona que lo contrató.

Estos $300 por día representan un Consumer Surplus para este cliente. Esto implica que este cliente o negocio tendrá al final de esta construcción más dinero gracias al bajo costo de mano de obra que un hispano prestó para invertir en otras cosas y de igual forma aportar a la economía en general.

Si aplicamos este concepto sobre todos los trabajos que los hispanos están dispuestos a realizar por un precio que está por debajo de lo que el resto de la población estaría dispuesto a cobrar, esta cantidad es incontable.

Este beneficio se manifiesta en toda la economía: construcción, limpieza, transportación, cocina, jardinería, siembra, etcétera. Si se tomara en cuenta este ahorro que cada uno de los clientes o negocios reciben al contratar a un hispano, los republicanos que predican capitalismo se arrodillarían.

Poder adquisitivo: Esto se traduce en consumo y poder aprovechar este consumo latino para convertir a más latinos en millonarios.

La razón principal por la cual la nación y el mundo entero todavía no han puesto sus ojos en nuestra comunidad como perros hambrientos es debido a que las cifras que se reportan no son reales.

En mi opinión nuestro poder adquisitivo es mayor. Y si en realidad el mundo corporativo o el gobierno deseara saber exactamente o cercano al monto total del poder real adquisitivo que tenemos los hispanos, pudieran hacer dos de muchas cosas para poder averiguar este numerito:

Obligar a los negocios a registrar origen étnico cada vez que una persona compre algo en efectivo.

Obligar, ahora que cambiaron los billetes de cien dólares, a la nueva generación a que todo ciudadano que tenga los billetes viejos los debe cambiar por nuevos, con un periodo de prudencia para que lo hagan y, una vez que termine este tiempo, no aceptar más los billetes viejos de cien dólares.

Ahí sí se darían cuenta del verdadero poder adquisitivo que tenemos los hispanos en USA.

El gran problema radica en que manejamos una economía fuerte en efectivo e ignoramos los beneficios de hacernos contar. Todavía no confiamos ciegamente en Internet, encuestas, el censo, los bancos, o me atrevería a decir en la tecnología.

Al comprar o consumir, no dejamos registro ya que en la mayoría de los casos pagamos en efectivo. En los impuestos elegimos al preparador de impuestos que más reembolso nos ofrezca, ignorando lo creativo que tuvo que ser para reducir nuestros ingresos.

Además, es casi imposible averiguar los acuerdos entre compañías y empleados que pagan una parte del sueldo con cheque y otra en efectivo. Y ni hablar de los que trabajan por su cuenta y por más de cinco años reportan los ingresos en negativo.

Lo que ignoran es toda esta economía en efectivo que nunca se valora para cuantificar el verdadero poder adquisitivo que poseemos los hispanos en USA.

Y qué bueno que no, porque si supieran la verdad, pueden apostar su vida a que las compañías contratarían a Sotomayor, al Papa Francisco y Alberto González a vendernos porquerías.

Pero es ahí donde radica la segunda aportación que los hispanos ofrecen a esta gran nación.

He who holds the Gold rules.

No solamente tenemos capacidad, sino que gastamos sin medida. Y esa libertad de todavía poder elegir qué producto o servicio o compañía es digna de nuestro dinero, es lo que más poder nos da hoy en día. No solamente para que nos respeten al tratarnos de vender, sino la gran oportunidad que este poder adquisitivo representa para nosotros los que tenemos espíritu empresarial de aprovechar este dinero y ascender en nivel económico.

Si hoy analizáramos nuestros derechos o todas esas cosas que supuestamente nos dan libertad en una sociedad democrática, o libertad de expresión ante corporaciones sin ética, gestiones o intereses de entidades gubernamentales, y viendo la situación actual, nos daríamos cuenta de que el único derecho que en realidad tenemos y en realidad nos da importancia, es nuestro poder de consumo.

Esa libertad que tenemos hoy para poder elegir entre tomar Pepsi Cola o Coca Cola, entre comer una hamburguesa de McDonald's o de Burger King, entre sintonizar Univisión o Telemundo, entre el escuchar corridos o reggaetón.

Esa libertad que tenemos al elegir una marca de champú, un restaurante, un banco, un modelo de automóvil, un seguro de auto, una hipoteca, lo cual significa una venta para cualquiera de estas compañías que dependen de estas decisiones por parte de nosotros como consumidores para poder sobrevivir.

Y miles de millones en ganancias, aportaciones tributarias, fuentes de empleo, etcétera, etcétera, etcétera.

En tiempos actuales asumen que solo somos consumidores fuertes de leche, carne, granos, ropa, productos de consumo diario, trokitas, chelas, y que siempre estamos pegados al teléfono. Es aquí donde fuertemente ponen a sus mejores títeres corporativos.

Y aunque no hacen un gran esfuerzo en vendernos otros productos más exclusivos, igual los consumimos como si fueran tortillas.

A mí me gustaría saber ¿qué porcentaje de los zapatos Jordan compran los hijos de hispanos?

¿Qué cantidad de los juegos Grand Thef compran los hijos de los hispanos?

¿Qué cantidad de playstations y toda la gama de juegos que existen compran los hijos de hispanos?

¿Qué cantidad de productos Apple compran los hijos de los hispanos?

¿Qué cantidad de ropa oficial de basketball, football americano, baseball compran los hijos y padres hispanos?

Todo esto me recuerda un incidente que comprueba el poder que tenemos con nuestro nivel de consumo.

La franquicia Dodgers estaba pasando momentos muy difíciles durante los años 1980. No podían llenar su estadio y al parecer estaban al borde de la quiebra. Uno de los directivos comentó que el mercado latino seguía mucho el baseball. Al analizar el estudio de mercadeo, no les interesó mucho la propuesta de contratar a un jugador hispano para ver si podía atraer público. La crisis los hizo que apostaran por un gordito de Sinaloa que aparentemente sí lo atraería.

En 1985 llegó a sus filas Fernando Valenzuela. Lo demás es historia.

Yo comparto la filosofía de Henry Ford al manifestar que los verdaderos creadores de trabajo son los consumidores. Las compañías solamente procesan el pago. En mi compañía yo siempre les aclaro a mis trabajadores que yo no soy el jefe, sino todos los clientes que depositan su confianza y sobre todo su dinero en nuestra compañía. Ellos son los que pagan los salarios y gastos de la compañía. Yo solamente coordino todo. La economía de USA depende 75% del consumo. Es nuestro deporte nacional, y es el profesional mejor remunerado aquel que ayuda a incrementar las ventas.

Para poder capturar nuestro dinero las compañías van a invertir millones de dólares en personalizar todo producto y servicio y de esa forma encantarnos.

Si lo han hecho después que salieron las cifras del censo en el 2000, imagínense ahora después de las cifras que salieron en el 2010.

Y esto pinta un futuro brillante para los hispanos en USA.

Lo que mueve a este país es el dinero. Si no pregúntenle al alcalde Jeff Crokett del condado de Harrison, casa del headquarters del Ku Klux Klan. La organización más reconocida a nivel mundial por su nivel de racismo ante toda minoría y luchadores de la supremacía blanca.

Esta organización tiene a la gran mayoría de ciudadanos en este condado muy furiosos. Al espantar a toda aquella compañía que ofrece abrir fuentes de empleo y después cancelarlas al darse cuenta de que esta organización existe aquí. La ciudad está casi en quiebra y todo debido a este rechazo.

Con la cantidad de hispanos que tenemos imaginen el dineral que estamos pagando en sales tax, property tax, income tax. ¿De alguna forma creen que este país se quiere deshacer de nosotros?

Yo creo que los próximos seis años van a ser fascinantes para los hispanos. No solamente tendremos mejor trato sino un mundo personalizado para que podamos vivir mejor y más orgullosos de nuestras raíces.

Pero sobre todas las cosas la gran oportunidad de ascender en nivel económico si sabemos aprovechar estas oportunidades.

La forma en la que se ganan las cosas en USA y el mundo es con dinero. De todo ese dinero que vamos a producir, nosotros los hispanos deberíamos apoderarnos de la gran mayoría. ¿Por qué dejar a otros perros aprovechar las oportunidades que nosotros los hispanos hemos creado? Las grandes cadenas o empresas que actualmente les sirven completamente a latinos en USA tienen dueños de otra raza. Es una pena que se nos esté yendo todo este dinero. Ya hemos dejado ir a varias de ellas: Chipotle, La curacao, muchos de los medios de comunicación.

Imaginen lo que tenemos frente a nosotros. Mucho pero mucho dinero. Clientes hispanos. Y esta linda plataforma llamada USA que le permite avanzar al que lo desea. En este país es muy difícil que venga un cerdo y te monte un monopolio como Telmex para que nadie más pueda participar.

Y nadie conoce mejor a los hispanos que nosotros mismos. Actualmente existen aproximadamente 1300 negocios hispanos en USA que generan aproximadamente 900 mil millones. Yo considero que estas oportunidades solamente llegan una vez en la vida.

Vamos, Lázaro, levántate y lucha. Necesitamos millonarios para voltear completamente esta nación. Y sentir orgullo de ser latinos y de ser ciudadanos de la mejor nación en el planeta.

Independientemente de que nos están vendiendo muchos pero muchos productos y servicios, creo que están descuidando muchas áreas y considero que esto representa la mejor oportunidad para los latinos en USA. Nadie más conoce las necesidades y sobre todo gustos de los latinos.

Tenemos que formar más negociazos como Portos, El Pollo Inca, Marquez Brothers, Adrianas Insurance, Mi tierra Café, Taquerías el Gavilán, Súper Taquería, etcétera.

¿Por qué no apostar por crear un canal como BET? ¿O por qué no un Network como OWN? ¿O un latino que sea el dueño de los Lakers? ¿Dodgers? ¿Patriots? ¿Hedge Funds que inspiren a toda la raza para que inviertan su dinero? Ya basta de darle a ganar a todas esas familias mexicanas que fueron los que primordialmente hicieron que casi 30 millones de mexicanos tuvieran que migrar a USA.

Estas son algunas de las áreas en las que veo mucho potencial.

Oportunidad sobre productos o servicios diseñados a hispanos:

Financiamiento: Los préstamos para automóvil, casa o negocio tienen que ser personalizados para poder ajustarse a las necesidades de los latinos. Aquí se necesita una compañía financiera que fabrique y diseñe préstamos dirigidos exclusivamente a los latinos que por noción tenemos espíritu empresarial.

Les doy un ejemplo, durante una de mis visitas a España previo a la gran recesión económica del 2008, tuve la oportunidad de ver una hipoteca en España que se llamaba Hipoteca Joven. Era ajustable, compuesta de un margen y el índice que si no recuerdo mal era el Libor, en la cual el pago nunca cambiaba en dependencia del comportamiento del Libor. Lo que cambiaba eran los años de amortización. En otras palabras, si el pago era de $1000, y por ejemplo el Libor subía, en vez de tener un impacto en el pago negativo, lo que estiraban era la amortización a supongamos treinta años y un mes. Considero una gran idea tomando en consideración el comportamiento de la vivienda en USA.

Inversión: No existe actualmente ningún vehículo de inversión digno que haga que la raza saque su dinerito del colchón para arriesgarlo. Como me dijo un cliente: «culito pero segurito». Los latinos prefieren tener su dinero ahorrado en efectivo sin ninguna rentabilidad ante el riesgo que desde su punto de vista y basado en los bajos porcentajes de retorno en inversión, puedan perder ese dinerito. Aquí veo una gran oportunidad para que un concepto como el de la compañía KIVA saque un concepto similar en el cual le permita a una persona en USA invertir sus $1000, $2000, $3000 o más dinero y potencialmente recibir un 10% de retorno en inversión. Y todo este capital que sea dirigido a financiar todo aquel proyecto en USA que tenga potencial pero carece de capital. Por ejemplo la señora que vende los mejores tamales. El mejor Mole. El mejor Pozole. Las mejores Pupusas... Un concepto totalmente dominado con mucho éxito por el banquero de los pobres, el señor Muhammad Yunus.

Producciones latinas: Yo ya estoy cansado de ver los mismos guiones de las telenovelas mexicanas y colombianas. ¿Aquí en USA no tenemos historias que ameriten un guion para novelas y shows? La mayoría de las producciones son una porquería. Ahí se nota el respeto que los mismos medios de comunicación sienten sobre la comunidad latina. ¿Por qué no producir una novela sobre una mujer soltera en USA y su día a día? ¿Un reality de un empresario latino? ¿Un reality sobre un jugador de basketball, football americano, baseball y su disciplina en el mundo profesional? ¿Un cómico que no solamente nos haga cagar de la risa sino que nos informe sobre asuntos de importancia como política y economía?

Cadenas de restaurantes latinos: El gran secreto o uno de los muchos que he percibido de la Panadería Portos, es el sistema que tiene implementado. Es increíble la rapidez, el orden y sobre todo el concepto que esta panadería ha creado. ¿Por qué no lanzar el mismo concepto con una taquería? ¿Un restaurante de auténtica comida mexicana? ¿Peruana? ¿Salvadoreña?

Bellas artes: Talento local. Yo personalmente he tenido la oportunidad de conocer en el Arts District a unos pochos que tienen talentos increíbles para pintar, cantar, actuar, bailar y que lastimosamente no tienen la oportunidad de darse a conocer. ¿Por qué no lanzar una academia de bellas artes para apoyar a toda esta gama de artistas que tiene el potencial de lanzar al próximo Picasso, Diego Rivera, Brandon, Plácido Domingo o el director de la filarmónica?

Escuelas técnicas para capacitar a empresarios: Esto, sin dudas, necesita un gran potencial y apoyo gubernamental. Una escuela técnica que capacite a todo aquel microempresario a lanzar su producto o servicio con el formato legal y corporativo necesario y sobre todo con aspiraciones a convertirse en una cadena a nivel nacional. Existe una gran cantidad de docentes que no tienen el coraje ni empuje para lanzar un negocio pero sí el conocimiento para capacitar a los que lo tienen.

Cadena de impuestos: Qué H&R block ni qué ocho cuartos. Actualmente existen miles de miles de preparadores de impuestos pero no existe una cadena con un sistema para aprovechar un potencial de una cadena a nivel nacional.

Facebook latino: En los años noventa salió la primera versión de lo que ahora representa Facebook. El portal se llamaba MySpace y la mayoría de sus usuarios era la pudiente juventud latina. ¿Por qué no crear un portal similar ajustado a las cosas que nosotros los latinos estamos acostumbrados o adictos? Lo mismo que hizo ALIBABA en China, que es similar a Amazon en USA.

Sport Bars con mariscos, música y mujeres. MMM. Yo a esto le veo un potencial increíble. Un ambiente en el cual los pochos puedan disfrutar de todos los deportes, pistear, comer mariscos: del mar y de la tierra. Esto tiene potencial a nivel nacional.

Escuelas técnicas complementarias: Escuelas por las tardes o fines de semana, que les enseñen español, negocios, impuestos, crédito, deportes, bellas artes, ventas, etcétera. Todo aquello que nunca les van a enseñar en las escuelas convencionales y que les dará una ventaja competitiva a toda esta nueva camada de latinos para que se coman el mundo.

Administrar finanzas a un bajo costo: www.arkaangel.com

Es tiempo de que aprovechemos lo que es nuestro y ascendamos de nivel económico como lo han hecho los judíos; una religión tan pequeña en comparación con el resto, pero con mucho poder. Y lo obtuvieron por su poder económico.

De igual forma ha sucedido con la comunidad gay, ¡estos sí que fueron discriminados a todos los niveles! Pero supieron enfrentar la batalla y, de la misma forma que los judíos, se enfocaron en ascender económicamente. Hoy cuentan con leyes que les permiten vivir dignamente en este país.

Como ven, frente a nosotros tenemos una gran oportunidad que debemos aprovechar al máximo.

Pero para poder correr, antes debemos aprender a caminar bien.

Debemos tomar control de nuestras finanzas, limpiar todo aquel mal hábito y optar por los buenos hábitos.

Aquí es donde entra su humilde servilleta.

Latinos: la comunidad del mañana

No basta saber, se debe también aplicar. No es suficiente querer, se debe también hacer.
GOETHE

Para poder estar al tanto de lo que está aconteciendo en la economía y especialmente en la economía de nuestra comunidad, suelo atender seminarios informativos o, mejor dicho, presentación de servicios o productos.

Ahí tengo la oportunidad de presenciar la forma en la que están enamorando a los latinos y muchas veces se aprenden cosas de importancia.

Me llamó la atención una compañía gringa que estaba ofreciendo seminarios educativos sobre cómo crear un presupuesto mensual.

El afán era vender seguros de vida y servicios de contabilidad a estos potenciales prospectos.

Los presentadores se acreditaban como expertos en la materia y aproximadamente esperaban a más de cincuenta potenciales clientes que ya habían confirmado su asistencia.

Después de más de media hora esperando, se dieron cuenta de que solamente iban a contar con una audiencia de tres personas interesadas. Dos empleados de su compañía y yo.

Pero al parecer no era la primera vez que tenían estos resultados al invitar a latinos y, como dicen en Las Vegas, el show debe continuar.

Después de una breve presentación sobre sus credenciales, comenzaron la presentación mostrando una pampleta que decía:

Latinos: la comunidad del mañana.

Yo, con el pecho más salido que Maribel Guardia por el orgullo que sentí por mi gente, levanté las orejas para recibir toda la información sobre las estadísticas que respalda esta afirmación.

Mis oídos esperaban información sobre la cantidad de ingenieros, arquitectos, científicos, analistas financieros y políticos que hemos tenido. Sobre nivel de ahorro, de inversión y de las aportaciones que estamos dando a este país. Sobre el nivel cultural y los avances que hemos tenido en los últimos diez años.

No obstante, lo que paso a explicar sobre esta pampleta resumió algo que inconscientemente tenía claro, pero nunca esperé que un gringo me lo confirmara.

Le denominan la comunidad del mañana porque todo lo deja para mañana.

Por lo menos, todos los asuntos importantes. Se trata de la falta rotunda de la planificación o administración financiera.

¿Cuándo llevan el carro a reparar? Cuando los deja tirados en el camino.

¿Cuándo visitan al doctor? Cuando están agonizando por el malestar.

¿Cuándo visitan la escuela de sus hijos? Cuando los llaman urgentemente por alguna travesura que hicieron los hijos en la escuela.

¿Cuándo acuden a expertos sobre sus finanzas? Cuando tienen problemas de dinero.

Aunque es ilógico echar a todos en la misma canasta y aunque me duela reconocerlo, y sobre todo que un gringo me lo recuerde, es, en la mayoría de los casos, la cruda realidad y una epidemia que debemos atacar urgentemente y sin clemencia.

Y qué mejor forma de analizar el problema si no con uno de los varios casos que he tenido la oportunidad de presenciar en mi larga trayectoria sirviéndole a los latinos en todo asunto que afecte sus bolsillos.

Durante los inicios de esta crisis en el año 2009, en una linda mañana de sábado, se me asignan tres citas en las cuales debo tratar de ayudar a estas tres diferentes familias. Todas están pasando por momentos difíciles a causa de esta crisis hipotecaria/financiera.

Me levanto temprano, desayuno y a la vez estudio las situaciones y determino las posibles opciones para ayudar a estas familias, que pudieran beneficiarse con estos servicios.

Subo a mi Ford Flex Salvaje, prendo mis libros en audio y emprendo camino a mis tres citas.

Tres oportunidades en las cuales podré ayudar a estas familias, si me lo permiten, sobre mejoramiento de sus economías.

En la pimera cita no me quieren recibir, ya que dicen que en estos momentos se encuentran bien y que no les hace falta nada.

En la segunda cita, los señores me dejan darles la presentación sobre las diferentes formas en las que se pueden beneficiar de los programas disponibles, pero al final me dicen que por el momento ambos están trabajando bien y que no necesitan la ayuda en estos momentos.

Esto me hace reflexionar sobre la perspectiva que tienen los gringos de la mayoría de los latinos en USA y su idea de la planificación.

La mayoría de nosotros no planificamos, en la mayoría de los casos reaccionamos y en muchos casos cuando ya es demasiado tarde.

Muchos latinos en USA sufrimos del efecto del perro que estaba sentado en un clavo, y le dolía lo suficiente como para quejarse, pero no tanto como para levantarse.

La mayoría de nuestra comunidad sufre de esta situación: están conscientes de su situación financiera, pero solamente buscan ayuda cuando tienen ya la soga al cuello.

A estas familias se les estaban ofreciendo las diferentes formas en las que podrían reducir sus gastos mensuales y de esa forma balancear su presupuesto y tomar control de sus finanzas. No se les estaba ofreciendo comprar una casa, comprar un seguro de vida, hipotecar su casa, nada sobre incrementar sus gastos. Por el contrario, reducir o eliminarlos.

Ya un poco frustrado, me dirijo a la tercera cita.

Al escuchar los comentarios de la persona que concertó la cita me doy cuenta de que esta persona ni retrocediendo diez años se le puede ayudar.

Se trata de una pareja relativamente joven. Llevan más de quince años en este país. La mujer, de treinta y ocho años de edad, lleva tres años sin empleo. El esposo tiene cuarenta y un años de edad, es handyman y trabaja por su cuenta.

Tienen una hipoteca actual de $550 000, tienen más de 80 000 en tarjetas de crédito, la casa es de solamente 700 pies cuadrados, una recámara registrada en un lote de solamente 3000 pies cuadrados y un valor actual de $125 000.

Llego a la casa, toco la puerta y sale una señora de piel blanca que carga a un recién nacido. Noto que es muy atractiva físicamente.

Me invita a pasar y yo prosigo con mucho cuidado, pues no quiero tropezar con la cantidad de juguetes que están esparcidos por el limitado espacio que tiene de estacionamiento.

La casa se está cayendo, es obvio que necesita muchas reparaciones. No me explico cómo puede estar en estas condiciones si el señor es handyman.

La señora me invita a sentarme en una silla plástica que tiene afuera y yo acepto.

El alto ruido que hacen los cinco niños que veo corriendo por todos lados me hace casi imposible hablar con ella. Estimo que son cinco, porque fácilmente pudieran ser más, pero se me hace difícil contarlos ya que están en constante movimiento.

Lo que sí es fácil de distinguir son los nuevos tenis Nike Jordan que por lo menos dos de los niños portan y la cantidad de productos Apple en todos los colores y sabores.

También noto una cantidad significativa de botes de cerveza vacíos. Y no creo que sean de la señora, ya que no suele dar señales de alcohólica.

Después de un intercambio de palabras para calentar motores, le pregunto a la señora si es posible entrar a un lugar más privado ya que esto es un asunto de importancia.

Ella me responde diciéndome que no hay espacio adentro. Al parecer la casa es de una recámara solamente y esa es una de las cosas por las cuales ella está buscando la ayuda.

Al no estar seguro si escuché bien le pregunto si es solo de una recámara la casa. Al parecer en la vida uno nunca acaba de sorprenderse.

En efecto, no se cómo, ni de qué forma, pero se trata de una casa de una recámara que se la habían vendido a esta señora en el 2007 por $550 000, con dos hipotecas, $440 000 con el BOFA, y los restantes $110 000 con Chase.

Inicio con las preguntas para poderle orientar sobre las opciones que actualmente tiene:

Ingreso: Ninguno. Aparte de la ayuda que le dan por sus seis hijos. $3500

Ingreso del esposo: Varía, en dependencia de si tiene trabajo.

Ingreso reportado en los últimos dos años: Ninguno. No han reportado ingresos en tres años.

Fondo de emergencia: Ninguno

Ahorros: Ninguno

Inversiones: Ninguna

Seguro de vida: Ninguno

Seguro médico: Medical

Ya quisiera ver la cara de Suze Orman o Dave Rampsey al tener estas finanzas frente a ellos.

Gastos: $5300

Comida: $350

Utilidades: $250

Transportación: $800: $300 de seguro y gasolina más el pago de $500 por un casi nuevo SUV Lincoln Navigator grandísimo.

Deudas: $400 de $80 000 que tiene en tarjetas de crédito, con más de un año sin pagar.

Hipoteca: $3500 pero tiene más de dos años sin hacer el pago.

La señora lleva casi dos años de no hacer el pago de su casa. El único ingreso que recibe es el que le dan por los seis hijos que tiene. Su esposo, el cual vive con ella pero sufre de alcoholismo, no dura en los trabajos o lo que gana se lo gasta en vicios.

Me atrevo a preguntarle el porqué no ha planificado para tener dos hijos máximo, y sobre todo dejarse embarazar por una persona tan irresponsable. Me contesta con un tono religioso: «Soy incapaz de frenar los milagros de la naturaleza y el deseo de Dios. Esa es la doctrina que la iglesia y mi familia me inculcaron desde niña».

Al preguntarme mentalmente si en realidad ese podía ser el deseo de Dios, me vienen dos respuestas a la mente. La primera es una de las muchas frases célebres de Thomas Jefferson: «Ayúdate, que Dios te ayudará». La segunda, una afirmación que me decía que por supuesto que es una doctrina de la iglesia. Cómo ellos no los mantienen. Es muy fácil por medio de la fe lucrar. A estos seis futuros seguidores se les exigirá su aportación semanal para seguir fortaleciendo al cartel que protege pedófilos.

Yo siento un gran nivel de admiración y respeto por todo aquel creyente que sigue las enseñanzas bíblicas para mantener un equilibrio espiritual y de esa forma progresar como ser humano.

No obstante, no creo en la religión como institución y sus doctrinas que han fabricado el corral más grande del mundo con fines lucrativos.

Después de enterarme que el pastor más admirado y seguido en Guatemala se llama *CASH* y después de ver el reality show *Preachers of L. A.* conocí el verdadero precio de la fe.

¡Paaaaaare de sufrir!

Los gritos de los niños ya me estaban volviendo loco. Tenía más que clara la solución para esta señora y era muy fácil:

Bancarrota capítulo siete para que se deshiciera de todas las deudas no aseguradas, la segunda hipoteca en su casa y su trokita.

Aunque tiene el deseo de quedarse con su casa, no tiene sentido solicitar una modificación, ya que aunque le den un pago cómodo, la casa solamente tiene una recámara. Lo más aconsejable es regresar la casa de una recámara por medio de un shortsale, y solicitar ayuda Section 8.

Regresar la trokita, ya que lo que necesita es transportación y no lujos. Con solamente tres meses de pagos de los que estaban acostumbrados a hacer, se puede comprar un carro familiar al contado para su extensa familia.

De esta forma se deshace de toda esta deuda mala que tiene, ajusta su presupuesto mensual y le queda un poco de dinero para poder ahorrar.

Una vez que tenga un ahorro significativo se puede hacer el sacrificio de inscribir a sus hijos en escuelas que están diseñadas para esta clase de situaciones en las cuales el gobierno cuida a los niños casi todo el día para que la madre o el padre se intregren a la fuerza laboral.

La señora es muy atractiva físicamente, joven y con mucho carisma.

Le aconsejé que por qué no estudiaba para sacar su licencia de real estate. Este trabajo considero que lo pudiera realizar sin ningún problema, es bien remunerado y le da la oportunidad de estar en control de su tiempo.

No me preocupaba tanto su situación actual ya que existían opciones para poder salir de ella, aprovechando uno de los múltiples programas de asistencia social ofrecidos por diferentes agencias gubernamentales. Lo que me preocupaba era la forma en la que esta señora se había metido en esta situación y sobre todo el futuro de sus hijos.

¿Cómo podría sustentar las necesidades de seis adolescentes? ¿Qué tipo de educación le iba dar a sus hijos? ¿Quién se los iba a educar? ¿La porquería de programación que existe en la televisión? ¿Internet? ¿Sus amigos? ¿Esta señora no sabía del alto costo de criar un hijo en USA? Sin ahorros. Sin fondo de emergencia. Sin ningún plan de contingencia para el día en que ya no tenga la oportunidad de trabajar o recibir ayuda social.

Esta es sin duda la situación de muchas de nuestras familias latinas en USA. Y aunque es un poco extremo, no está muy lejos de la realidad actual de muchas de las familias a las cuales diariamente tengo la oportunidad de ver su situación financiera.

Creo que esta señora fue muy irresponsable al dejarse hacer tantos hijos por una garrapata. Pienso que después del segundo hijo y al no ver un cambio por parte de su esposo, era tiempo de dejarlo.

En este país una mujer tiene siempre ventaja sobre un hombre. Las leyes le favorecen y existe mucha ayuda para estas mujeres que la necesitan. Esto descarta la excusa de no poderlo dejar por miedo.

Lastimosamente, siguió teniendo más hijos al saber que existe ayuda social y que es un plan de contingencia común en nuestros países.

En las áreas rurales de nuestros países los hijos representan un activo para los padres ya que les ayudan a trabajar la tierra. Aquí no. ¿Aquí qué tierra van a trabajar? Aquí representan un gasto. Y es de aproximadamente $200 000 hasta los dieciocho años.

Además, al tener acceso a crédito fácil, ayuda por cada uno de los niños y un techo para vivir, que ella lleva dos años sin pagar, no hay mucha prisa ni necesidad. Su situación me confirma que el clavo todavía no es lo suficientemente profundo como para reaccionar. Y este nivel de irresponsabilidad es el que está acabando con nuestra comunidad.

No amerita hablar del malparido del esposo, que por culpa de sus vicios descuida las prioridades que tiene como padre de estas seis criaturas.

Y como estas ratas son comunes y no tienen perdón ni mérito hablar de ellos, mejor enfoquémonos en las personas que sí podemos ayudar.

Yo no me quejo de la situación de esta señora; si no existieran personas en esas situaciones, yo no tendría chamba. Pero sí considero que es importante analizar estas situaciones para poder mejorar como comunidad. No podemos esperar a que el congreso cambie, ni el presidente actual, ni las leyes. Cambiemos nosotros, que nos va a permitir aprovechar la gran oportunidad que tenemos de ascender en aspectos económicos. De no ser así, seguiremos siendo los empleados en todos los negocios que los gringos monten para venderle al creciente mercado latino en USA.

Creo que es tiempo de retomar el consejo de JFK: «No preguntes qué puede hacer tu país por ti, pregúntate qué puedes hacer tú por tu país».[26] Y como ya está comprobado que los de arriba no van a hacer nada,

---

[26] «Inaugural Address» (1), January 20, 1961, Public Papers of the Presidents: John F. Kennedy, 1961.

entonces mejor enfoquémonos en hacer algo por nosotros y de esa forma ayudaremos a esta gran nación.

Y qué mejor forma de mejorar si no es dándole prioridad a nuestros bolsillos, con el deseo de querer administrar o tomar control de nuestro dinero.

El querer tomar control de nuestras finanzas es como el querer bajar de peso. Para poder lograr el objetivo, no es suficiente con solamente hacer ejercicios. Hay que complementarlo con el monitoreo de la alimentación.

De la misma forma, para tomar control de nuestras finanzas, no es suficiente con el ingreso que se percibe mensualmente. Es mucho más importante el monitorear la forma en la que se gasta ese dinero, o, mejor dicho, la forma en la que se debería gastar.

Durante el año en el cual nos presentábamos todos los miércoles en el noticiero de la mañana en Telemundo con el abogado de inmigración y el doctor de las estrellas, Dr. Rey, como doctrina todos los días solíamos reunirnos para desayunar juntos y conversar sobre asuntos que afectan a nuestra comunidad latina.

En esos momentos mantenía una disciplina de ejercicio muy fuerte, pero independientemente del alto nivel de ejercicio no veía resultados. No podía comprender cómo era posible que el Dr. Rey, con casi cincuenta años de edad, tuviera el cuerpo de un joven de dieciocho.

Solamente pasaron tres desayunos para que descubriera el gran secreto que considero fundamental no solo para poder bajar de peso sino para tomar control de nuestra vida económica.

El Dr. Rey usualmente desayunaba un pedazo de tuna semicocinado y agua.

Yo, por el contrario, siempre le pedía al cholo, el cocinero de la cafetería de NBC, que me hiciera cuatro tacos de papa y chorizo y me tomaba un café y un jugo de manzana.

El Dr. Rey tenía calculado el nivel de calorías que podía consumir en un día para poder mantener esa figura. Yo, por el contrario, le metía a la panza lo que me toleraba. Por más ejercicio que hacía, era imposible controlar el sobrepeso ignorando o monitoreando mi alimentación.

De igual forma, de muy poco ayuda el tener buenos ingresos si ignoramos la importancia de cómo se debe administrar o gastar este dinero.

Lo básico en las finanzas personales es un presupuesto mensual.

Es el manual de instrucciones de cómo se debería gastar el dinero que mensualmente ganamos con tanto esfuerzo.

En él se desglosan los gastos mensuales y se comparan antes los ingresos para poder determinar la condición económica actual.

De la misma forma que cuando queremos mejorar la figura: nos pesamos y basados en el tamaño y los años determinamos si tenemos o no sobrepeso. Sobre este análisis pactamos un plan que consiste en hacer ejercicios y monitorear el alimento para pode alcanzar el peso deseado.

De igual forma, para poder tomar control de nuestras finanzas, primero debemos analizar la forma en la que estamos destinando nuestros ingresos para determinar si comparándolo a un ingreso balanceado estamos en control de nuestro dinero o no.

Basado en esto es que pactamos un plan de ataque para poder analizar las áreas que podemos mejorar y pactar prioridades y metas a corto y largo plazo.

Si las personas le dieran la misma importancia a sus finanzas que la que le dan a su figura, aplicando los mismos conceptos pudieran mantener un balance en ambas.

Por ejemplo, si hemos desayunado un plato que tenía 1300 calorías, sabemos que todo lo que comamos después nos va a engordar. De igual manera, al usar nuestra tarjeta para realizar una compra sobre un capricho que va a agregar a nuestro endeudamiento que solamente debería ser 10% de nuestro ingreso, antes de hacer esa compra debe compararse con el presupuesto actual y sabríamos exactamente si esta nueva compra nos va a afectar o si está en los parámetros pactados.

Para poder simplificar vamos a asumir que el ingreso mensual es de $1000.

Los expertos nos aconsejan que de esta forma debiéramos gastar o dirigir nuestro dinero mensualmente.

Categoría	Porcentaje	Cantidad
Vivienda	30%	$300
Transportación	15%	$150
Comida	15%	$150
Utilidades	5%	$50
Endeudamiento	10%	$100
Entretenimiento	5%	$50
Ahorro	10%	$100
Inversión	10%	$100
TOTAL	100%	$1 000

Un presupuesto es un mapa de referencia para poder saber de qué forma debemos gastar nuestro dinero mensualmente.

Nuestro ejemplo es el más básico e ignora algunos gastos que no son imperativamente necesarios para ilustrar lo fundamental que es esta herramienta. Lo importante es que nos permite tener un punto de referencia para poder comparar.

Vivienda: 30% de nuestros ingresos en pago de casa o renta. Esto incluye pago de hipoteca, seguro e impuestos. Si se trata de un préstamo FHA también el seguro PMI. Con este punto de referencia ya sabemos nuestra capacidad o lo que tenemos que hacer para poder llegar lo más cerca posible a este porcentaje.

Transportación: 15% de nuestros ingresos en pago de carro. Esto incluye seguro, gasolina y mantenimiento.

Comida: 15% de nuestros ingresos en comida para el mes.

Utilidades: 5% de nuestros ingresos en todo gasto de utilidades que necesitábamos para poder sobrevivir. Esto incluye gas, electricidad, agua, cable, Internet.

Endeudamiento: 10% de nuestros ingresos debería ser gastado en endeudamiento. Esto incluye tarjetas de crédito, préstamos personales. Todo aquello que salga en nuestro crédito con excepción de pago de carro y casa.

Entretenimiento: 5% de nuestros ingresos en entretenimiento. Esto incluye toda aquella actividad para poder divertirnos.

Ahorro: 10% de nuestros ingresos deberían ser dirigidos a un ahorro. El objetivo principal es primero que todo tener un fondo de emergencia en el caso de alguna calamidad, despido, accidente, etcétera. Este fondo debería cubrir por lo menos seis meses de gastos, pero de preferencia un año. Una vez que ya tengamos este fondo de emergencia, este ahorro lo podemos destinar para otras metas o gastos importantes en nuestras vidas, como por ejemplo: casamiento, hijos, casa, quinceañera, educación o formación de hijos, jubilación, etcétera.

Inversión: 10% de nuestros ingresos deberían ser destinados a un fondo de inversión, para que cuando ya no podamos trabajar nos ayude a amortiguar los gastos o el estilo de vida durante nuestros años dorados. Otra razón es para tener un plan de contingencia ante la posibilidad que el sistema de seguro social desaparezca.

Un presupuesto solamente representa un punto de referencia, para saber de qué forma deberíamos gastar antes de hacerlo. Es una guía muy útil para saber no solamente a lo que le estamos dando prioridad, sino para saber si estamos siendo sensatos con nuestro dinero.

Por ejemplo, vamos a ilustrar lo útil que puede ser un presupuesto usando a una pareja joven que tiene deseos de casarse, irse de luna de miel, comprar casa, tener un hijo, financiarle la educación a ese hijo, y sobre todo tener suficiente dinero para los años en los cuales no podrán trabajar.

La pareja es joven, veinticinco años ambos, solamente terminaron High School, actualmente viven con sus padres y recientemente se acaban de integrar a la fuerza laboral. Además, como toda persona sensata, desean tener un fondo de emergencia que cubra seis meses sus gastos en el caso de una emergencia, despido, accidente, enfermedad.

Los vamos a analizar por quince años de sus vidas productivas y, para poder simplificar el ejemplo, vamos a ignorar la inflación y los posibles cambios que puedan traer cuatro diferentes administraciones en la Casa Blanca.

El objetivo principal es ilustrar lo útil que puede ser tener un presupuesto mensual.

Enamorados: 25 años de edad

Ambos trabajan en la misma compañía y entre los dos perciben un ingreso neto de $5000 al mes. Actualmente viven en las casas de sus padres. Solamente tienen un carro, y el pago mensual más el seguro y la gasolina tiene un pago total de $400 en transportación.

Su presupuesto les dice que ellos pueden/deberían gastar su dinero de la siguiente forma:

Categoría	Porcentaje	Cantidad
Vivienda	30%	$1 500
Transportación	15%	$750
Comida	15%	$750
Utilidades	5%	$250
Endeudamiento	10%	$500
Entretenimiento	5%	$250
Ahorro	10%	$500
Inversión	10%	$500
TOTAL	100%	$5 000

Ambos tienen como meta para los treinta años de edad estar casados, con un carro familiar y también su propia casa.

La casa la quieren comprar en una área en donde las precios rondan aproximadamente $250 000 y la tasa de interés actualmente está al 5% con solamente un 5% de entre, o sea, $12 500. Sobre estas condiciones el pago mensual les quedaría de aproximadamente $1800 o $300 más de lo que deberían pagar.

Por esta razón, deciden en el primer año vivir todavía con sus padres y ahorrar este dinero para poder tener más enganche y de esa forma tratar de llegar lo más cerca posible al pago ideal de $1500 y poder seguir con sus planes. Ya han decidido que en un año darán el paso de comprar su propia casa.

Actualmente están destinando 10% de endeudamiento, 10% de ahorro y 10% de inversión para poder tener un fondo de emergencia, lo cual les dará al término del año $18 000 para su fondo de emergencia.

$500 de endeudamiento x 12 = $6000
$500 de ahorro   x 12 = $6000
$500 de inversión   x 12 = $6000

$6000 de endeudamiento + $6000 de ahorro + $6000 de inversión = $18 000 destinado para fondo de emergencia.

$1500 de vivienda x 12 = $18 000 destinado para el enganche de su casa.

Con un fondo de emergencia y suficiente dinero para poder comprar la casita, comienzan la búsqueda.

La casa que les gusta está calculada aproximadamente en $300 000, y la tasa de interés está al 4%. El agente que los ayudó a encontrar esta casa es un tigre y negoció para que ellos no tuvieran que poner nada de su bolsa para el enganche, solamente los costos de cierres, que son aproximadamente $5000.

Su nuevo préstamo es de $285 000, al 4% y un pago de $1360.

A esto se le agrega el impuesto (1.25% x $300 000) que es aproximadamente $300 al mes, y vamos a suponer que el seguro de incendio le promedia $50 al mes y por tratarse de un préstamo FHA tiene que pagar un seguro por no haber puesto 20% de entre, lo cual se llama PMI[27] y es de aproximadamente $200 al mes. El pago total de la vivienda es de $1910.

El máximo que ellos deberían pagar es $1500, lo cual los pone $410 por encima de lo ideal.

No obstante, de transportación pueden pagar hasta $750 al mes y solamente tienen un gasto de $400 al

---

27   Private Mortgage Insurance.

mes, lo cual les libera $350 al mes y casi exactamente lo necesario para poder balancear su nuevo pago de casa.

Categoría	Porcentaje	Cantidad
Vivienda	38%	1 910
Transportación	8%	$400
Comida	15%	$750
Utilidades	5%	$250
Endeudamiento	10%	$500
Entretenimiento	5%	$250
Ahorro	10%	$500
Inversión	9%	$440
TOTAL	100%	$5 000

El reembolso que reciben el primer año deciden usarlo para poder amueblar la casa.

El fondo de emergencia asciende a $31 000 ya que de los $18 000 de ahorro que obtuvieron al vivir en la casa de sus papás por un año, solamente gastaron $5000 en costos de cierre. Los restantes $13 000 se los sumaron a los $18 000 que ahorraron de endeudamiento, ahorro e inversión por un año.

La siguiente meta es poder casarse e ir de luna de miel a Europa por un mes y visitar cinco países: Francia, Italia, España, Inglaterra y Alemania.

El costo de este viaje por los dos es de $7000. El costo de la boda tomando en cuenta la lista extensa de amistades que colaborarían con los gastos estiman será de aproximadamente$5000.

La misma estrategia aplicada en el primer año prevalece: destinaron 10% de endeudamiento, 10% de entretenimiento y 9% de inversión de todo un año para poder casarse y darse un mes de luna de miel en Europa.

$500 de endeudamiento x 12 = $6000
$500 de ahorro   x 12 = $6000
$440 de inversión   x 12 = $5280
Al final del año tienen $17 280 más el reembolso de los impuestos y con esto realizan su boda, viajan y ahorran $5000 que destinan al fondo de ahorro.

Ya con tres años restantes, y con resultados positivos y un presupuesto balanceado, deciden respetar el presupuesto previo de los últimos dos años con miras a destinar 10% hacia su fondo de ahorro, y 19% dirigido a su fondo de inversión.

$500 x 36 meses: $18 000 ahorro
$940 x 36 meses: $33 840 inversión
Después de tres años tienen:
Fondo de emergencia: $31 000
Ahorro en su cuenta de banco: $38 000 total. Son $18 000 que representa 10% de su salario de tres años y también casi $20 000 de los reembolsos tributarios de los últimos tres años.

Fondo de inversión: $33 840, el cual pretende invertir sobre un 5% de rentabilidad.

Durante estos cinco años su crédito mejoró, su casa subió de precio, y el ahorro que tenían en sus cuentas de banco hizo que les enviaran ofertas de tarjetas de crédito, la opción de refinanciar su casa, la opción de comprar el nuevo modelo de carro que tenían, todo con un sencillo proceso de calificación y aprobación.

Y aunque todas estas tentadoras ofertas les provocaron, siempre usaban su presupuesto para poder determinar si era o no factible para sus finanzas. Y en la mayoría de los casos, aunque no tenían que poner ni un centavo de enganche, desbalancearían sus porcentajes y esto les impediría seguir con sus metas a largo plazo por una gratificación a corto plazo.

Matrimonio: treinta años

Ya para este momento sus ingresos han ascendido a $7000, la casa vale aproximadamente $350 000 y tienen como meta tener su primer y único hijo. Tienen muy presente el costo de criar a un hijo y el alto costo de la educación.

Con $7000 de ingreso, tienen aproximadamente $2000 en exceso mensual. Están conscientes de que el bebé por lo menos va a agregar un $500 a su presupuesto en los primeros cinco años.

Entonces deciden acomodar estos $2000 en exceso y el gasto estimado del bebé a su presupuesto.

Destinan $500 al gasto de su bebé y $1500 a su fondo de inversión. Además deciden destinar los cinco reembolsos tributarios de los próximos cinco años a una cuenta de ahorros para la educación de su bebé.

$500 x 60 meses: $30 000 ahorro

$940 x 60 meses: $56 400 inversión

$1500 x 60 meses: $90 000 inversión, el exceso del aumento en su salario.

Después de cinco años tienen:

Fondo de emergencia: $31 000

Ahorros en su cuenta bancaria: $68 000, ya que a esto se le agregó 10% por cinco años.

Fondo de inversión: $ 180 240 total. $33 840 que ya ha crecido después de cinco años a $42 000 más la aportación del 10% de endeudamiento por cinco años y 9% de inversiones, o en total $56 400. Aparte los $1500 adicionales del aumento de ingreso por cinco años o en total $90 000. Todo les da un total de $187 000 en su fondo de inversiones.

La cuenta del bebé tiene: $40 000, cinco años de los reembolsos tributarios.

Les restan cinco años para poder llegar a los cuarenta, en los cuales cambiarían sus metas y se enfocarían más en disfrutar de los frutos de haber planificado y mantenido el enfoque sobre sus metas a largo plazo.

Matrimonio: treinta y cinco años

Los próximos cinco años deciden mantener el mismo enfoque con la excepción de dos cosas. Todos los años se darían unas vacaciones familiares sobre un presupuesto de $5000 y comprarían un carro familiar al contado por $5000.

Antes de llegar a los cuarenta estas son sus finanzas:

Fondo de emergencia: $31 000

Ahorros en su cuenta bancaria: $68 000, ya que las aportaciones de cinco años fueron $30 000 y los usaron para las vacaciones de cinco años y el carro familiar. Lo cual no agregó nada al fondo de ahorro.

Fondo de inversión: $371 000 total. De los cuales $180 240 ya había crecido a $225 000 más la aportación del 10% de endeudamiento por cinco años y 9% de inversiones, o en total $56 400. Aparte los $1500 adicionales del aumento de ingreso por cinco años o en total $90 000. Da un total de $371 000 en su fondo de inversiones.

La cuenta del nuevo bebé tiene: $80 000

Jubilación: cuarenta años.

Ahora les quedan aproximadamente veinte años de vida productiva.

Asumiendo que su casa después de estos veinte años ya está pagada, lo que necesitan tener para poder disfrutar el resto de sus vidas es $1 200 000 en retiro, o veinte años de ingresos, y de esa forma poder cubrir sus necesidades proyectadas de $5000 al mes.

Si son capaces de mantener esta disciplina de los últimos quince años, su retiro se ve claro.

Con este balance económico que han alcanzado tienen opciones para poder elegir en el evento que se les presente una emergencia o una oportunidad para invertir.

Lo mejor de todo esto es que están preparados para resistir una crisis como la que estamos experimentando, sin tener que preocuparse por las gestiones que realice el gobierno. En esta situación no dependen del seguro social; si está es un plus, pero no dependen de esto.

Si a este matrimonio se le hubiese presentado la oportunidad de comprar una casa más grande en una mejor ciudad, sabrían antes de comprometerse que, independientemente de la estrategia de persuasión del agente de bienes raíces o el prestamista, ellos tenían bien claro hasta dónde podrían estirar su presupuesto.

Lo mismo se le puede aplicar a la compra de un carro, el uso de una tarjeta de crédito, el malgasto, etcétera.

No es un asunto fácil. Toda persona en USA que tiene un nivel alto de endeudamiento, es un potencial ganado para el mundo corporativo con apoyo de ciertas garrapatas en el congreso, que constantemente están invirtiendo miles de millones en producciones, títeres corporativos y publicidad para captar su atención o información y de esa forma meterlos a los respectivos corrales para que sean triturados.

Una gran parte de tomar el control de nuestras vidas financieras es el no dejarse influir por el mundo corporativo, ni por la sociedad, los amigos, los medios de comunicación, y enfocarse en sus metas a corto y largo plazo.

Es una tarea que requiere mucha disciplina y enfoque, ya que la tentación de la gratificación a corto plazo es como el mismo Satanás. No obstante, la vida, como las finanzas, no es una carrera sino un maratón. Y como dice el viejo dicho: «El que ríe de último ríe mejor». Eso sí, hay que saber las reglas del juego. En el ejemplo anterior existen muchas cosas que no se tomaron en consideración, ya que el objetivo es enfocar todo en lo importante que es un presupuesto mensual. Muchas personas que están lejos de esta ilustración inclusive pensarán que esto es imposible. Como el obeso que está todo el día comiendo y ve a alguien con un físico con cuadritos y piensa que es imposible. Y no lo es. En ambas situaciones se requiere de mucha disciplina, pero sobre todo deseo de querer lograrlo. Cualquier persona que desee bajar de peso o tomar control de sus finanzas lo puede lograr.

En una de sus múltiples frases célebres el recientemente fallecido Nelson Mandela dijo: «Todo parece imposible hasta que se logra».[28]

Nuestro sistema económico es un motor Ferrari que siempre nos permitirá transportarnos a nuestros destinos, y aunque frecuentemente es manipulado por ciertos mecánicos transas que buscan beneficiarse de nuestra ignorancia, este motor es de tan buena calidad que para el que precisa llegar a su destino, independientemente de que a veces se les ponchen las llantas o haga falta gasolina, el motor siempre operará.

Lo fundamental es tener el deseo de tomar control de nuestras vidas financieras y definir nuestras prioridades con objetivos claros.

---

[28]   http://www.usatoday.com/story/news/nation-now/2013/12/05/nelson-mandela-quotes/3775255/

Lao Tse solía decir: «La travesía de mil millas comienza con un paso».[29]

Ese primer paso es ser consciente de lo importante que es administrar nuestras finanzas. Para tomar control de nuestras finanzas no se necesita tener un ingreso millonario. El ingreso es uno de los factores; el otro, en mi opinión, es más importante: administrar o monitorear de qué forma se gasta este dinero. Al tener bien definido esto uno sabe claramente sus limitaciones y puede pactar metas viables.

Personalmente he tenido la oportunidad de aprender de muchas personas que con ingresos moderados han logrado la independencia financiera.

Estas personas han vivido una vida sencilla y le han dado prioridad a la formación de sus hijos, el ahorro, la inversión y sobre todo la sensatez.

Para la mayoría de los más de 10 000 presupuestos mensuales que he tenido la oportunidad de analizar durante esta crisis financiera, la realidad manifiesta otra cosa.

Asumiendo que el ingreso es de $1000 al mes, esta es la realidad de la mayoría de nuestra comunidad latina durante estos momentos de crisis:

Categoría	Porcentaje	Cantidad
Vivienda	70%	$700
Transportación	20%	$200
Comida	5%	$50
Utilidades	5%	$50
Endeudamiento	30%	$300
Entretenimiento	0%	$0
Ahorro	0%	$0
Inversión	0%	$0
TOTAL	130%	$1 300

---

29   http://www.proverbia.net/citasautor.asp?autor=569

Vivienda: En pago de casa excede 50% de lo que reportan en ingresos mensualmente. Esto debido al haber creído en los expertos que decían que ellos podían con el pago de una casa. Y al no tener un presupuesto mensual y desconocer lo que se debe gastar en cada cosa, fácilmente cayeron en la trampa. Para poder realizar el pago de la casa tienen que convertirla en una vecindad en la cual yo personalmente he tenido la oportunidad de conocer personas que rentan toda la casa y ellos viven en el garaje para poder hacer el pago mensual.

Transportación: Pago de carro por encima de lo que debería ser. Esto debido a que al tener buen crédito se dejaron enganchar con la trokita del año.

Comida: Esto es lo más triste. Al no poder cubrir sus gastos tienen que sacrificar algo tan fundamental y necesario como la buena alimentación. En promedio las personas que hemos podido ayudar gastan aproximadamente 5% de sus ingresos en comida. ¿Qué pueden estarle metiendo a la panza?

Utilidades: Sobre esto no tienen mucho control ya que es necesario para poder sobrevivir. Aquí usualmente obligan a uno de sus caballitos de Troya a que pague los gastos de utilidades.

Endeudamiento: Al no poder cubrir con sus gastos, la única opción que les queda es pagar con las tarjetas de crédito hasta que las topen más que el gobierno de USA actualmente.

Entretenimiento: Aunque no lo crean, y al ver las tendencias en sus cuentas de banco, la mayoría de personas optan por gastar más o entretenerse más para poder olvidar los problemas.

Ahorro: Ninguno.

Inversión: Ninguno.

Esto es, sin dudas, un producto de la falta de planificación por parte de los consumidores, las alianzas entre corporaciones y ciertas garrapatas para desregular ciertos mercados, la mitología financiera que prevalece y la falta de supervisión por parte del gobierno.

Considero ingenuo el pensar que un país podrá avanzar o mantener su liderazgo mundial ignorando este problema que cada día nos hundirá más.

Ya la deuda nacional excedió lo que anualmente producimos como país.

Los Entitlements son gorilas con los cuales nos tendremos que enfrentar tarde o temprano.

A esto se le agrega el conflicto entre políticos, que en vez de enfocarse en encontrar soluciones para estos problemas, siguen con agendas sobre sus egos postergando los problemas para que la próxima administración tenga que lidiar con ellos.

El resultado es un cáncer que nos está consumiendo y sin dejarnos esperanzas, ya que no existe nadie que esté tomando esta situación en serio. Se ha aislado a un nivel singular ignorando que el resultado nos afectará a todos como nación.

Para poder ilustrar lo que en realidad me preocupa a mí y le debería preocupar a los que están al mando del timón, me gustaría mostrar lo que actualmente representa la realidad de la mayoría de personas a las que he tenido la oportunidad de servir o conocidos de mi generación que actualmente actualmente se están integrando al sendero del güey.

Esto solamente representa un ejemplo. El objetivo principal ahora es ilustrar el impacto negativo que tiene el no planificar o no tener un presupuesto mensual.

Si regresamos al ejemplo de la pareja joven, veinticinco años de edad ambos, solamente terminaron

High School, actualmente viven con sus padres y recientemente se acaban de integrar a la fuerza laboral. Esta vez solamente los vamos a analizar por los primeros años de sus vidas productivas y vamos a cambiar un poco las metas asumiendo que esta vez no hacen uso de un presupuesto.

Nuestra historia llevará por nombre: La vida de Alba Boso y su novia Cindy Nero

Enamorados: veinticinco años de edad.

Ambos trabajan en la misma compañía y entre los dos perciben un ingreso de $5000 neto al mes. Actualmente viven en las casas de sus padres. No tienen carro, ya que aún no tienen crédito establecido, entonces tienen que prestarle el carro a su papá. Esto los incomoda mucho, así que tienen como primer objetivo comprarse los carros que están de moda: Range Rover y una Escalade. Eventualmente mudarse a un espacio juntos y en el futuro tener hijos.

Su presupuesto les dice que ellos pueden/deberían gastar su dinero de la siguiente forma:

Categoría	Porcentaje	Cantidad
Vivienda	30%	1 500
Transportación	15%	$750
Comida	15%	$750
Utilidades	5%	$250
Endeudamiento	10%	$500
Entretenimiento	5%	$250
Ahorro	10%	$500
Inversión	10%	$500
TOTAL	100%	$5 000

Obviamente al no tener ningún presupuesto e ignorar de qué forma deberían gastar su dinero mensualmente, lo único que hacen es reaccionar a sus deseos, vanidad o caprichos.

Ambos son muy buenos trabajadores y muy responsables en lo que desempeñan. A los dos les gusta la buena vida y para poder satisfacer sus necesidades trabajan todo el tiempo extra que les permita la compañía. Todos los fines de semana suelen salir por lo menos dos veces a comer y bailar. Y aunque odian la idea de poder vivir con sus padres, deciden esperar por lo menos un año para poder ahorrar dinero y comprar sus carritos que tanto necesitan.

En cada salida a comer y bailar están promediando $200 o $400 a la semana, pero no lo sienten ya que usan sus tarjetas de crédito a la cual solamente les mandan el pago mínimo de $75 al mes.

La tarjeta ya tiene un saldo de más de $5000 pero no les preocupa ya que el límite es de más de $15 000 y saben que es muy fácil el poder incrementar el crédito. Una llamada de quince minutos por teléfono.

Cindy Nero es adicta a salir con sus amigas, que usualmente se reúnen en el centro comercial para poder tomarse un café y chismear un poco.

Y aprovechando que están ahí, siempre suelen comprar un par de zapatos y vestidos para poderlos lucir el fin de semana. Este hábito lo tiene hace más de tres años, y ha causado una inmensa acumulación de zapatos y vestidos prácticamente nuevos, que nunca más se pondrá y que no le caben ya en su closet.

Esa es una de las razones principales por las cuales Cindy Nero quiere salir de la casa de sus papás: ya no tiene espacio para un alfiler en el closet, que comparte con su hermanita de dieciséis años. Ella es muy buena hermana y cada vez que se compra algo nuevo suele comprarle algo a su hermanita.

Ambas tienen el Ipad más grande, el Iphone más nuevo y Ipod más nuevo. Cada vez que sale el nuevo modelo de Apple, suelen comprarlo. Ambas son fanáticas de los reality shows, especialmente el de las Kardashians. Sueñan e imitan la vida de estas estrellas.

Por otro lado, su novio Alba Boso es un fanático de los deportes. Tiene un conocimiento extenso de cada uno de los fichajes nuevos, las estadísticas y suele estar pegado a Sport Center todos los días al llegar a casa del trabajo.

En su cuarto tiene todas las camisetas originales de los equipos de Los Ángeles. Compra con anticipación los boletos de las temporadas de todos los deportes, aunque en la mayoría de los casos no asista por falta de carro.

Después de nueve meses deciden que es necesario e importante comprarse carros para poder dejar de molestar a sus parientes y amigos con favores. Al no tener crédito y estar un poco desesperados caen en un concesionario que aparentemente les afirma que su trabajo es su crédito.

Un sábado por la mañana deciden ir a visitar este concesionario y el dueño los estaba esperando con un café de Starbucks a ambos. Después de una conversación de quince minutos les muestra dos carros que ambos han soñado y desean con mucho amor: la nueva Escalade del año y una Range Rover de solamente dos años.

Ambos se preguntaron cómo era posible que tuvieran los carros que deseaban. Lo que ignoraban era que ambos tenían un amigo común en Facebook y que, por medio de ese amigo, el dueño del concesionario pudo verificar el perfil de ambos en los cuales extensamente subían fotos de estos dos automóviles.

Después de más de dos horas de negociar, ambos salen con carros nuevos.

Firmaron ignorando la tasa de interés y los términos, ya que lo único que les importa es el paguito mensual, que por los dos carros será solamente de $1500 y por siete años.

Ambos sienten un alto nivel de destreza para negociar ya que solamente les han solicitado $2000 de entre.

Ese día deciden ir cada uno por sus amigos y celebrar

Categoría	Porcentaje	Cantidad
Vivienda	36%	1 800
Transportación	40%	2 000
Comida	12%	$600
Utilidades	0%	$0
Endeudamiento	10%	$500
Entretenimiento	20%	1 000
Ahorro	0%	$0
Inversión	0%	$0
TOTAL	118%	$5 900

en grande la compra de estos dos carros. Solamente esa noche se gastan más de $1000 en tragos, lo cual no sienten ya que siempre lo cargan a las tarjetas de crédito.

Esa noche no todo es alegría. En el camino a casa paran a Alba Boso y se gana un DUI por conducir con nivel de alcoholismo.

Él siente rabia al saber que siempre ha conducido con nivel alto de alcohol y al ser esta la primera vez que lo hace en su carro nuevo, lo pescan. Es que este tipo de carro llama mucho más la atención. Su nuevo carro en el primer día ya le ha gastado más de $10 000 en multas y abogados y una mancha en su reporte de conducción.

Después de haber consultado con su abogado y saber que no tenía ni 10% ahorrado para poder cubrir estos altos costos, tiene que optar por la única opción que le queda: su tarjeta de crédito.

Con este nuevo monto llega al límite de la tarjeta de crédito y esto causa que le suban la tasa y el pago mensual. Ahora el pago mínimo de la tarjeta de crédito asciende a $500 por mes.

Pasan dos semanas difíciles para ambos y por fin les llega una supernoticia: Cindy Nero está esperando un bebé.

Esto los fuerza a conseguir una casa ya que los tres no pueden vivir separados.

Encuentran una casa cerca de la familia de ella, por $1800 al mes. Tienen cuatro cuartos, alberca y un patio grandísimo. Aunque no necesitan esta casa, saben que los cuartos los pueden usar para compartir con sus amigos.

De esta forma se ve su presupuesto actual sin que ellos lo sepan:

Vivienda: En vivienda están casi a lo que se considera prudente.

Transportación: Los seguros para estos carros son altos y la cantidad de gasolina que gastan es increíble.

Comida: Actualmente no gastan tanto ya que ambos viven en casa de sus papás. Una vez que se muden a casa y con el nuevo bebé, este gasto puede sobrepasar 20% ya que ella no sabe cocinar.

Utilidades: En esta área es donde van a sentir el primer apretón una vez que se muden a la nueva casa y tengan que asumir los gastos de las utilidades.

Endeudamiento: Esto solamente representa el pago mínimo y por eso no refleja el monto real en su presupuesto que es de más de $1000 para poder pagar esta deuda.

Entretenimiento: Por ser jóvenes dirigen una cantidad fuerte de sus ingresos al entretenimiento. Este monto está por encima de lo que debería ser y no lo sienten ya que siempre usan las tarjetas de crédito para pagar. Posiblemente, ahora con la llegada del bebé controlen más este gasto de salir frecuentemente. Aunque lo que posiblemente cambie es el entorno, ya que el mal hábito de malgastar continúa.

Ahorro: Ninguno.

Inversión: Ninguno.

Esto comprueba lo fundamental que es el administrar los gastos mensualmente y el uso de un presupuesto para poder tener un punto de referencia.

Esta pareja joven está iniciando una vida con el pie izquierdo ya que es muy difícil salir del hoyo en que se acaban de meter y que lastimosamente ignoran.

En este ejemplo nos enfocamos en la compra de los carros; pero de la misma forma hubieran podido comprar una casa por $500 000, no planificar y tener más hijos, alguna enfermedad crítica, un accidente... y todas estas situaciones los hubiese llevado al mismo destino: un hoyo del cual les va costar mucho salir por no haber planificado.

Un círculo vicioso en el cual dependen del crédito, de la plusvalía de sus casas, del gobierno y de un futuro incierto.

Esta es una situación cercana a la gran mayoría de las más de 10 000 situaciones económicas que he tenido la oportunidad de analizar, y que me impulsan a especular que no hay mucha opción más que la de regresar a nuestros países natales y rogarle a Dios que no corten el seguro social.

En nuestros países por lo menos el costo de vida ayudará a poder amortiguar los costos esenciales y por lo menos tener dinero para poder comer. Esto asumiendo que el paguito del seguro social esté disponible cuando lo necesitemos.

Actualmente muchas familias latinas solamente tienen como plan de contingencia:

La esperanza de que el día que se jubilen el valor de sus casitas estará por encima de lo que deben.

El seguro social.

Que alguno de los hijos los ayuden el día en que dejen de trabajar.

Lastimosamente, y después de esta crisis en la que estamos profundamente ahogados y sobre todo la falta de iniciativa por parte de los que nos gobiernan en querer cambiar el giro de esta gran nación, nos hemos dado cuenta de que:

El valor de nuestras casitas no es nada seguro y que existe la posibilidad de que durante los días en que más necesitemos, no tengamos ninguna ganancia, sino más deuda.

El seguro social es un animal en extinción que pudiera desaparecer si no arreglamos la dirección de esta nación y el problemón del presupuesto fiscal. Independientemente de que exista, la cantidad que recibirá un latino basado en lo creativo que somos al reportar ingresos, no será lo suficiente para cubrir nuestros gastos. A menos que esta cantidad la recibamos en nuestros países, en donde el costo de vida es sustancialmente más bajo.

La nueva generación carece de voracidad, ya que gracias al esfuerzo que hicieron sus padres no tuvieron que luchar tanto para poder obtener las cosas básicas. El haber crecido en cuna de oro disminuye la necesidad que usualmente tenemos los que nacimos en cuna de paja. Esto reduce las posibilidades de contar con ellos financieramente. Son contados los hijos que aportan a los gastos de la casa.

Esto, sin duda, debería ser una cubeta de agua fría para muchas de las personas a quienes todavía les queda suficiente vida productiva, para tomar manos en el asunto.

Es ilógico el depositar nuestra fe en asuntos de los que no tenemos control: un trabajo que posiblemente no esté ahí el próximo trimestre, una promesa sobre una pensión que posiblemente no exista cuando más lo necesitemos, un valor de casa que puede o no ser favorable o la clemencia de un hijo.

Nuestro enfoque debería ser dirigido a todos los asuntos sobre los cuales sí tenemos control: administración de nuestro dinero, control sobre el consumo, control sobre los malos hábitos, reevaluación de nuestras prioridades, etcétera.

Y todo comienza con un paso hacia la sensatez y el deseo de querer lograrlo.

Pero si de algo ayuda, y, aunque sobre orientación financiera es muy difícil hablar en términos generales ya que cada situación es única y las condiciones económicas y las opciones cambian constantemente, les doy mi punto de vista sobre lo que considero sensato a finales del año 2014 y con tres años restantes de la administración de Obama.

Eliminar o ajustar gastos

Deudas no aseguradas: La mayoría de las personas que actualmente se pueden identificar con el último presupuesto, tienen más probabilidades de ser aprobados para la ley del perdón. La bancarrota. Y existen dos capítulos que son las opciones más comunes para personas en esta situación. Capítulo 13 o arreglo de pago en el cual la persona tiene capacidad de pagar, pero no todo. Esto usualmente es una opción cuando la persona tiene bienes, negocios, ingresos fuertes, etcétera. Y es además la preferida de los abogados porque cobran más. La segunda es el capítulo 7 o liquidación total. Esta es más económica y en la mayoría de los casos por la que deberían optar las personas. En este capítulo se liberan completamente de toda deuda.

Casa: Lo primero es solicitar una modificación. Si no lo ha hecho, se le recomienda que lo haga primero usted directamente para que entienda el trabajo que implica y valore lo que haga una compañía. Independientemente de que ya haya ido a Naca, Siringo Lingo, Herrera Group, no importa, siga intentando hasta que le dejen la tasa al 2% y le ajusten su préstamo al valor actual de la compañía. No importa que hayan pagado miles de dólares, si al final tuvo que pagar $15 000 para poder lograr que le bajaran el pago de lo que lo tiene al 30% de sus ingresos, fue una buena inversión. Si después de haber sido aprobado no quedó conforme con los términos y sabe que no le van a ayudar más, entonces libérese de la deuda por medio de un short-sale. Si ya casi tiene la casa pagada y los hijos ya están afuera de la casa, posiblemente tenga sentido vender en el año 2014 y posiblemente esperar a que llegue la corrección de esta semiburbuja para poder comprar un condominio donde no tenga que cargar con los gastos de mantenimiento de una casa.

Carro: A menos que los ingresos lo justifiquen, se debe contemplar cambiar a un carro económico de cuatro cilindros. El costo de la gasolina está por las nubes y solamente aquí se pueden ahorrar lo que se gasta en comida. Si se tienen carros innecesarios hay que regresarlos.

Utilidades: Existen programas para personas de bajos recursos. Debe verificar con la ciudad los parámetros que se deben llenar para poder reducir o calificar para poder obtener estas reducidas tarifas.

Hábitos o decisiones:

Hijos: La actividad física debería ser sustituta de los jueguitos electrónicos. Hagan ejercicios, hagan las tareas con sus hijos, cocinen en familia y traten de comer saludable, salgan a compartir en familia a todos esos lugares que son gratuitos y no los impulsarán a endeudarse. No inviertan mucho tiempo en ver y escuchar a los títeres corporativos que les roban su atención para venderles algo. Hay que gastar. Pero no malgastar. El malgastar debería ser igual al comer comida chatarra, en medidas moderadas. Starbucks tall size.

Vicios: Eliminen vicios que son gastos innecesarios y que perjudican la salud y sobre todo dan un mal ejemplo a sus hijos.

Matrimonio: Si se puede postergar este gasto o controlarlo para que solo represente un gasto nominal, se debería hacer. Regla universal sobre esta sociedad: si se suma y multiplica es una buena sociedad. Si se divide y resta, no. El matrimonio es una sociedad con el afán de reproducir y formar una familia. Se aconseja un prenap, porque al final hasta el matrimonio es fruto de este sistema en el cual quieren impulsar más consumo, más cargos tributarios y sobre todo deshacerse de la responsabilidad en el evento de un divorcio y una inminente asistencia o gasto para el gobierno.

Impuestos: Aunque posiblemente el sistema del seguro social no exista en el futuro, esperemos que sí, y siendo este en la mayoría de los casos el plan de contingencia más viable de la mayoría de las personas, considero que se deberían hacer las aportaciones necesarias para que por lo menos tengamos esta fuente de ingreso durante nuestros últimos años. Hay que pagar impuestos no solamente por las aportaciones, sino porque de qué otra forma podremos gozar de carreteras, seguridad, educación, salud, etcétera.

Administrar y planificar.

Presupuesto: El no tener un presupuesto es como entrar a una cueva oscura sin luz. Esto es fundamental para poder retomar control de nuestras finanzas. Simplemente escribir en un papel los gastos actuales y compararlos ante los ingresos. Aquí se darán cuenta de las áreas en que están malgastando, las áreas que están descuidando y sobre todo lo que se debe hacer para retomar el control.

Ingresos: Si no está rentando cuartos, entonces hágalo. Será incómodo pero estamos en tiempos de crisis y esto puede ayudar durante estos malos momentos. Si tiene tiempo libre durante la semana o los fines de semana, busquen un trabajo de medio tiempo. Hay muchas personas que están necesitadas de trabajo, solamente se trata de ajustarle los honorarios. También por qué no practicar el trueque. Si es mecánico y necesita los servicios de un plomero, en vez de cobrarse uno al otro, por qué no llegar a un acuerdo sobre intercambio de servicios.

Nuevas deudas: Eliminar el materialismo, ese acto de comprar cosas que no necesitamos con dinero que no tenemos para impresionar a la gente que no importa. Corten las tarjetas de crédito, no se endeuden a menos que sepan sus limitaciones. En el idioma arameo, las palabras deuda y pecado significan lo mismo. Al ya no tener deudas, haber ajustado su pago de casa, tener un presupuesto y esperemos que más ingreso, por favor, NO ACUMULE MÁS DEUDAS. No compre carro nuevo, no compre juego de sala o comedor nuevo. No compre nada que desee, solamente cosas que necesite. Por lo menos hasta que tengamos más claro el panorama de los próximos años.

Analicen toda compra en términos de tiempo versus dinero. Antes de comprar o malgastar su dinero que con tanto esfuerzo ganan, piensen cuánto tiempo de trabajo les llevaría el poder pagar ese capricho o compra innecesaria. Ejemplo, asumiendo que el ingreso es de $12 la hora, quieren comprar el último modelo de televisor que cuesta $2500. Entonces ahora solamente dividimos los $2500/12 = 208 horas de trabajo o casi un mes de trabajo solamente para poder comprar este televisor. Este es el verdadero costo de este televisor.

Fondo de emergencia: Trate de darle prioridad a esto. Se recomienda que por lo menos tenga en efectivo unos seis meses de gastos.

Metas: Pacte sus metas para primero limpiar su crédito, segundo reestablecer su crédito, y después para poder hacer esta vez las cosas bien y como deben ser.

Plan de contingencia: Lastimosamente con el pasar de los años no se nos desarrolla más vitalidad. Por el contrario, empezamos a deteriorarnos hasta el punto que ya no podremos producir. Por favor trate de ahorrar un dinerito para cuando se le presente una buena oportunidad de negocio o comprar cuando sea tiempo de comprar casa.

Vida equilibrada y balanceada: Durante estos momentos difíciles es sumamente importante saber la diferencia entre necesidades y deseos. Necesidades son las cosas imprescindibles para poder sobrevivir. Todo por encima de esto son deseos. O en la mayoría de los casos: caprichos.

Alimentación: Cuando compre comida, hágalo una vez a la semana, con lista y sobre todas las cosas con el estómago lleno. Haga una lista y trate de enfocarse en comprar cosas que estén en las partes de afuera de los supermercados. Trate de evitar comprar cosas que estén en los pasillos de adentro; usualmente las cosas necesarias en un supermercado siempre están por las partes pegadas a las paredes.

Transportación: Antes de salir a gestionar cualquier asunto de importancia, siéntese a evaluar qué otras cosas se podrían solucionar durante esa salida. De esta forma, podrá hacer una ruta en la cual pueda matar varios pájaros con la misma piedra.

La administración de finanzas es importante por las tres P.

Protección: Ante endeudamiento innecesario, mal uso de tarjetas de crédito, hipotecar la casa, o prestarles dinero a parientes.

Preparación: Sobre gastos fuertes que tendremos en la vida. Casa, quinceañera, boda, vacaciones, enfermedad, desempleo.

Planificación: Sobre asuntos importantes, hijos, educación de hijos, jubilación.

Esto es sumamente importante, ya que representa la única gestión sobre la cual tenemos control total. No podemos esperar que los de arriba tomen manos en el asunto. No se ve que tengan mucho interés y no creo que esa posición cambie pronto. Si en realidad quisieran atacar el problema, ya estuvieran implementando clases sobre impuestos, crédito y presupuesto mensual en High School. Pero no es así, y, como a las personas que toman las decisiones arriba no se ve que les haya afectado el bolsillo esta crisis, no tienen mucha urgencia como los que estamos abajo cargando la carreta.

Por ahí dicen que las lecciones son mucho más fáciles de asimilar cuando afecta los bolsillos. Si esto es cierto, la mía me impulsó a redactar un libro. La crisis pegó en el 2008 y no discriminó. Yo me encontraba en muy buen estado económico, como para no tener que trabajar por el resto de mi vida.

No obstante, me afectaron fuertemente las consecuencias de la negligencia de mis padres al planificar.

Durante mi juventud, cada año presenciaba cómo mis padres se sentaban una vez al año para planificar el viaje a México. Tenían un presupuesto y destinaban un porcentaje a cada una de las categorías que sabían iban a gastar. Cierto porcentaje para pagar el hotel, cierto porcentaje para comida de los días que pensaban estar afuera, dinero para poder cubrir los gastos aquí, dinero para comprar regalos a los familiares, dinero para las fiestas familiares, dinero para alguna emergencia.

Lastimosamente, nunca lo hicieron sobre su futuro y el futuro de los hijos que decidieron tener a una edad en la cual era casi imposible sostener los gastos que implica tener cuatro hijos. Gracias a Dios, el plan de contingencia sobre tener algún hijo que los apoyara económicamente en su vejez les funcionó. Fui yo el que heredé esta responsabilidad y que hizo que me arrodillara financieramente.

Para mi dicha y orgullo, mis hermanos son excepcionales y han podido aprovechar hasta ahora el esfuerzo que realizo diariamente para poder sostener durante estos momentos el costo tan alto de tan extensa familia.

A mis padres, independientemente de lo que sienta o piense, siempre los ayudaré.

No obstante, solamente el Omnipotente sabe el gran sacrificio que he tenido que hacer durante los últimos cinco años para poder mantener mis obligaciones. Espero en Dios, y trataré sobre mis posibilidades de aprovechar toda aquella oportunidad que se me presente durante mi vida productiva, para no cometer el mismo error con mi hija.

Siento en mi corazón que es una injusticia el trasmitirles deudas y responsabilidades a nuestros hijos al haber sido irresponsables durante nuestras vidas productivas. Si en algo son sensatos los anglosajones, y un ejemplo a seguir, es en planificar y de esta forma tener la posibilidad de poder ayudar a sus herederos con educación, transportación y vivienda para que se les facilite más la vida cuando la enfrenten por sí solos.

Es esta una de las razones por las cuales es mucho mas difícil competir por los buenos trabajos con estos compadres. Es la razón principal por la cual ellos obtienen los trabajos mejor remunerados y nosotros los que quedan. Y si esperamos que esto cambie en el futuro para nuestros hijos, debemos tomar acción ya.

Esto mismo está pasando a un nivel macro: los que están al mando están malgastando, ignorando los problemas que estos causarán en el futuro, hipotecando nuestro futuro y esta gran nación. Al final, para poder pagar estas deudas, la generación que nos sigue tendrá que trabajar sin descanso y en el proceso sacrificar asuntos esenciales que otras naciones fomentarán y que harán que a largo plazo perdamos el liderazgo que nos llevó a ser número uno en el mundo.

De la misma forma que es injusto que a un nivel personal les dejemos nuestras responsabilidades y deudas a nuestros hijos, considero que lo mismo aplica a un nivel macroeconómico y espero que en ambos niveles, personal y macro, se tome conciencia de esto ya que sería injusto dejarles esta gran nación en ruinas.

Para poder finalizar este libro, los quiero dejar con una historia que recibí de un amigo, quien me la hizo llegar vía correo electrónico y que modifiqué un poco. Narra lo que considero está pasando inconscientemente en nuestra comunidad al permitirle al lado corrupto de este sistema gestionar estrategias para sobreendeudarnos con casas, carros y créditos que nunca podremos pagar, engordarnos físicamente y mentalmente de fantasías que solamente son ciertas en los cuentos de hadas, ilusionarnos con un estilo de vida que nos impulsa a vivir sobre nuestra capacidad financiera, todo esto con nuestro consentimiento al no hacer nada para poder contraatacar sus estrategias. La cruda realidad es que todas estas gestiones no solamente nos ponen en desventaja, sino que nos esclavizan, nos duermen la sensatez, nos matan.

La historia es la siguiente:

Al pasar por un criadero de cerdos me llamó la atención el porte de una cerda amamantando a unos cuantos cerditos.

Para salir de la curiosidad, le pregunté al hijo del patrón que me estaba atendiendo de qué raza eran esos cerditos tan simpáticos.

—Son de raza güeyes. Pero espere que le llamo a mi padre, que a él le va a encantar contarle la historia.

Por la puerta de la cocina salió el señor Agapito, un excongresista de cabellos blancos y ojos azules, que con una voz aguda e intimidante me ofreció sentarme a la par de una botella de whisky americano.

—¿Usted sabe cómo se cazan los cerdos salvajes del monte? —me preguntó el distinguido señor sirviéndome un vaso de whisky a la roca.

—Bueno, creo que los perros los paran y un fusil los sacrifica —le contesté prudentemente, presintiendo que la historia venía por otro lado y que el viejo sabía más que yo.

—En este caso no es así —me dijo el señor y prosiguió—: Esas son tácticas del pasado, ya es muy difícil usar la fuerza y la tiranía para poder esclavizar a estos animales. Por su destreza e inteligencia, tuvimos que modificar los métodos, y cuando yo le diga cómo los cazo yo, usted va a poder entender por qué se les llama de raza güeyes y si es un hombre inteligente podrá sacar algunas conclusiones acerca de por qué a los güeyes les va como les va en este país. En el fondo de la finca, detrás de aquella cortina de álamos que usted ve, y hasta la costa del río, hay un monte inculto y sin trabajar. Dentro de ese cuadro, suele haber cerdos salvajes del monte. Para poder cazarlos hay que comenzar por buscar un manchón sin matorrales y tirar un poco de maíz en el piso. Cuando los cerdos lo descubren, van a comer todos los días, y usted solo tiene que reponerles diariamente la ración. Una vez acostumbrados, construye una cerca en uno de los lados del sitio y les sigue poniendo alimento. Por unos días van a desconfiar, pero terminan por volver. Entonces se hace otra cerca a continuación de la anterior, y les sigue poniendo la comida hasta que dejen de dudar y regresan a comer. Y así sucesivamente, hasta que casi cierra los cuatro lados y solo deja una abertura para una puerta. Ya para entonces se han acostumbrado al maíz fácil, le han perdido el miedo a los cercos y entran y salen casi con naturalidad. Pero si todavía existe alguna duda, se utiliza un cerdo salvaje ya amaestrado como carnada para que sirva como guía del tramo y sobre todo entre y coma y de esta forma le inspire confianza a los que todavía desconfían, para que entren. Un día va y coloca el portón, lo deja abierto y sigue poniendo maíz, hasta que se encuentra la gran mayoría comiendo, supuestamente gratis. Entonces le cierra la puerta. Al principio empiezan a correr en círculos como locos, pero ya están sometidos. Muy pronto se tranquilizan y vuelven al alimento fácil que ya se olvidaron de buscar por sí mismos, y aceptan la esclavitud.

Los güeyes en USA no se dan cuenta de que los títeres corporativos, los políticos sin discriminar partidos, los supuestos expertos, y la gran mayoría de los líderes que supuestamente luchan por sus derechos, proceden de la misma manera que yo con los cerdos. Les tiran maíz gratis disfrazado de igualdad, protección antiinmigrante, hipotecas para comprar el sueño americano, incentivos para comprar el último modelo de carro, crédito fácil, optimismo para que consuman cosas innecesarias, programas de ayuda social, empleos públicos, cargos políticos, subsidios para cualquier cosa, redes sociales, entretenimiento, entretenimiento, entretenimiento... todo a costa del sacrificio de las libertades que les van confiscando migaja a migaja. Los güeyes no se dan cuenta de que no existe la comida gratis, y que no es posible que alguien preste un servicio más barato que el que uno mismo hace. ¿Acaso no ven que toda esa maravillosa ayuda que reparte el gobierno, los medios de comunicación, el big brother digital lo hace con los poderes que el pueblo permite que se arroguen, para depredar las libertades y los bienes de la gente que trabaja y que produce? ¿Pero cómo pueden vivir en un paraíso prefabricado por ciertas entidades que se benefician de esta esclavitud eterna sin darse cuenta de que ellos mismos han firmado su sentencia? Sigan así, y que Dios los ayude cuando les cierren el portón.

Fin de esta historia.

Les agradezco de corazón que me hayan permitido darles mi punto de vista sobre lo que está ocurriendo actualmente en USA con nuestros bolsillos. Sé lo difícil que es encontrar tiempo para poder hacer cosas que posiblemente nos ayuden a mejorar. Todo el tiempo estamos trabajando para poder pagar deudas y sostener nuestros gastos. Y como estoy consciente de que este proceso o la mayoría de sugerencias que les ofrecí son asunto de tener tiempo y sobre todo conocimiento, no me puedo despedir sin darles una opción que les prometo les ayudará a poder tomar control de sus finanzas.

Nuestras opciones de poder mejorar nuestras vidas económicas han sido limitadas por los que hasta este momento se benefician de nuestra ignorancia sobre estos asuntos.

Nuestro deseo de querer mejorar no lo debería ser.

Los invito a que entren a un corral de sensatez:

1-877-837-1732

www.arkaangel.com